위험한 국가의
위대한 민주주의

위험한 국가의
위대한 민주주의

国가의 미래, 어떻게 만들 것인가

윤비 지음

생각
정원

차례

국가는 왜 민주주의를 필요로 하는가?

"비! (해외 친구와 동료들은 나를 그렇게 부른다.) 도대체 민주주의가 왜 이 모양이지? 뭐가 어떻게 되어가고 있는 거야?"

2023년 9월 중순의 어느 저녁, 나는 베를린 고등연구원의 고풍스러운 정원에서 다른 펠로우들과 함께 앉아있었다. 그날은 고등연구원에서 세계 각국에서 온 30여 명의 펠로우들을 외부 기관과 언론에 소개하는 오프닝 리셉션이 열리고 있었다. 열 달을 함께 머물며 연구할 펠로우들이 왁자지껄하게 대화를 나누고 있을 때, (당시에는 낯설었지만 지금은 가장 친한 친구가 된) 존스 홉킨스 대학의 역사학자 마르타 존스가 갑자기 내게 던진 질문은 일순간 분위기를 바꾸어놓았다. 그녀의 말에 샹들리에가 환하게 비추는 홀 바깥 정원, 나무 그늘 아래 왁자지껄하던 한 무리의 사람들이 갑자기 조용해졌다. 사람들은 와인 잔을 테이블에 내려놓았다. 나를 쳐다보는 사람들 얼굴에 조금 전까지의 미소는 사라져 있었다. 모두의 마음속에 자리 잡고 있던 민주주의의 미래에 대한 깊은 우려가 모습을 드러낸 순간이었다.

　나는 공포의 실체를 알고 있었다. 아니, 그 자리에 모인 모두가 자신의 경험으로부터 알고 있었다. 그리고 그 실체는 시간이 지날수록 더욱 뚜렷해졌다. 2024년 11월 도널드 트럼프는 미국의 제47대 대통령으로 당선되었다. 역사상 가장 강력한 민주주의 국가에 역사상 가장 어울리지 않는 인물이 대통령으로 올라섰다. 2025년 2월 23일 독일의 연방의회선거에서 극우 배외주의 성향의, '독일을 위한 대안'(이하 '독일대안당')이 20.8퍼센트의 득표율로 사회민주당을 누르고 제2당으로 부상했다. 이뿐만이 아니다. 프랑스, 이탈리아, 헝가리, 그리고 이미 2016년 브렉시트로 우파 포퓰리즘의 부상을 알린 영국까지 곳곳에서 제2차 세계대전 후 냉전을 거치면서 절대적 가치였던 민주주의가 힘을 잃고 있다. 뼈아픈 것은 민주주의에 가해진 이런 충격은 과거처럼 쿠데타와 폭력적인 방식이 아닌, 시민의 지지에 의한 것이라는 사실이다. 문제는 권위주의 집단이 아니라 그들의 부상을 가능하게 만든, 민주주의의 이념과 제도에 대한 광범위한 회의와 불신에 있다.

　맥락은 조금 다르지만 한국 역시 민주주의의 후퇴라는 측면에서 예외가 아니다. 윤석열 정권이 들어선 이후 한국에서 일어난 사건들은 해외의 많은 학자들을 당황하게 했다. 1987년 범국민적인 항쟁과 2016년 말부터 이어진 박근혜 정권 퇴진운동, 2020년 이후 팬데믹의 혼란을 질서정연하게 돌파하는 정치사회적 체계를 보면서, 아시아에서 가장 강력한 민주주의라고 한국을 칭찬하던 사람들은 최근 몇 년 간 민주주의의 후퇴를 보면서 당혹감을 표시했다.

'이코노미스트 인텔리전스 유닛'(EIU)은 '민주주의 지수 2024'(De-mocracy Index 2024)에서 한국을 전년보다 10단계나 낮은 32위에 놓았다. 이로써 한국은 '완전한 민주주의'에서 '결함 있는 민주주의(flawed democracy)' 범주로 추락했다. 또한 스웨덴 예테보리대학 민주주의 다양성연구소(V-Dem)는 2025년 보고서에서, 한국을 '자유민주주의'보다 한 단계 아래인 '선거민주주의'로 분류했다. 쉽게 말해 선거를 비롯한 민주주의의 틀과 형식은 아직 남아 있지만, 그 안에 돌아야 할 피, 즉 행정부에 대한 사법부와 입법부의 견제, 시민의 정치적 자유와 사법적 평등에 중대한 문제가 생겼다는 의미다.

비단 이러한 국제지표가 아니더라도 한국인들은 지난 수년간 민주주의의 후퇴를 몸으로 느껴왔다. 2024년 12월 3일 대통령의 어처구니없는 계엄령 선포와 이를 변호하는 정부 여당의 논리, 그리고 이를 지지하기 위해 나선 시민들을 우려의 눈으로 바라보는 사람들은 과연 이 추락의 끝은 어디일지, 상상하지 못할 심연이 기다리고 있는 것은 아닌지 공포감을 드러낸다.

한국뿐 아니라 전염병처럼 번져나가는 세계 민주주의의 위기는 베를린에서 일년을 조용히 연구하고 집필하는 데에만 집중하려던 내 계획을 바꾸어놓았다. 베를린에서 나는 민주주의에 대한 새로운 이론을 연구할 계획이었다. '민주주의를 향한 의지(The Will to Democracy)'라고 이름 붙인 프로젝트에서, 나는 고대 그리스와 로마, 르네상스, 이탈리아 도시공화국들, 근대 영국과 프랑스, 독일 바이마르 공화국, 그리고 한국과 일본의 민주주의를 사상사와 문화사의 관점에서 분석하고 새로운 전망을 제시하려는 목표를 가지고 있었다. 그리고 그 결과를 독일에서 학술서로 출간할 예정이었다.

그러나 고등연구원에서 나와 같은 혹은 다른 학문 분야의 연구자, 언론인, 문필가들과 세계 민주주의의 위기에 대해 논의하면서 민주주의의 과거와 현재, 그리고 민주주의가 가야 할 미래에 대해 상아탑의 언어로 이야기하는 것으로는 충분하지 않다는 생각을 갖게 되었다. 나는 민주주의가 지금 겪고 있는 어려움과 그 어려움을 넘어 결국 민주주의가 우리가 가야 할 길일 수밖에 없는 이유에 대해 아카데미아의 방식이 아닌, 모두가 이해할 수 있는 언어로 이야기하고 싶었다. 그것이 이 책을 쓰게 된 동기이다.

이 책에서 나는 민주주의가 시민 윤리의 관점에서 정당한 체제라든가, 이성의 발현이라거나 역사의 필연이라는 이야기를 할 생각이 없다. 그런 이야기를 하는 책들은 이미 내 연구실의 책장 하나를 모조리 채우고도 남을 만큼 많다. 대신 나는 이런 질문을 던진다. 우리는 민주주의에 대한 최초의 절박함을 혹시 잊고 있는 것이 아닌가?

오늘날 많은 사람들에게 민주주의라는 이념과 제도는 너무나 익숙하다. 그래서 민주주의에 관한 논의는 때론 따분하게 느껴지기도 한다. 그러나 민주주의의 전성기가 열린 것은 제2차 세계대전 직후, 즉 겨우 80여 년밖에 되지 않는다. 이 무렵 민주주의가 갑자기 모든 사람들에게 정치적 삶의 이상으로 떠오른 것은 길고 고통스러운 전쟁 속에서 사람들이 경험한 국가주의의 공포 때문이다. 파시즘 독재가 저지른 온갖 범죄에 노출되었던 사람들은 자신들을 보호해주리라 믿었던 국가가 괴물로 변하여 자신들의 삶을 짓밟아 뭉개는 엄청난 공포를 경험했다. 국가의 강철발톱이 자신과 가족과 친구와 동료의 삶을 갈갈이 찢는 잔혹극을 겪었다. 트라우마 속에서 이전까지 민주주의를 진지하게 여기지 않았던 사람들조차 이러한 비극이 다시 일어나지 않도록 하려면 다수의 시민들이 직접 국가에 재갈을 물리고 그 고삐를 쥐며, 국가에 대한 통제권을 갖는 것뿐이라는 결론을 내렸다. 민주주의 시대의 시작이다.

한국 역시 마찬가지이다. 한국의 정치사를 돌아보는 사람들은 쉼없이 자행된 국가 폭력과 마주친다. 특히 1980년 광주에서 신군부가 저지른 국가 폭력은 시민들을 경악하게 했다. 뿐만 아니라 국가의 본질은 무엇이며, 국가가 삶을 파괴하는 폭압적 힘으로 변질되는 것을 어떻게 저지할 것인가에 대해 심각하게 고민하게 만들었다. 민주주의는 있으면 좋은 것이 아니라 삶과 죽음의 문제임을 본능적으로 깨달았던 것이다.

나는 이 글에서 그런 절박함을 다시 한번 일깨우고 싶었다. 국가는 인간이 인위적으로 창조한 가장 강력하고 복잡하며 거대한 창조물이다. 오늘날 국가보다 더 많은 인력과 재원을 동원할 수 있는 조직체는 없으며 앞으로도 존재하지 않을 것이다. 그러한 거대한 힘이 만들어진 이유와 과정은 다양하지만, 한 가지 분명한 것은 이런 힘이 잘못 쓰이면 가장 무서운 존재로 변한다는 것이다. 따라서 "국가는 누구에 의해, 어떻게 통제될 것인가?"라는 질문을 필연적으로 던지게 된다. 민주주의는 처음부터 이러한 질문에 대한 답으로서 역사에 등장했다.

물론 민주주의는 오늘날 국가권력의 통제라는 면을 넘어서는 의미를 지닌다. 오늘날 민주주의는 서구가 누리는 물질적 풍요와 안정의 열쇠라고 말한다. 이런 주장을 하는 사람들이 역사적으로 언제나 정확한 것은 아니지만 전반적인 방향에서 나는 이들의 이야기에 동의한다. 그리고 그런 만큼 우리가 누리는 풍요와 안정은 민주주의를 얼마나 잘 지켜내고 키워낼 것인가에 달려 있다. 이것은 당연히 오늘날의 한국에도 해당한다. 이미 과거에 우리가 경험했듯 정치적 자유와 참여가 없는 한국에서 시민들은 행복하게 살 수 없다. 자신의 관심과 생각과 이해가 무시되는 곳에서 사람들은 행복할 수 없기 때문이다. 시민들은 행복하게 일할 수도 없다. 자신의 권리가 무시되고 상명하달식의 위계만이 강요되는 곳에서 사람들은 행복할 수 없기 때문이다. 시민들의 감시와 견제가 사라진 곳에서 권력은 부패할 것이다. 그런 권력은 우리를 누르려 할 것이다.

민주주의가 사라진 한국에서 경제도 더 이상 클 수 없다. 우리의 인재들을 이곳에 머물게 할 수 없고, 해외의 인재들을 불러들일 수도 없다. 어느 선진 민주주의 국가들도 권위주의 한국을 인권과 환경을 논의하는 파트너로 삼으려 하지 않을 것이다. 결국 우리의 행복추구권도 존중받을 수 없다. 삶의 안정, 풍요로움, 그리고 충만함은 오로지 민주주의를 통해서만 가능하기 때문이다.

이미 이야기한 대로 나는 이 책을 민주주의, 무엇보다 한국 민주주의의 현실을 걱정하는 분들을 위해 썼다. 약 반만년 전 지구상에 모습을 드러낸 이후 날마다 강해지는 국가의 힘 앞에서 민주주의가 어떻게 좋은 방향타 역할을 할 수 있었는지를 보고자 했다. 많은 사람들이 인정하듯 민주주의는 완전하지는 않다. 그러나 국가라는 강력한 힘이 우리 삶을 파괴하는 것이 아닌, 우리의 행복을 위해 봉사하도록 하는 데 민주주의

보다 더 효율적인 방식은 (적어도 아직까지) 없다. 민주주의는 여전히 우리의 피와 땀을 '투자'할 멋지고 매력적인 대상이다.

　민주주의는 민주주의를 위협하는 이념과 집단을 단호하게 거부하는 용기를 필요로 한다. 그리고 용기는 올바른 앎으로부터 나온다. 이 책이 민주주의를 위한 용기를 추스르는 데 조금이라도 도움이 되기를 바란다.

2025년 4월 4일 명륜동에서

1부

국가란 무엇인가?

상상하라, '국가 없는 세상'을…

전설적인 록그룹 비틀즈의 리더 존 레논은 1980년 뉴욕 맨해튼에 있는 자신의 아파트 건물 앞에서 살해될 때까지 명곡을 여럿 발표했다. 그 가운데 〈이매진(Imagine)〉이라는 노래가 있다.

천국은 없다고 상상해봐요.

해보면 쉬워요.

우리 아래 지옥도 없어져요.

우리 위에 펼쳐진 것은 오로지 하늘밖에 없어요.

…

나라라는 것이 없다고 상상해봐요.

그리 어렵지 않아요.

서로 죽이고 살릴 이유도 없어져요.

그리고 종교도 없다고 상상해봐요.

모두가 평화롭게 살아간다고 상상해봐요.

…

나를 몽상가라고 부를지도 모르지요.

그러나 나만 그런 게 아니에요.

당신도 언젠가 우리와 함께하기를 바라요.

그러면 온 세상은 하나가 될 거예요.

…

소유라는 것이 없다고 상상해봐요.

해볼 수 있나요?

욕심을 부릴 이유도 굶주릴 이유도 없어져요.

인간들은 모두 형제애 속에 살아갈 거예요.

레논은 이 노래에 사람들이 더 이상 갈등하지 않고 나아가 피 흘리지 않는 평화로운 세계에 대한 염원을 담았다. 노래가 발표된 1971년은 베트남전이 한창이었던 시기다. 많은 사람들이 베트남전의 참상과 비극을 깨닫기 시작했고, 미국뿐 아니라 세계 곳곳에서 반전운동이 일어났다. 곡의 아름다움과 레논의 호소력 있는 목소리를 떠나 이 노래가 당시 큰 반향을 일으킨 이유이다.

〈이매진〉에서 레논은 세상을 분쟁으로 몰고 가는 것에 대해 이야기한다. 사람들은 다른 종교를 믿는다는 이유만으로 서로에게 총구를 겨누고, 때로 더 갖기 위해 혹은 굶주리지 않기 위해 무기를 손에 쥔다.

레논은 여기에 덧붙여 '나라' 역시 인류의 비극에 책임이 있다고 여긴다. 레논이 보기에 전쟁의 참화가 일어나는 이유 중 하나는 인류가 '나라'라는 제도 안에서 살아가기 때문이다. 나라는 경계를 긋고 '나의 영역'을 주장하며 허락 없이 단 한 발짝도 넘어와서는 안 된다고 선언한다. 나라는 사람들을 한국인, 일본인, 미국인, 독일인 등으로 나누고 그들로부터 헌신과 충성을 요구한다. 외부 사람들이 허락없이 발을 들이면 무기를 들어 몰아내고 심지어 죽여도 된다고 말한다. (많이 죽이면 그것을 치켜세우고 기념하기도 한다.) 레논이 〈이매진〉에서 눈을 흘기는 나라는 '국가'라는 이름으로 불린다. 우리가 중고등학교 사회시간에 배운, 영토·국민·주권을 구성요소로 하는 그 국가 말이다.

말도 많고, 탈도 많은… 국가

현대 사회에서 우리는 국가와 아주 복잡한 관계를 맺고 있다. 그만큼 국가라는 단어는 일상생활부터 매체, 학문적인 논의에 이르기까지 다양한 의미로 쓰인다. 예를 들어보자. 우리는 종종 국가에 대해 불평한다. 세금이 너무 많다는 생각이 들면 "국가가 뭘 해준다고 이렇게 많이 뜯어가?"라고 소리를 높인다. 그런데 옆에 있던 아이가 묻는다. "아빠, 누가 잘못한 거야? 누구를 바꿔야 돼?" 과연 누가 국가일까? 대통령? 국무총리?

기획재정부 장관? 세무서장? 세무서 직원? 아니면 그런 세금을 만들고 승인한 국회의원? 그런 정책을 입안하거나 찬성한 정당?

사실 현대 국가에서 정책 결정에 참여하는 주체들은 아주 많다. 그 가운데 대통령이나 국무총리처럼 전반적인 정책 방향 설정부터 대략의 내용에까지 상당한 영향을 끼치는 사람도 있고, 단지 시키는 대로 따르는 사람도 있다. 우리는 이들을 뭉뚱그려 보통 정부라고 부른다. 여기에는 직업정치가도 있고, 직업관료도 있다.

과거에는 국가를 이야기할 때 바로 이런 정부 권력을 이야기하는 것으로도 충분했다.(그 습관이 남아 오늘날도 우리는 여전히 국가를 좁은 의미의 정부의 의미로 사용하기도 한다.) 사법, 입법, 행정이 구분되지 않은 채 왕과 측근, 소수의 영향력있는 귀족들이 통치 권력을 이루고, 다른 사람들에게 자신들의 결정을 따를 것을 요구하는 상황에서 국가는 칼자루를 쥐고 휘두르는 집단 혹은 조직을 말했다. 하지만 오늘날 민주주의 국가에서는 국가를 정부와 단순하게 등치시킬 수 없다. 민주주의 국가에서 행정부의 수반인 대통령 혹은 수상은 시민들의 선거를 통해 그 권한을 부여받는다. 정부조직이 무엇을 해야 하고 어떻게 움직여야 하는지를 정해놓은 법률과 규칙 역시 시민들이 뽑은 국회의원들에 의해 만들어진다. 시민들이 일방적으로 통치를 받는 것이 아니라 (부족한 점이 아주 많다 하더라도) 통치행위에 참여한다. (이런 참여의 기회가 제도적으로 보장되어 있는가 아닌가에 의해 민주주의인가 아닌가가 일단 나눠진다.) 한마디로 국가를 우리와 완전히 분리시켜 이야기하기 어렵다. 이런 맥락에서 '국가'라는 단어는 정치조직을 이루고 살아가고 있는 시민들을 포함한 전체 공동체의 의미

—— 위험한 국가의 위대한 민주주의

로 쓰이기도 한다.

다시 국가를 불평하는 납세자의 경우로 돌아가보자. 세금의 종류와 세율, 그리고 과세 방법은 누가 결정할까? 대통령이나 국무총리, 기획재정부 관료들, 세무서 직원 누구도 법률에 정해진 원칙을 따르지 않고 임의로 세금을 걷을 수 없다. 그런 법률은 국민이 뽑은 대표들로 구성된 국회에서 골간이 만들어진다는 점을 생각하면 비난의 대상을 특정하기가 쉽지 않다. 잘못된 과세에 분명히 큰 책임이 있는 주체들이 있을 것이다. 그러나 잘못된 정책에 간여하는 주체들은 생각보다 다양하다. 어떤 경우에는 불평하는 우리 자신이 그 문제의 일부일 때도 있다. 특정 계층에게 지나치게 유리한 조세정책을 비판하면서도 정작 그 정책을 추진하는 정당을 지지하는 경우가 한 예이다. 이렇게 과거처럼 통치를 지배자와 피지배자로 두부 자르듯 단순하게 나누기 어려운 만큼 현대 국가, 특히 민주주의 국가에서는 국가를 정책을 집행하는 정부의 의미로 제한해서 쓰기가 불가능하다.

이런 변화에도 불구하고 국가를 이야기할 때, 과거부터 지금까지 변하지 않은 한 가지가 있다. 바로 강제력이다. 국가는 전체의 이름으로 나에게 어떤 행동을 할 것을 (혹은 하지 말 것을) 요구한다. 그리고 이를 따르지 않으면 신체, 재산상의 불이익을 준다. 대한민국에서 태어나 대한민국의 시민으로 살아가는 우리는 헌법이 정한 틀 안에서 살아간다. 내가 원하지 않는 정치인이나 정당이 정권을 잡았더라도, 법이 정한 절차에 따라 선출되었다면 그 결정을 따를 수밖에 없다. 우리는 국가가 정한 교통법규를 지켜야 하고, 정해진 세금을 내야 한다. 만약 국가의 강제력이 얼마나 강한지 알고 싶다면 법규를 무시하고 벌금을 내지 않거나 세금고지서를 휴지통에 버리면 된다. 곧 엄청난 압력이 들어올 것이다. 처음에는 과징금이 부과되겠지만, 결국 재산을 압류당하고 심지어 자유를 박탈당할 수도 있다(교도소에 간다는 뜻이다).

국가의 강제력은 여기서 그치지 않는다. 아이가 태어나면 일정한 기간 내에 출생신고를 해야 하고, 그 아이가 적정 연령이 되면 반드시 학교에 보내야 한다. 이러한 규칙을 따르지 않고 거부한다면 법적 제재를 받을 수도 있다. 계속해서 고집을 부린다면 소환장이 날아올 수도 있다.

오늘날 국가는 조세정책부터 금융정책, 보조금 지급까지 여러 방식으로 부의 분배에도 개입한다. 직접 무력을 사용해 한 사람의 재산을 빼앗아 다른 사람에게 주는 방식이 아니기 때문에 강제력으로 느껴지지 않을 수도 있다. 그러나 이것 역시 국가의 강제력이 작용하는 영역이다. 국가가 정한 규칙에 따라야 하지만, 그렇다고 해서 항의와 저항이 봉쇄된 것은 아니다. 다만 항의하고 저항하는 방식도 법으로 정해져 있어서, 만약 그 규칙을 어긴다면 처벌을 받을 수 있다.

강제력을 동원해 내 의지와 상관없이 어떤 일을 하거나 하지 못하도록 강요하는 것은 물론 국가만은 아니다. 일진, 불량배, 갱단도 똑같은 일을 한다. 그래서 국가는 본질적으로 폭력조직이라고 말하는 사람도 있다. 등장 초기부터 국가는 한 인간집단이 폭력의 우위를 통해 다른 인간집단에 대해 지배-피지배 관계를 성립시킴으로써 등장했으며, 이렇게 만든 질서를 내부의 반란이나 외부의 도전으로부터 지키고 혹은 밖으로 확장하려는 목적으로 다시금 폭력을 축적하고 동원하는 가운데 발전해왔다는 것이다.

그럼에도 불구하고 국가가 폭력조직과 다를 수 있는 것은 폭력조직의
지배와 달리 국가에서 행해지는 지배행위에는 명분이 있기 때문이다. 명
분은 정당성이라고 부르기도 한다. 과거부터 지배집단은 자신만이 아닌
전체를 위한 다양한 서비스를 제공해왔다. 이런 서비스에는 외부의 위협
으로부터 보호, 공정한 분쟁 해결, 재난 대응, 심지어 영적인 구원까지 포
함되었다. 이런 서비스와 명분은 지배층이 피지배층의 복종을 이끌어내
는 데 유리하게 작용했다. 반대로 이런 명분에 상응하는 서비스를 제공
하지 못한다면 (영적인 구원처럼 서비스가 실제 제공되고 있는지 확인하기 힘든 경
우, 적어도 영적인 구원이 일어나고 있고 혹은 일어날 것이라는 확신이라도 주지 못한
다면) 지배층은 권력을 유지하는데 어려움을 겪었다. 국가가 하는 명령이
나의 관심, 이해, 생각과 상관없이 일방적으로 떨어진다고 여긴다면, 누
구나 그런 국가를 폭력조직과 다름없다고 느낄 것이기 때문이다.

물론 현실에서 국가를 폭력조직과 확실하게 구분짓기는 여전히 힘들
다. 남부 이탈리아의 마피아는 사실상 국가체계가 제대로 작동하지 않
았던 수세기 동안 자신들이 관할하는 지역에 사는 개인들과 집단의 이
익을 보호해줌으로써 신뢰를 얻고 영향력을 쌓았다. 즉 나름의 명분을
마피아는 축적하고 있었던 것이다. 한편 국제적으로 국가로 인정받지만
의회와 정부를 통제하는 세력이 사실상 조폭과 다름없이 행동하는 경우
도 비일비재하다.

어쨌든 강제력만을 내세우는 국가를 사람들은 쉽게 받아들이지 않을
것이라는 점은 분명하다. 즉 정당한 명분도, 시민의 동의도 없이 강제력

만으로 움직이는 국가는 비정상적인 국가라 할 수 있다. 적절한 서비스를 통해 정당성을 확보하는 것은 정상적인 국가가 갖춰야 할 필수 요소이다.

국가 없는 세상은 가능할까?

국가에 대한 비판은 흔히 접하는 대화의 주제이다. 일간 신문의 기사나 뉴스 보도에서도 정치인이나 정부에 대한 다양한 비판과 요구를 쉽게 찾아볼 수 있다. 대학교에서 '국가론'을 가르치는 것 역시도 부분적으로는 국가의 활동을 잘 비판하기 위해서이다. 한마디로 이는 국가가 우리의 삶에 그만큼 커다란 영향을 끼치기 때문이다. 그러한 영향력이 지속되는 한 국가들에 대한 다양한 관점에서의 비판이 앞으로도 계속될 것이다.

그런데 어떤 사람들은 국가의 개별 정책이나 기능뿐만 아니라 국가 그 자체를 문제 삼는다. 그들은 국민주권, 의회 등 모든 제도가 결국 소수 특권계층이나 계급의 지배를 정당화하려는 수단에 불과하다고 주장하며, 가장 바람직한 개혁은 국가의 폐지라고 본다. 이런 관점은 현대 사회주의 사상의 발전에 큰 영향을 준 칼 마르크스의 사상에서도 드러난다. 마르크스에 따르면 국가는 지배계급이 피지배계급을 통제하기 위한 도구이다. 역사 속에서 국가가 항상 존재했던 것은 아니다. 그러나 사유재산이 등장하고 사회가 지배계급과 피지배계급으로 분열되면서, 피지배계급을 억압하기 위한 조직이 형성되었고, 이것이 국가가 되었다. 마르크스에 따르면 자본주의가 프롤레타리아 혁명에 의해 타도되고 사회주의가 수립되면 계급은 소멸하게 된다. 계급이 소멸하면 국가도 사라질 수밖에 없으리라는 것이 마르크스의 생각이다.

국가의 존재 자체를 문제삼는 또 다른 하나는 아나키즘이다. 1892년 프랑스에서 발간된《빵의 쟁취(La Conquête du pain)》에서 러시아의 저명한 아나키스트 표트르 크로포트킨은 당대뿐만 아니라 이후 아나키즘의 발전에도 큰 영향을 미친 다음과 같은 주장을 펼쳤다.

첫째, 오늘날 세계에서 빈곤이 존재하는 이유는 물질이 절대적으로 부족하기 때문이 아니라, 토지, 기계, 주택, 교육, 지식과 같은 생산수단을 소수가 독점하고 있기 때문이다. 이런 소수의 부유층은 다수를 빈곤에 빠뜨린 채, 대부분의 부를 자신이 차지하도록 사회구조를 만든다.

둘째, 이 소수 계층은 자신들의 특권을 지키기 위해 권력을 이용한다. 판사, 사형 집행자, 경찰, 교도관 등이 이들의 부의 독점과 배타적 권리의 향유를 뒷받침한다. 군대는 다른 나라를 경쟁에서 밀어내고 시장의 통제권을 확보하며, 국내에서 착취 구조를 온존시키기 위해 존재한다.

셋째, 바람직한 대안은 공동의 목적을 추구하는 개인들이 자유로운 협약을 통해 조직을 만들고, 상호 이해를 조율하며 각자의 필요를 충족하는 사회이다. 그런 공동체에서는 법률 대신 이웃 간의 연대, 협력, 연민이 사람들의 관계를 이끌어가는 핵심 원리가 될 것이며, 그로 인해 국가는 존재 가치를 잃게 될 것이다.

국가에 대한 근본적인 회의와 반대는 크로포트킨의 〈아나키즘의 원리(Le principe anarchiste)〉에 함께 실린 유명한 삽화(그림 1)에 잘 표현되어 있다. 삽화에서 깃발을 내려꽂고 있는 여성은 자유의 여신이다. 루브

| 그림 1 | 피에르 크로포트킨, 〈아나키즘의 원리〉의 삽화

르 박물관에서 수많은 관람객의 시선을 사로잡는 외젠 들라크루아의 〈민중을 이끄는 자유의 여신〉이라는 작품을 기억하는 사람들은 이 삽화에 등장하는, 한쪽 가슴을 드러낸 여성이 1830년 7월 혁명에 뛰어든 파리 시민들을 이끄는 바로 그 자유의 여신과 닮았다고 느낄 것이다. 그녀가 든 깃발에는 '자유(Liberté)'라는 글씨가 보인다. 그 아래 깔린 사람은 권력 내지 권위를 상징한다. 그가 손에 쥔 천에는 '권위(Autorité)'라는 글자가 쓰여 있다. 메시지는 아주 간단하다. 자유는 권력 내지 권위가 만들어내는 어떠한 상명하복 체계와도 양립할 수 없다는 것이다.

이렇게 개인의 자유를 강조하고 권위를 배제한다고 해서 아나키즘을 어떤 질서나 규칙도 거부하는 이념으로 오해해서는 안 된다. 아나키스트들을 무한한 자유를 신봉하는 극단적인 개인주의자, 모든 권위에 저항하며 테러리즘까지 불사하는 존재로 묘사하는 경우가 있는데, 이런 생각은 단편적이고 일면적이다. 많은 아나키스트들은 개인주의적이지만 또한 사회주의적이다. 그들은 인간들이 함께 모여 사는 것을 부정하지 않는다. 다만 그런 공동체에 국가라는 강권조직이 필요하지 않다고 여긴다. 시민들 간에 견해 차이와 다툼이 발생할 수 있다는 것을 부정하지 않지만, 그런 문제들은 권위적인 국가기관의 힘을 빌리지 않아도 충분히 토론과 합의로 해결할 수 있다고 생각한다.

앞에서 본 노래 〈이매진〉은 존 레논에게 어느 날 갑자기 떠오른 영감이 아니라, 서구의 이런 오랜 사상적 흐름을 배경으로 탄생한 곡이다. 국가, 종교, 사유재산이 사람들을 갈등으로 몰아넣으며, 극단의 갈등인 전쟁의 비극에서 벗어나려면 이러한 경계를 넘어 새로운 삶의 방식을 꿈꿔야 한다고 노래한다. 그의 메시지는 마르크스주의와 아나키즘 사이 어디쯤에 있다. 사실 이런 생각은 1968년 이후 세계 곳곳에서 일어난 신좌파의 학생운동과 반전운동에 이미 영감을 주고 있었다. 이러한 시대적 흐름을 감안하면, 〈이매진〉이 당시의 사상적 흐름과 맞닿아 있다는 점은 그리 놀라운 일이 아니다.

'남쪽으로 튄' 해갑은 과연 행복했을까?

그런데 과연 국가가 없는 삶은 가능할까? 임순례 감독의 영화 〈남쪽으로 튀어〉에서 최해갑(김윤석 분)은 실존하는 아나키스트라고 할 만한 인물이다. 그는 "국가가 무슨 권리로 나에게 이것저것을 시키지? 내가 왜 해야 하는데?" 따져 묻는다. 그는 국가가 공무원을 앞잡이로 삼아 국민을 속이고 감시하려 든다고 분노한다. 그는 국민연금 공단 직원에게 왜 국가가 내 노후를 보살핀다는 명분으로 간섭하려 하는가 따지면서, 한국에서 살아가는 것은 문제없지만 반드시 한국 국민일 필요는 없다고 말한다. 그는 주민등록증을 찢고 지문 날인도 거부한다.

해갑은 인간의 불행이 충분히 가졌음에도 더 가지려는 욕망에서 비롯된다고 여긴다. 일부 탐욕스러운 사람들은 남을 위하는 척 그럴듯한 명분을 내세우지만, 결국 원하는 것은 자신만을 위한 좁은 이익에 불과하다. 그런 인물들이 더 많이 갖고 가진 것을 지키기 위해 세력을 모으고, 폭력을 동원하여 다른 사람들을 억압하는 가운데 국가가 탄생한다. 해갑에게 국가는 인간의 과도한 욕망이 만들어낸, 개인의 자유를 억누르는 적일 뿐이다. 영화는 해갑이 아내 봉희(오연수 분)와 함께 자신들이 원하는 삶을 이룰 수 있는 섬을 향해 떠나는 것으로 끝을 맺는다.

나는 이 영화의 끝을 보며 "이들이 과연 원하던 섬을 찾았을까?" 하는 질문을 던진 적이 있다. 현실로 바꾸어 이야기를 하면 "해갑이 원하는, 국가의 간섭으로부터 벗어난 삶을 살 수 있을까?"

여기에 완벽한 답은 없다. 법과 경찰, 벌금, 교도소 대신 타협과 합의를 통해 세운 규칙에 사람들이 자발적으로 복종하며 살아가는 공동체, 기초적인 자치조직만으로 질서를 유지하며 발전하는 공동체가 미래에 등장하지 않으리라고 단언할 수는 없다. 멀리 갈 것 없이 1980년 광주항

──── 위험한 국가의 위대한 민주주의

쟁 당시 광주 시민들이 보여준 헌신적 상호부조와 자기희생적 연대는 짧은 시간이었지만 그런 공동체가 아예 불가능한 것이 아님을 증명했다. 행정조직이 무너지고 군부가 보낸 군대에 의해 고립된 상황에서도, 시민들은 자발적으로 나서 밥을 짓고 헌혈을 하며 부상자를 돌보았다. 자체적으로 치안을 유지하고, 중요한 사안은 함께 토론하여 결정하려고 했다. 광주항쟁을 깊이 연구한 최정운 교수는 '절대 공동체'가 여기서 모습을 드러내었다고 평가하기도 했다.

그러나 이런 공동체가 머지않아 세상을 대체할 것이라고 낙관할 근거는 많지 않다. 오히려 현실에서는 국가가 필요하며, 앞으로 그 필요성은 더욱 커질 것이라 예상하게 만드는 사례들이 훨씬 더 많다.

국가, 잘 사용할 수밖에 없는 이유

카리브 해의 소국 아이티(Haiti)가 최근 겪고 있는 비극은 우리 삶에 국가가 얼마나 중요한 역할을 하는지를 보여주는 한 사례이다. 2021년 7월 7일 조브넬 모이즈 대통령이 암살되면서 아이티의 정치적 불안정은 극도로 심화되었다. 이어진 권력 공백은 자연재해와 맞물려 엄청난 비극을 초래했다. 그해 8월 발생한 대규모 지진으로 막대한 인명 피해와 재산 피해가 발생했으나, 국가의 대응력 부족으로 복구가 더욱 어려워졌다. 결국 아이티는 무정부 상태로 빠져들었다. 행정부뿐만 아니라 의회와 법원도 사실상 기능을 상실한 상황이 수년째 지속되면서, 정치권력의 공백을 파고든 것은 갱단들이었다. 이들은 납치와 약탈을 일삼으며 정부 관리들을 협박했다. 치안이 붕괴된 사회에서 시민들의 삶은 더욱 위태로워졌다. 결국 자산가, 사업가, 의료진 등 아이티의 재건에 중요한 인력들이 아이티를 빠져나갔다. 오늘날 아이티 시민들이 겪는 피해와 고통은 외부에서 보는 사람들에게도 충격을 준다. 국가가 무너진 자리에 남은 것은 그야말로 무엇에도 의지할 수 없는, 마치 지옥 같은 삶뿐이다.

지난 팬데믹의 경험은 국가가 앞으로도 아주 오랜 시간 동안 그 중요성을 잃지 않을 것임을 보여준다. 비록 많은 인명 피해가 발생했지만, 과거의 흑사병이나 유사한 재해와 비교할 때 이번 팬데믹은 인류가 얼마나 재난에 대한 대응력을 향상시켰는지를 보여주는 사례로 역사에 기록될 것이다. 그 핵심에는 국가의 역할이 있다. 예상치 못한 전염병의 공격에 맞서 각국은 의료를 비롯한 사회 전 분야에 인력을 신속히 배치하고, 자원을 효율적으로 배분했다. 또한 국제적 협력체제를 마련했다. 비록 모든 것이 다 잘 되었다고 말할 수는 없지만, 그러한 노력에 힘입어 팬데믹은 사실상 3년 만에 통제되었다.

비단 전염병뿐만 아니라 다른 예상치 못한 대형 재난에 대비하기 위해, 사람들은 앞으로 국가가 의료 및 기타 사회 안전망에 더 많이 투자하고 더 많은 책임을 지기를 원한다. 사실 대지진, 기후 재앙, 혹은 공상과학 영화에 등장하는 에일리언의 침공이든 비상상황이 발생했을 때 국가가 아닌 다른 조직이 이를 감당할 수 있을까? 기업이? 시민조직이? UN이?

이런 극단적인 상황이 아니더라도 국가의 역할이 더욱 중요해지는 이유들이 있다. 대규모 사회 인프라 건설, 복지 확대, 부의 재분배는 국가가 주도해야 하고 국가만이 주도할 수 있는 중요한 사업 분야들이다.

만약 국가가 이 모든 일에서 손을 뗀다면 어떤 일이 일어날까? 국가의 역할을 부정적으로만 보고 그 영향력을 축소하려는 시도는 시민들의 삶을 불안하게 하거나 위협할 수 있다. 모든 문제를 시장이 해결해줄 것이라고 기대하는 것은 잘못된 생각이다.

국가의 역할을 강화해야 한다는 독일의 사회학자 볼프강 슈트렉의 주장도 국가가 수행해온 이러한 긍정적 역할에 대한 기대에서 출발한다. 그는 자본주의 시장경제가 시민들 사이에 사회적, 경제적 불평등을 확산시키고 심화시키지 않도록 사회적 통제를 강화해야 한다고 주장한다. 이를 위해 국가의 역할을 확장하고, 시민들이 의사결정과 정책에 참여할 수 있는 기회를 늘려야 한다고 주장한다. 즉 민주주의적으로 통제되는 국가가 필요하다는 것이다. 이러한 시각에서 슈트렉은 유럽연합을 비롯한 초국가적 거버넌스 모델이나 국가를 넘어 인간의 삶을 인류애적 연대 아래 새롭게 조직해야 한다는 코스모폴리티즘의 정치 이념에 대해 우려와 회의를 표명한다.

슈트렉이 이야기하는 대로 세계가 지금처럼 개별 국가로 나누어져 존재하고 각 국가의 정부가 경제를 비롯한 시민들의 사회생활에 적극 개입하는 것이 바람직한 발전 방향인지에 대해서는 깊이 있는 논의가 필요하다. 자본과 노동의 자유로운 이동을 과거처럼 국가가 통제할 수 있는지, 이에 따른 개인의 자유와 권리 침해 혹은 경제적 효율성의 저하가 발생할 우려가 없는지도 고려해야 할 문제이다.

이런 문제점들에도 불구하고 슈트렉의 주장 중 수긍이 가는 한 가지

점이 있다. 현대에 들어와 민주주의가 발전하고 시민들이 정책 결정에 영향력을 확대하게 되면서 국가는 복지부터 대규모 재원 투자까지 다양한 서비스를 제공함으로써 시민들의 삶의 안정성을 유지하고 증진시키는 데 기여해왔다는 점이다. 현재로서는 이러한 서비스를 제공할 다른 조직체는 보이지 않는다.

잘만 통제하면, 국가가 공동체와 시민을 보호할 수 있는 가장 강력하고 유력한 존재가 될 수 있다는 믿음은 앞으로도 쉽게 사라지지 않을 것이다. 슈트렉이 국가가 모든 문제를 해결할 수 있다고 확신하기 때문에 국가의 강화를 주장하는 것은 아니다. 비록 당장 해결되지 않은 문제가 있더라도 그 해답을 국가체제에서 찾아야 한다고 보는 것이다. 일반 시민들도 마찬가지이다. 국가가 현재 어떤 문제를 잘 해결하지 못하고 있더라도, 쉽게 국가라는 제도를 버리려 하지 않을 것이다. 만일 국가의 현행 제도와 역량으로 해결하지 못하는 문제가 생긴다면, 사람들은 제도를 개선하고 다양한 방법을 시도하여 국가를 개조함으로써 대응하려 할 것이다. 온갖 문제에도 불구하고, 사람들은 국가가 자신들이 가진 여러 필요를 충족시키고 문제를 해결하는데 그 어떤 조직보다도 효율적이고 강력하다는 사실을 거듭하여 확인해왔기 때문이다.

우리가 앞으로도 국가라는 거대한 시스템 속에서 살아갈 수밖에 없다면, 다시 말해 (적어도 꽤 오랫동안) 어떤 국가의 시민으로서 살아갈 수밖에 없다면, 우리는 적어도 국가를 제대로 이해할 필요가 있다. 국가를 이해해야만 그것을 효과적으로 활용하고, 나아가 더 나은 방향으로 변화시킬 수 있기 때문이다.

—— 위험한 국가의 위대한 민주주의

2

우리는 리바이어던의 등에
올라타고 있다

오늘날 국가는 우리 삶을 결정하는 가장 강력한 존재이다. 우리는 태어
나면서부터 평생을 국가의 시민으로 살아간다. 복수 국적을 가진 사람도
예외가 아니다. 삶을 규정하는 국가가 하나가 아니라 여러 개일 뿐 우리
가 국가의 시민으로서 살아간다는 점에는 변함이 없다.

　국가의 시민이라는 사실을 떠나 우리의 존재를 설명하는 것이 불가능
하다는 사실을 가장 절실하게 느끼는 순간이 있다. 다른 나라로 출장이
나 여행을 떠나 입국 심사를 받을 때다. 입국 심사에서 가장 중요한 사
항은 우리의 국적과 이를 증명할 수 있는 서류(대개는 여권이다)이다. 어
떤 목적으로 이 나라에 왔는지, 어디에 머물며 언제 떠날 계획인지는 그

다음 질문이다. 평소 우리가 중요하게 여기는 가족관계, 취미, 소득 수준 등도 크게 고려되지 않는다. 재벌가의 자녀라 할지라도 국적을 명기한 여권이 없다면 존재를 인정받기 어려워진다.

파리 공항에 18년 동안 갇힌 어느 이란인의 사연

1988년 이란 출신의 메흐란 카리미 나세리는 런던 집으로 돌아가는 길에 중간 기착지인 파리 샤를 드골 공항에 내렸다. 그런데 그는 자신의 신분을 증명해줄 서류가 모두 없어져버린 것을 알게 된다. 그는 이란에서 독재정권에 저항하다 추방되었다고 주장하며 런던에 머물며 망명을 신청 중이었다. 그러나 신분을 증명할 서류가 없었기 때문에 어느 나라에서도 그를 받아들이지 않았다. 영국은 그의 재입국을 불허했다. 프랑스 역시 그의 신원을 확인할 수 없다는 이유로 입국을 허용하지 않았다. 결국 국적을 증명하지 못한 나세리는 유일하게 허가된 장소, 샤를 드골 공항 환승 구역에서(엄밀하게 말하면 환승 구역에만 머물지는 않았던 것으로 보인다) 무려 18년을 지내게 되었다.

이 극적인 이야기는 여러 예술 작품에 영감을 주었고, 마침내 톰 행크스 주연의 영화 〈터미널〉(2004)의 탄생으로 이어졌다. 가상의 국가 크라코지아에서 미국으로 입국하려던 톰 행크스가 마침 조국에서 일어난 내전 때문에 여권과 비자가 무효화되자 뉴욕 공항 국제선 라운지에서 9개월 동안 살아가게 되는 이야기이다. 이 영화는 국가와의 연결이 단절될 경우, 그 누구라도 하루아침에 존재를 인정받지 못하는 상황에 처할 수 있음을 보여준다.

세계 지도를 펼쳐 보면, 현재 지구상에는 193개의 공식적인 국가가 존재한다. 여기에 국제적으로 승인받지 못했지만 독립국가임을 주장하며 일정 지역을 지배하거나 지배권을 주장하는 기타 정치체제까지 포함하면 국가의 수는 203개까지 늘어난다. 북극과 남극, 그리고 공해를 제외하면 국가의 영토에 속하지 않는 지역은 거의 없다. 따라서 지구상에 발을 붙이고 사는 인간은 이 중 하나 혹은 복수의 국가에 속한다고 할 수 있다. 그래서 나세리처럼 국적을 증명하지 못한 사람들은 예외적인 존재가 된다.

오늘날 사람들은 국가에 속한다는 것은 너무나 당연한 일이라, 앞서 언급한 아나키스트 같은 이들을 제외하면 "왜 그래야 하는가"라는 질문을 던지는 것조차 이상하게 여겨지게 된다.

인간에 의해 만들어진 창조물, 국가

그러나 이렇게 공기처럼 당연해 보이는 국가는 사실은 철저히 인공적이다. 인간이 창조했다는 뜻이다. 인간의 창조물 중 가장 위대하고 놀라운 존재가 국가이다. 어떤 의미에서는 기적이라고 할 수 있다. 특히 잘 발달한 현대 국가는 그 규모와 복잡성에서 인간의 어떤 창조물도 따라갈 수 없다. 인간이 창조한 그 어떤 제도나 구조도 국가만큼 많은 혜택을 가져다주지 못했다. 수많은 생명이 국가 덕분에 구원받았고, 사회는 보다 안전하고 질서 있게 유지될 수 있었다. 인공적이라는 말은 가꾸지 않고

가만 내버려두면 소멸할 수도 있다는 뜻이기도 하다. 실제로 국가는 무수한 피와 땀, 희생 위에 커왔다. 국가의 이름으로 죽거나 다친 이들의 이름을 기록한다면, 그 목록은 끝없이 이어질 것이다. 우리 역사만 보더라도, 잃어버린 국가를 '되찾기' 위해 무수히 많은 사람들이 스러져갔다. 국가가 독재정권에 의해 흔들릴 때 이를 '바로 세우기' 위해 저항하다 희생된 이들도 적지 않다. 지금 이 순간에도 우크라이나를 비롯하여 세계 곳곳에서 국가를 둘러싼 전쟁과 갈등으로 인해 수많은 사람이 희생되고 있다.

국가가 얼마나 인공적인 존재인지를 알 수 있는 예가 있다. 우편요금을 생각해보면 된다. 한국은 삼면이 바다로 둘러싸여 있고 북쪽은 북한에 막혀 있어서 적절한 사례가 아닐 수 있다. 대신 외국의 예를 들어보자.

독일의 도시 오펜부르크(Offenburg)는 프랑스 국경 근처에 위치해 있다(그림 2). 프랑스의 스트라스부르(Strasbourg)까지는 직선거리로 약 20킬로미터밖에 떨어져 있지 않다. 기차로 약 30분, 자동차로도 비슷한 시간이 걸린다. 걸어서 이동해도 약 5시간 정도면 도착한다. 이처럼 가까운 만큼 두 도시 사람들은 자유롭게 왕래한다. 사실 유럽연합 출범 이후에 독일과 프랑스 사이에 국경은 거의 의미가 없어졌고, 스트라스부르에서 오펜부르크로, 혹은 반대 방향으로 통근하는 사람들도 많다. 2013년 스트라스부르 역에서, 나는 프랑스 경찰과 독일 경찰이 함께 담배를 피우며 웃는 모습을 보고 신기해한 적이 있다. 아마 그들은 알사스 방언으로 대화하고 있었을 것이다. 두 도시는 지리적으로 가까울 뿐 아니라 문화적·역사적으로도 깊이 연결되어 있다.

이제 독일 오펜부르크에서 프랑스 스트라스부르에 있는 친구에게 서

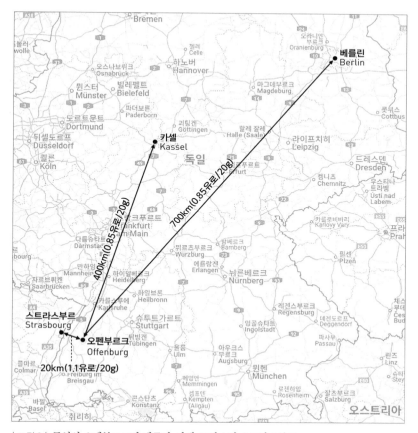

| 그림 2 | 독일의 오펜부르크와 베를린, 카셀. 프랑스의 스트라스부르

류 우편물을 보낸다고 가정해보자. 일반 우편물 기준으로, 20그램까지
는 1.1유로, 500그램까지는 3.70유로, 1킬로그램이 되면 7유로가 든다.
이번에는 같은 우편물을 오펜부르크에서 베를린(Berlin)에 있는 친구에
게 보낸다고 하자. 20그램까지 0.85유로, 500그램까지는 1.60유로, 1
킬로그램까지는 2.75유로가 든다. 뭔가 이상하지 않은가? 같은 독일이
지만 오펜부르크에서 베를린까지의 거리는 약 700킬로미터다. 가장 빠

른 기차로도 7시간 가까이 걸리고, 자동차로는 8시간, 걸어간다면 6일 이상이 걸린다. 어디로 배달하는 것이 에너지와 시간이 더 들까? 당연히 베를린이다. 자동차로 배달하더라도 스트라스부르까지 가는 것보다 연료가 20배는 더 든다. 그런데 우편요금은 오히려 스트라스부르로 보내는 것이 더 비싸다. 그나마 무게가 가벼울 때는 큰 차이가 없지만, 1킬로그램 정도의 우편물을 보내려 하면 스트라스부르로 보내는 요금이 베를린으로 보내는 것보다 2배 이상 비싸다.

이번에는 베를린이 아니라 독일 중부지방에 위치한 도시 카셀(Kassel)로 우편물을 보낸다고 가정해보자. 오펜부르크에서 카셀까지의 거리는 약 400킬로미터로, 베를린까지 거리의 절반쯤 된다. 그런데 우편료는 똑같다. 베를린으로 보낼 때와 차이가 나지 않는다.

일반적인 경제 상식으로 볼 때, 이는 무척이나 불합리한 일이다. 보통 생산품의 가격은 투입된 노동력과 동원된 재료의 양에 비례한다. 따라서 오펜부르크에서 스트라스부르로 편지를 보낼 때 우편요금은 베를린으로 보낼 때보다 훨씬 저렴해야 한다. 시간도 노동력도 연료도 훨씬 덜 소비하기 때문이다. 카셀로 편지를 보낼 때는 베를린으로 보낼 때보다 절반 정도의 요금만 내는 것이 상식에 맞다. 거리가 절반밖에 되지 않기 때문이다. 그러나 현실에서는 이런 상식이 완전히 무너진다. 독일의 우편요금 체계를 들여다보면, 마치 우리가 물리적 공간이 아닌 다른 이상한 공간 속에 있는 듯한 느낌을 받는다. 독일 내에서는 거리의 차이를 무시하면서도, 프랑스로 향하는 순간 거리가 비정상적으로 늘어난 것처럼 보인다.

——— 위험한 국가의 위대한 민주주의

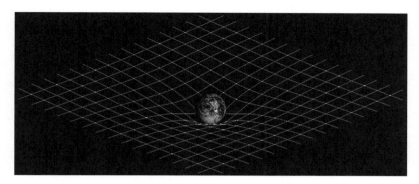

| 그림 3 | 중력장. 질량에 의해 공간이 왜곡되어 있는 모습(위키피디아).

  우리가 방금 살펴본 공간의 왜곡은 국가라는 존재가 지닌 엄청난 힘 때문에 발생하는 것이다. 아인슈타인은 질량이 공간을 휘게 한다고 설명했다(그림3). 예를 들어, 블랙홀은 엄청난 질량으로 인해 주변의 공간을 휘게 만들어 심지어 빛조차도 빠져나갈 수 없게 만든다.

  국가도 비슷한 방식으로 작용한다. 국가가 존재하는 곳에서 자연적 공간은 왜곡된다. 물리적으로 국가의 무게를 잴 수는 없지만 국가를 엄청난 질량을 가진 물체에 비유한다면, 국가는 그 자체로 공간을 왜곡시키는 힘을 가진 존재라고 할 수 있다. 국가의 경계 내부에서는 물리적 거리가 문제가 되지 않는다. 오히려 균일한 공간이 형성된다. 그러나 국가의 외부와는 높은 담을 쌓는다.

  예를 들어 오펜부르크에서 스트라스부르까지의 거리는 불과 20킬로미터에 지나지 않지만, 우편요금의 차이로 인해 국경은 마치 몇 백 킬로미터의 거리처럼 느껴질 수 있다. 결국 우리는 국가가 만들어낸 이런 인공적인 공간에서 살아가고 있다.

홉스, 국가의 존재 이유를 고민하다

국가는 인공적으로 만들어진 거대한 힘이며, 국가를 통해 인위적 질서를 창조함으로써 인간의 삶에 극적인 변화를 가져온다는 생각은 고대 사상가들에게도 익숙한 개념이었다. 아테네의 철학자 플라톤이 쓴 《대화편》 〈프로타고라스(Protagoras)〉에 따르면, 소피스트 프로타고라스는 최초의 인간들이 서로를 상처입히고 죽이는 분쟁상태에 있었다고 말한다. 이를 본 제우스는 인간들에게 정치적 기술(techne politike)과 염치(aidos)라는 두 가지 선물을 내려보내 국가를 이루고 사는 법을 터득하게 함으로써 인간들을 영원한 전쟁상태의 고통에서 건져주었다.

플라톤의 제자이며 스승 못지않게 서양 정치사상에 큰 영향을 끼친 아리스토텔레스 역시 비슷하게 생각했다. 그는 《정치학(Politica)》에서 인간은 자연적으로 국가인 폴리스를 이루고 살아가게 되어 있다고 주장한다. 얼핏 들으면 이 명제는 국가의 인위성을 부정하는 것처럼 들리지만 사실은 그렇지 않다. 아리스토텔레스가 말한, 폴리스가 자연적이라는 것은 그 제도가 인간의 본성에 부합한다는 뜻이지, 폴리스가 저절로 생겨나고 발전한다는 뜻은 결코 아니다. 플라톤이나 다른 그리스 철학자들과 마찬가지로 아리스토텔레스 역시 '폴리스는 인간이 특별한 노력을 기울여서만 형성될 수 있는 인위적 질서'라고 보았다.

국가가 인위적으로 창조된 거대한 힘이며 질서라는 개념은 영국의 사상가 토머스 홉스에 의해 가장 간명하고 인상깊게 설명되었다. 홉스가 활동하던 시기, 잉글랜드는 스튜어트 왕조 아래에서 격렬한 내전을 겪고

——— 위험한 국가의 위대한 민주주의

있었다. 찰스 1세(재위 1625~1649)는 국왕을 '지상에 군림하는 신의 대리인'으로 여겼다. 사실 이런 주장은 제정기 로마나 중세 왕국들에서도 널리 받아들여져 그 당시 여러 정치문헌이나 법률서에 자주 등장한다. 그러나 이전 황제나 군왕들 가운데 찰스 1세처럼 이 말을 글자 그대로 밀어붙여 실제 통치에서 자신의 생각과 의지가 절대적 권위가 되기를 요구한 경우는 드물었다. 찰스 1세의 완고함은 왕국 곳곳에서 갈등을 일으켰다. 찰스 1세가 왕위에 오르던 당시, 유럽은 30년전쟁 중이었다. 그는 프랑스 출신 왕비와 결혼한 뒤 스페인과의 전쟁을 위한 징세 문제 등으로 의회와 사사건건 충돌했다. 의회는 국왕이 자신들의 동의 없이 세금을 부과하는 것에 반대했다. 그러나 그는 의회를 힘으로 억누르거나 교활한 방법을 동원해 자신의 의지를 관철시키려 했다. 1629년 찰스 1세는 해운조세권 강행에 반대하는 의원들을 투옥시키고, 그 이후 11년 동안 의회를 열지 않았다. 그 기간에도 찰스 1세가 다양한 명목, 다양한 방식으로 세금을 거둬들였음은 물론이다. 이런 일방통행식의 통치는 의회와의 관계를 돌이키기 어려울 정도로 악화시켰다.

찰스 1세와 의회와의 갈등에는 종교적인 문제도 큰 역할을 했다. 당시 찰스 1세가 통치하던 스코틀랜드에서는 장로교가 힘을 얻고 있었고, 잉글랜드에는 청교도들이 영향력을 넓히고 있었다. 그러나 찰스 1세는 이를 무시하고 성공회의 교리와 전례를 왕국 전역에 적용하려 했다. 당시 성공회는 교리와 전례 면에서 가톨릭과 유사한 점이 많았다. 이 때문에 찰스 1세는 가톨릭을 옹호하려 한다는 혐의를 받았다. 이런 종교적 불화는 의회와 충돌하는 또 다른 원인이 되었다. 찰스 1세는 1638년에서

1640년까지 이어진 스코틀랜드 의회파와의 전쟁에서 패배했고, 1640년 10월에는 잉글랜드 의회파와 전쟁을 벌였으나 여기서도 결국 패배했다. 1649년 마침내 찰스는 형장에서 생을 마감했다. 그 뒤를 이어 올리버 크롬웰이 지배하는 공화정 시대가 열려 1660년까지 이어졌다.

국왕과 의회와의 끊임없는 갈등과 분란 속에서 홉스는 국가의 존재 이유와 원리에 대해 자신의 독창적 생각을 발전시켰다. 그의 생각은 1651년 출간된《리바이어던(Leviathan)》에 잘 요약되어 있다.

사실 홉스는 군주를 옹호하는 왕당파에 가까웠다. 그가 평생 의탁한 캐번디시 가문이 왕당파였고, 그 스스로도 왕당파를 옹호하다가 1640년 영국을 떠나 1651년까지 해외에 머물러야 했다. 그에게 영국의 내전은 국가의 붕괴로 여겨졌다. 국가의 재건을 위해서는 국가의 존재 가치와 작동 원리에 대해 어떤 정파적 견해나 종교적 정당성과도 상관없이 받아들일 수 있는 과학적 이론이 필요하다고 생각했다.

홉스는 당시 발전하고 있던 물리학과 논리학에 큰 관심을 가지고 있었다. 그는 국가의 기원과 존재 이유, 임무에 대한 이론을 과학적이고 체계적인 방법으로 설명할 수 있다고 생각했다. 이를 통해 그는 가톨릭이건 청교도이건 이성을 가진 사람이라면 누구나 수긍할 수밖에 없는 논리로 국가권력과 군주의 존재를 정당화할 수 있다고 생각했다. 국가의 필요성을 이야기할 때, 그는 인간이 종교나 문명을 갖추지 못한 자연상태를 출발점으로 삼았는데, 이는 국가의 기초를 보편이성의 차원에서 설명하려는 그의 의도에서 비롯된 것이다.

만인의 만인에 대한 전쟁을 멈추는 방법

홉스는 '인간은 무엇에 의해 움직이는가'라는 질문에서 시작한다. 그는 물체의 운동이 물리 법칙에 따라 이루어지듯, 인간의 사고와 행동에도 이를 지배하는 법칙이 있다고 보았다. 그것이 바로 '정념(passion)'이다. 정념은 인간의 행동을 불러일으키는 욕구를 말한다. 인간은 어떤 것을 원하는가 하면, 또 어떤 것은 싫어한다. 아무리 복잡한 사고와 행동도 궁극적으로는 '좋음'과 '싫음'이라는 단순한 이항대립으로 설명해낼 수 있다고 홉스는 주장했다.

문제는 인간이 대체적으로 정신적·육체적 능력에서 큰 차이가 없다는 점이다. 이를 홉스는 '인간의 평등'이라고 표현했다. 능력이 평등하기 때문에 인간은 비슷한 욕구와 의지를 가지게 된다. 그러나 모든 사람이 원하는 것을 똑같이 가질 수는 없기 때문에 결국 서로 경쟁하게 되고, 서로를 굴복시키려는 충돌이 일어난다고 그는 설명했다. 만일 어떤 사람이 밭을 갈아 씨를 뿌리고 쾌적한 거처를 만들면 다른 누군가는 폭력을 써서 이러한 노동의 성과뿐 아니라 자유, 심지어 생명까지 앗아가려 할 것이다. 이것은 인간들 사이의 갈등과 불신을 단적으로 보여주는 예이다. 이런 상황에서 가장 적절한 자기 보호책은 하나이다. 먼저 힘을 길러 누구도 위협할 수 없을 만큼 강한 지배력을 확보하는 것이다. 단순히 지키기만 해서는 살아남을 수 없으며, 생존하려면 힘을 계속 키워 나아가야 한다.

홉스는 인간이 합의하여 사회를 구성하지 않는 한, 끊임없는 경쟁과 갈등에서 벗어날 수 없다고 보았다. 소위 '만인의 만인에 대한 전쟁 (warre, as is of every man, against every man)'이 펼쳐지는 것이다. 이런 상황에서는 강압과 기만이 지배하게 되며, 인간의 삶은 극도로 비참해진다. 삶의 불확실성 속에서, 사람들은 근로 의욕을 잃어버리게 된다. 농업과 상업이 중단되고, 교통과 교류는 단절된다. 나아가 지식과 기술도 설자리를 잃게 된다. 무엇보다 가장 치명적인 것은 공포와 폭력의 악순환이 이어지면서 죽음의 위협이 일상화된다는 점이다. 이는 결국 인간의 삶을 고독하고 가난하며, 험난하고 잔인하며 동시에 짧고 불확실한 것으로 만든다.

이런 상태에서 인간들은 자신을 보호하기 위해 무슨 행동이든 할 수 있는 권리, 즉 자연권(natural rights)을 갖는다. 이 자연권은 심지어 타인의 신체나 생명에 대해 필요하다면 침해할 수 있는 권리를 포함한다. 법이나 정의의 개념이 존재하지 않는 자연 상태에서는, 이런 행동들은 정당한 것으로 간주된다. 그러나 이러한 삶은 끊임없는 갈등과 불행을 초래하며, 결국 인간들은 불안정하고 불행한 상황에 빠질 수밖에 없다. 마침내 사람들은 평화를 원하게 되고, 이를 위해 모두가 합의하여 자신들이 가진 자연권을 제한하기로 결정한다. 즉 계약을 맺는 것이다. 이 계약이 곧 사회의 시작이다. 계약을 통해 인간의 삶은 근본적으로 변화한다. 계약이 성립함으로써 비로소 '정의'와 '부정의'라는 개념이 생겨난다. 계약에 맞게 행동한다면 정의롭지만, 계약을 파기한다면 부정의한 것이 된다.

물론 이러한 계약은 이를 보증할 심판관이 없다면 휴지조각이나 다름없다. 따라서 사람들은 다수결에 따라 권력과 힘을 한 사람이나 하나의 조직에 집중시키고, 그 사람이나 조직이 공통의 평화와 안전을 위한 모든 결정을 내리도록 한다. 그리고 개인은 그 결정을 마치 자기의 결정처럼 받아들이고 따르기로 한다. 홉스는 이를 '일체화'라고 불렀다. 이런 일체화를 통해 하나의 인공적인 인격체가 등장한다.

이렇게 개별적인 의지와 권리를 가진 사람들이 이성적 판단을 통해 하나의 통합된 존재로 결합함으로써 만들어지는 것이 국가[그는 이를 '코먼웰스(Commonwealth)', 라틴어로 '키비타스(civitas)'라고 불렀다]이다.

괴물의 탄생… 잘 다룰 것인가, 먹이가 될 것인가?

홉스는 이렇게 인위적으로 창조되어 마치 자기 스스로 의지를 가진 듯 행동하는 국가를 '리바이어던'에 비유했다. 리바이어던은 성서의 〈욥기〉에 등장하는 가공할 힘을 가진 거대한 바다 괴물이다. 홉스가 국가를 리바이어던에 비유한 것은 국가가 갖는 압도적인 권력과 힘 때문이다. 국가는 모든 개인으로부터 힘을 양도받았기 때문에 그 어떤 개인이나 집단도 국가보다 더 강력한 존재가 될 수 없다. 그래서 홉스는 국가를 '세속의 신(Mortal God)'이라고 불렀다.

홉스의 《리바이어던》 표지는 국가가 인공적 인격체로서 지닌 압도적인 힘을 잘 상징하고 있다. 이 표지는 여러 다른 본들이 있고, 저자에 대해서도 다양한 설이 있지만, 가장 유명한 것은 1651년에 출판된 아브라함 보세의 작품이다. 여기서 우리는 거대한 인간의 형상을 볼 수 있다.

| 그림 4 | 《리바이어던》의 표지(아브라함 보세 작, 1651년)

이 인간은 산과 들, 도시 위로 솟아 있으며, 그 내부는 수많은 사람들로 구성되어 있다. 이는 무수한 개인들의 의지를 통합하여 엄청난 권력을 지니게 된 인공적 인격체로서의 국가를 상징한다. 표지의 아래 왼쪽에는 국가의 강권을 상징하는 물건들이 그려져 있다. 보는 방향에서 왼쪽 맨 위에는 성채, 그 아래로 왕관, 대포, 소총, 그리고 맨 아래에는 군대가 있다. 오른쪽에는 종교적 권력을 나타내는 물건들과 광경이 그려져 있

—— 위험한 국가의 위대한 민주주의

다. 맨 위는 교회, 아래는 주교의 관, 맨 아래에는 종교회의를 보여준다. 거대한 인간의 머리 위에는 성경의 욥기 41장 24절에서 가지고 온 라틴어 글귀가 적혀 있다.

'이 지구상에서 이에 권력으로 맞설 이는 없도다.'
(Non est potestas super terram quae comparetur)

홉스가 살던 17세기는 근대 국가가 서서히 그 모습을 드러내기 시작한 시기였다. 그리고 4세기가 지난 지금, 그의 예견대로 국가는 이 세상에서 가장 강력한 권력을 가진 존재가 되었다.

2023년 스톡홀름 국제평화연구소(SIPRI)는 2022년 각국의 국방비를 비교했다. 이에 따르면 1위는 미국으로 1,167조 원을 지출했으며, 중국이 그 뒤를 이어 338조 원, 일본은 61조 원을 지출했고, 한국은 이보다 약간 많은 61.5조 원 가량을 국방비로 지출했다. 지구상에서 경제적이든 정치적이든 영향력을 가진 국가들 중 어느 나라가 더 많은 국방비를 사용하는지도 중요한 관심사지만, 여기서 주목해야 할 것은 국방비의 규모이다. 이른바 군사 장비를 개발하고 생산하거나 구매하며, 군인들을 훈련시키고, 그들의 식사와 생활을 지원하는 비용이 바로 그것이다. 다시 말해 이 돈은 국가가 동원할 수 있는 폭력의 양과 수준을 보여준다.

오늘날 각국을 이끄는 행정부의 수장들, 즉 대통령, 수상들은 (의회의 적절한 동의를 얻는다는 전제하에서) 인류 역사상 가장 많은 폭력을 동원할 수 있는 존재들이다. 물론 중남미 마약 카르텔이 중화기를 동원하여 군과 경찰에 맞선다거나, 동아프리카 지역의 해적들이 상선을 습격하거나, 미국의 민병대가 FBI에 맞서 총격전을 벌인다는 이야기가 신문에 실리기도 한다. 그러나 아주 취약한 정부가 아닌 한, 이들 사적 조직들이 무력으로 정부를 무너뜨리는 것은 불가능한 일이다. 오늘날 정부가 동원할 수 있는 강권은 규모가 어마어마하기 때문이다.

오늘날 각국의 정부가 지닌 힘은 군사적 동원 능력에만 국한되어 있지 않다. 2023년 회계연도 기준 미국의 예산은 2,140조 원에 이른다. 이는 상상하기 힘들 정도로 막대한 규모다. 일본의 예산은 1,140조 원, 한국은 639조 원으로 집계되었다. 이 돈은 인력을 고용하고 인프라를 구축하는 데 쓰이며, 일부는 군사비로 지출된다. 또 일부는 R&D지원에 사용되어 성장을 촉진하거나 고용을 늘리기 위한 투자로 이어지며, 주식 시장이나 환율의 안정을 위해 쓰이기도 한다. 심지어 지난 팬데믹에서 겪었듯 국민 지원금으로 지급되기도 한다. 일반적으로 세계에서 가장 많은 돈을 쓰는 조직의 리스트를 작성한다면, 각국의 정부가 최상위권에 차례로 포진할 것이다. 정부의 돈이 어떻게 쓰이는가에 따라 경제 주체들의 운명이 완전히 바뀌기도 한다. 당연히 미국, 중국, EU, 일본과 같은 세계 경제의 주요 주체들이 내리는 결정은 글로벌 경제의 흐름에 중대한 영향을 미친다.

정부가 군사적, 경제적으로 엄청난 권력을 갖게 된 이유는 바로 강력한 동원 능력 덕분이다. 정교한 세금 징수 체계가 없다면 정부는 그런 힘을 발휘할 수 없다. 국민 개개인의 출생 순간부터 기록하고 성장의 일거수일투족을 추적하는 체계가 없다면 그렇게 많은 사람들을 무기를 들고 싸우도록 동원할 수 없다. 이를 뒷받침하는 것이 바로 관료조직이다. 또 사람들이 법에 따라 세금을 내고 법에 정해진 의무를 수행하는 데는 이를 강제할 수 있는 사법체계가 중요한 역할을 한다. 따라서 현대 국가는 입법, 사법, 행정 등의 체계를 정교하게 발전시켜 서로 유기적으로 작동하도록 조율한, 인류가 개발한 최상의 동원체계이다.

나는 앞에서 "우리는 국가가 무엇인지 이해해야 한다. 이해해야 제대로 사용할 수 있다"라고 말했다. 이제 이 말을 이렇게 바꿀 수도 있을 것이다. "우리는 리바이어던의 등에 올라타고 있다. 괴물을 다루는 법을 제대로 알아야 한다. 그러지 못한다면 괴물의 등에서 떨어져 먹이가 될 수도 있다."

당신에게 봉사하지 않는 국가는
존재할 필요가 없다

"국가를 어떻게 다룰 것인가"라는 질문에 올바로 대답하려면 우리는 "국가라는 제도가 어떻게 탄생했고, 왜 오늘날까지 모습을 바꾸면서 생존해왔는가"를 먼저 물어야 한다. 현재 우리가 확인할 수 있는 바에 의하면, 인류 역사에서 국가가 등장한 시기는 대략 기원전 3500년에서 3000년경이다.

애석하게도 '국가의 탄생'에 관해 합의된 이론은 없다. 국가에 대한 이해가 조금씩 다르기 때문이다. 따라서 국가의 기원에 대해서도 관점이 다를 수밖에 없다. 그럼에도 불구하고 지금부터 대략 5,000년에서 5,500년 전을 국가의 탄생기로 보는 데는 이유가 있다. 이 무렵 처음으로 촌락공동체를 넘어 여러 공동체를 아우르는 집단이 형성되었고, 그 안에 법률을 만들고 조세제도를 도입하며, 이를 실행하기 위한 행정조직 및 방위 그리고 반발하는 세력을 제압하는 군사조직을 갖춘 중앙집권적 통치체가 생겨났기 때문이다.

길가메쉬, 압도적 인간의 탄생

국가의 등장을 뚜렷이 확인할 수 있는 지역은 메소포타미아와 이집트이다. 기원전 3500년경 메소포타미아의 수메르는 우르크, 우르, 라가쉬, 키시 등 여러 도시국가로 이루어져 있었으며, 각 도시국가는 왕과 사제들에 의해 통치되었다. 이들 사회에서는 관료조직이 형성되었으며, 법을 제정하고 이를 문서로 기록하기도 했다.

  이집트에서는 기원전 3000년경 왕을 중심으로 한 강력한 지배체제가 형성되었다. 이후 나일강을 따라 장장 1,000킬로미터에 이르는 지역을 통치했다. 조세 징수, 관개사업, 피라미드 건설 등 대규모 토목공사를 관장할 행정조직이 발전했고, 치안과 국방을 위한 군사행정 조직도 성장했다.

  이런 모든 일이 단숨에 일어난 것은 아니다. 국가가 등장하기 이전에 존재했던 촌락이나 부족 공동체들에도 지도자들은 존재했다. 그들은 나머지 성원들을 지배하면서 집단 안에서 재화를 분배하거나 규율을 만들고 일탈을 처벌하는 등 정부에 준하는 기능을 했다. (태평양이나 아메리카 대륙에 여전히 존재하는 부족 공동체 사회에도 나름 무형의 질서들이 있다. 이런 공동체들을 보면,

인류 역사 초기의 체제를 엿볼 수 있다.) 그 중 일부가 국가의 형태를 갖추었고, 시간이 흐르면서 다른 곳에서도 국가가 하나둘씩 등장했다고 볼 수 있다.

촌락이나 부족 공동체에 비해 국가가 갖는 특징이라면, 체계적인 통치 구조를 갖추었다는 점이다. 앞서 언급했듯이, 국가가 하나의 혈족 공동체를 넘어 다양한 이질적 집단들을 아우르다 보니 작은 집단에서 아는 사람들끼리 해오던 관행에 따라 문제를 해결하는 방식으로는 통치가 어려웠을 것이다.

초기 국가의 등장에서 중요한 역할을 한 것은 비범한 능력(강력한 무력을 지니거나 동원할 능력, 신이나 자연과의 소통, 예언 같은 초자연적 능력)을 지닌 (적어도 지녔다고 믿어줄 만한 무언가가 있는) 지도자와 집단이었다. 약 4,800년 전 수메르에서 만들어진 〈길가메쉬 서사시〉는 길가메쉬라는 지도자를 이렇게 묘사한다.

모든 왕을 압도할 정도로 거대한 풍모를 지닌 그는

우루크의 영웅이며

사납게 머리 뿔로 받아버리는 황소로

앞쪽에서는 선봉장이며

뒤쪽에서는 동료들을 도와주며 행군한 자다.

강력한 방패막이로 병사들의 보호자다.

홍수가 몰고 오는 격렬한 파도여서

바위로 된 벽조차도 파괴한 존재다.

루갈반다의 자손인 길가메쉬는 최고의 힘을 지니고 있으며 존경받는 야생 암소의 여신 닌순의 아들로 참으로 경이롭다.

　신의 아들인 길가메쉬는 외형부터 비현실적이다. 그의 키는 11큐빗, 가슴둘레는 9큐빗, 발 크기는 3큐빗, 다리 길이는 7큐빗에 이른다. 당시 1큐빗을 최소로 낮춰 잡아 45센티미터로 계산해도 그는 4미터 95센티미터의 키에, 가슴둘레 4미터 5센티미터, 발 크기 1미터 35센티미터, 다리 길이 3미터 15센티미터에 이르는 엄청난 거인이었다.

　실제 길가메쉬가 존재했는지는 알 수 없다. 설령 길가메쉬가 실존인물이라고 하더라도 그런 거인이었을 가망은 없다. 그러나 길가메쉬에 대한 묘사를 통해 우리는 국가가 태동하던 초기에 사람들이 권력을 어떻게 상상했는지를 알 수 있다. 권력은 힘(개인의 육체적 힘만을 의미하는 것은 아니다)에서 온다. 그리고 초자연적 힘에 의해 뒷받침된다. (또는 스스로 초자연적 힘을 가지고 있다.) 이것은 상상력만은 아니다. 국가 형성의 초기 단계에서 다른 사람들을 압도할 정도의 물리적 폭력을 행사하거나 동원할 능력이 있는 개인이나 집단, 또는 예언자나 제사장처럼 초자연적 능력을 내세우는 인물이나 집단에 의해 주도되었다는 믿음을 뒷받침할 증거는 많다.

강력한 힘보다 더 중요한 리더의 덕목

물론 초기 국가를 세운 지도자나 집단이 단순히 물리적인 힘의 우위나 특별한 능력만으로 다른 사람들을 지배했다고 보기는 어렵다. 오늘날

수만, 수십만의 경찰력과 군병력을 동원할 수 있는 정부도 물리적 힘만으로 사람들을 통제하는 데에는 한계가 있다. 하물며 국가가 형성되던 당시에는 지배층과 피지배층 간의 무력 차이가 그리 크지도 않았다. 청동기 시대 이전까지 무기라고 해봤자 손에 잡히는 몽둥이나 돌이 전부였고, 청동기와 철기 시대를 거치면서도 소위 힘센 자들이 동원할 수 있는 무력은 절대적인 우위를 점할 만큼 압도적이지 않았다.

이런 상황에서 지배를 지속하려면 앞서 말했던 명분, 즉 정당성이 있어야 했다. 단순히 '신의 아들'이라는 보이지 않는 권위만으로는 오랫동안 사람들을 통제하기 어려웠다. 피지배자들의 자발적인 복종을 이끌어내려면, 그들에게 무엇인가 피부로 느껴지고 눈에 보이는 이익이 돌아가야 했다. 즉 권력은 피지배자들의 어떤 필요를 채워주거나 적어도 그런 시늉이라도 해야 했다.

기원전 2100~2050년경 제정된 우르남무(Ur-Nammu) 법전은 이를 잘 보여준다. 우르남무 법전은 잘 알려진 바빌론의 함무라비 법전보다 약 300년 앞서 만들어진, 현존하는 인류 최초의 법전이다. 우르남무는 우르의 통치자이자 수메르 제3왕조의 창건자로서, 수메르의 여러 도시를 자신의 영향력 아래 두었다.

우르남무 법전의 앞부분은 암소의 신 닌순의 아들인 우르남무가 왕위에 올라 평등과 정의를 원칙으로 하여 악과 폭력을 없애고, 헐벗음을 뿌리뽑았다는 내용을 담고 있다. 이 법전은 우르남무가 단지 압도적인 강권을 지닌 존재에 그치지 않고, 삶의 다양한 문제나 분쟁에 솔루션을 제공하는 공적 서비스의 제공자로서 역할을 하고자 했음을 짐작하게 한다. 법전에는 예를 들어 부부가 이혼하거나 간음이 일어나면 어떤 처벌을 받고 피해자는 어떤 보상을 받아야 하는지, 불경한 노예는 어떤 처벌을 받으며, 만일 자유민과 결혼하게 되면 주인에게 어떤 보상을 해야 하는지 등 온갖 문제들에 대한 규정이 포함되어있다.

남아 있는 법전에는 자세히 묘사되어 있지 않지만, "헐벗음을 뿌리뽑았다"는 자부심에 찬 주장은 우르남무 왕이 사람들의 궁핍을 덜기 위해 공공사업을 일으키거나 필요에 따라 분배정책을 시행했을 것임을 짐작케 한다.

이외에도 우르남무는 자신이 사람들의 교류를 용이하게 하고 공동체 활동에 필요한 여러 가지 조치들을 도입했다고 자랑한다. 그는 중량을 측정하는 단위인 미나와 쉐켈의 무게를 표준화했고, 사원에서 하루에 쓸 수 있는 비용을 정했다. 뿐만 아니라 수메르의 신전인 지구라트를 우르와 난나에 건설하기도 했다. 종교 활동이 당시 사회에서 차지한 비중을 고려하면, 이것은 중요한 공적 사업이었다.

앞서 언급한 〈길가메쉬 서사시〉도 마찬가지이다. 길가메쉬는 압도적인 힘을 지닌 초자연적 존재일 뿐 아니라, 다양한 공적 서비스로 전체 공동체를 이롭게 하는 지도자로 그려진다.

> 그는 산길을 연 자며
> 산비탈에 우물을 파낸 자다.
> …
> 홍수가 휩쓸어버린 신성한 곳들을 되돌려놓은 자다.

우글거리는 수많은 사람 중에

어느 누구를 그의 당당한 왕권과 비교할 것인가?

어느 누가 길가메쉬처럼

'짐이야말로 진정한 왕이다!'라고 말할 것인가?

이 세상에 태어난 바로 그날부터

그의 이름은 길가메쉬였다.

그가 산길을 열었다는 말은 새로운 교통로를 열었다는 의미일 수도 있고 산적들을 소탕했다는 의미일 수도 있다. 산비탈에 우물을 팠다는 이야기 역시 새로운 거주지와 경작지를 개척하는 데 큰 역할을 했다는 의미로 읽을 수 있다. 홍수가 휩쓴 신성한 장소를 복구했다는 이야기는 종교와 관련된 공사를 일으켰다는 뜻일 것이다. 여기서 알 수 있듯이, 길가메쉬는 단지 강력한 힘을 가진 지배자일 뿐 아니라 공공을 위한 서비스를 제공하는 봉사자였다.

우르남무와 길가메쉬는 '국가가 오늘날에도 필요한가'에 대해 생각할 때 참고할 만한 사례다. 국가의 기원이나 역할에 대해 부정적인 입장을 취하는 대표적인 예로서 앞서 아나키즘을 언급했지만, 이외에도 국가에 대한 부정적 시각은 신자유주의에서부터 다양한 좌파 이론까지 아주 널리 퍼져 있다. 심지어 군왕과 귀족이 지배하던 중세시대에도 국가의 기원과 역할에 대해 부정적인 시각이 퍼져 있었다. 13세기 신학자이자 철학자인 토마스 아퀴나스의 동료였던 루카의 톨레미(Ptolemy of Lucca)는 최초의 인간들이 서로 합의와 협력을 통해 공동체의 문제들을 해결하며 국가 없이 살았다고 주장했다. 국가가 등장한 이유는 인간들 간에 지배욕과 탐욕이 확산되면서, 일부 힘 있는 자들이 다른 사람들을 억압하고 자신의 이기적인 욕망을 채우려 했기 때문이라는 것이다. 근대 정치사상의 중요한 인물 중 한 사람인 장 자크 루소 역시 국가를 인간의 타락과 연관지었다. 그는 1762년 출간된《인간 불평등 기원론(Le Discours sur l'origine et les fondements de l'inégalité parmi les hommes)》에서 최초의 인간들은 평등한 존재들로서 속박 없이 자유롭게 살았지만, 인간들 사이에 소유욕이 퍼지면서 불평등이 고착화되었다고 주장했다. 국가는 바로 그러한 불평등의 산물이라는 것이다.

톨레미나 루소가 국가를 전복하고 원래의 평등 상태로 돌아가자고 주장하려던 것은 아니다. 톨레미가 하고 싶었던 이야기는 정치권력이라는 것이 욕망과 지배욕의 산물이었으므로 지금의 정치 지도자들은 그런 위험을 자각하고 벗어나기 위해 노력해야 한다는 것이다. 루소 역시 국가를 제거해야 한다고 주장하려던 것은 아니다. 그가 원했던 것은 그런 불평등의 구조적 고착화로서의 국가를 벗어나 시민들이 자유와 평등을 누리며 합의를 통해 함께 정치를 만들어가는 공동체를 건설하는 것이었다.

구체적으로 의도가 무엇이든 국가의 기원과 발전을 이렇게 부정적으로만 묘사하는 것은 무리가 있다. 국가가 등장한 초기부터 지배층과 피지배층 사이에는 일종의 비대칭적 호혜관계가 존재했기 때문이다.

초기 국가 혹은 국가권력을 손에 쥔 사람들이 제공하는 가장 중요한 서비스는 안전이었다. 정복과 약탈이 만연한 현실에서, 공동체의 모든 구성원은 우선 외부와의 갈등에서 살아남는 것을 최우선 목표로 삼았다. 사람들은 신체적 능력이 뛰어나거나 많은 사람을 동원할 수 있는 지도자를 찾아 그에게 의지했다. 또한 지혜가 뛰어나 좋은 계책을 내거나 방벽을 쌓는 기술을 가진 있는 사람도 세력을 모을 수 있다. 이외에도 사람들을 주변에 모으는 방법은 여러 가지가 있었다. 예를 들어 땅이 많다면 경작할 땅을 나눠줌으로써 사람들을 복종시킬 수도 있었고, 우물을 파는 기술이나 우물을 가지고 있다면 이것도 사람들을 복종시키는 중요한 수단이 될 수 있었다. 또한 신이나 초자연적 존재와 소통하여 문제를 해결하는 능력 역시 중요했다. 사람들은 그런 능력으로 얻을 수 있는 다양한 이점을 염두에 두고 특정 인물이나 집단에 복종했다.

우르남무 법전의 앞머리에 등장하는, 우르남무 자신이 악과 폭력, 헐벗음을 없앴다는 구절은 이런 추측을 뒷받침한다. 실제 우르남무가 자부하는 만큼 공정한 지배자였는지, 정말로 자신이 다스리는 지역에서 가난을 몰아냈는지에 대해서는 알 수 없다. 중요한 점은 우르남무가 자신을 정의, 안전, 경제적 윤택을 제공한 사람으로 내세우고 싶어 했다는 것이다. 왜일까? 답은 간단하다. 그런 것들이 지도자에게 아주 중요한 덕목으로 여겨졌기 때문이다. 즉 그런 서비스를 제공할 수 없다면 지도자의 위신이 깎일 뿐 아니라 피지배자들의 저항에 맞닥뜨려 권력을 잃을 수도 있었던 것이다.

국가는 공동체의 필요를 해결하기 위한 수단

플라톤은 기원전 4세기경 《국가(Politeia)》라는 서양철학사에서 가장 중요한 작품을 저술했다. 그는 여기서 국가의 존립 이유를 다름 아닌 공공 서비스에서 찾았다. 플라톤에 의하면 국가는 인간의 삶에 필요한 것들을 충족하기 위해 등장하고 성장한다. 인간은 살아가면서 식량, 옷, 집뿐만 아니라 다양한 물품을 필요로 한다. 그러나 인간은 천성적으로 자신에게 맞는 한 가지 기술에 집중할 때 가장 뛰어난 능력을 발휘한다. 따라서 각자는 전문 분야를 살려 농업, 수공업, 상업 등에 종사하게 된다. 즉 공동체를 이루고 일종의 역할 분담(분업이라고 불러도 좋다)을 함으로써 사람들은 삶의 필요를 충족해 나간다.

또한 사람들은 기본적인 욕구를 충족시키는 것에 머물지 않고 더 넓은 영토, 더 많은 재화, 더 풍요로운 삶을 원한다. 그 때문에 사람들은 서로 갈등하고 다른 공동체와 전쟁에 휘말린다.

따라서 농업이나 상업, 수공업에 종사하는 사람들과 별도로 공동체 내에서 질서를 유지하고 외부의 위협으로부터 구성원들을 보호할 사람들과 조직이 필요하다. 그런 사람들은 뛰어난 신체조건에 더해 열정과 용기, 지혜를 갖추고 공동체의 이익을 위해 모든 것을 바칠 준비가 된 사람이어야 한다. 플라톤은 이들을 수호자들(Phylakes)이라고 부른다.

플라톤이 생각하는 수호자들은 평범한 행복을 누리는 대신, 오로지 공동체에 봉사하는 것을 삶의 목표로 살아간다. 플라톤은 그런 수호자들을 길러내기 위해, 어릴 때부터 자질이 뛰어난 아이들을 모아 함께 먹이고 재우고 교육시키는 일을 공동체가 책임져야 한다고 믿었다. 수호자들에게는 어떠한 개인 소유도 허용되지 않으며, 교육 역시 철저히 공동체 전체의 행복과 안녕에 기여하는 것을 목표로 진행되어야 한다. 수호자는 오직 이런 봉사를 통해서만 그 존재가 정당화될 수 있다.

국가를 이끄는 통치자는 공동체의 이익을 위해 누구보다 앞장서서 일해야 한다는 생각은 서구 정치사상에 깊이 뿌리박혀 있다. 아리스토텔레스와 로마시대의 사상가 키케로는 정치체제가 올바른지 아닌지를 구분하는 기준으로, 공동체에 제대로 된 서비스를 제공할 수 있는지를 중요한 요소로 삼았다. 나쁜 정치는 정치가들이 전체를 위해 응당 제공해야 할 서비스를 내팽개치고 자기 이익만 챙기기 때문에 발생한다는 것이다.

근대 자유주의의 역사에서 가장 중요한 인물 중 하나인 존 로크는《통치론(Second Treatise of Government)》에서 정당한 정치권력은 오로지 공공의 이익을 고려하며, 사람들의 이해관계를 조율하고 법을 만들어 집행하고 외부의 위협으로부터 공동체를 보호하는 것을 목표로 해야 한다고 적었다.

물론 역사 속의 국가가 순수하게 공동체의 필요를 해결하는 서비스 조직이었다는 것으로 오해해서는 안 된다. 만일 그랬다면 국가에 대해 그렇게 많은 글이 쓰일 필요가 없었을 것이다. 현실은 그보다 훨씬 복잡했다. 국가가 공동체가 필요로 하는 기본적인 서비스를 제공하지 못하거나 아예 제공하지 않는 경우도 비일비재했다. 집권 세력이 국가가 수행할 기본적인 기능을 방기한 탓에 반란이 일어나고 혁명이 일어났다.

다만 여기서 확인해둘 것은, 중앙집권적 권력이 형성되고 그에 의해 통제되는 관료조직이 확산될 때, 사람들은 단순히 강력한 폭력에 굴복해서 이를 받아들인 것이 아니었다는 사실이다. 설사 무지막지한 힘 앞에 무릎을 꿇고 지배를 받아들였을 때조차도 그들은 정당한 지배자에게는 해야 할 의무가 있다고 여겼다. 더 많은 권력을 쥐고 지배망을 촘촘히 구축하려면 집권 세력은 어느 정도는 이런 기대를 충족시키거나, 적어도 이를 해결하려는 모습을 보여야 했다.

'철혈 보수' 비스마르크가 세계 최초로 사회보장제를 도입한 까닭은?

국가가 국민에게 제공하는 서비스 개념이 가장 크게 발전한 것은 단연 현대 복지국가이다. 복지국가는 더 이상 국가가 '치안이나 외부 위협으로부터 보호'라는 소극적인 차원에 머물지 않고 국민 삶의 질을 향상시키기 위해 더 많은 서비스를 제공해야 한다는 모토로 추진되었다. 복지국가 개념이 확고해진 것은 1940년대 영국이었다. 대략 세 가지 원칙이 복지국가의 기초를 형성했는데, 첫 번째는 국가는 직업의 유무, 신분에 상관없이 모두가 최소한의 소득을 얻도록 도와야 한다는 것이며, 두 번째는 질병, 노령, 실업 등 예기치 못한 삶의 위기를 극복할 수 있도록 돌봐야 한다는 것이고, 세 번째는 모든 사람들이 양질의 사회적 서비스를 누릴 수 있도록 힘써야 한다는 것이다.

　실제로 유럽의 여러 선진 국가는 유치원부터 고등학교까지 교육을 책임지고 대학 교육을 (거의) 무상으로 제공한다. 뿐만 아니라 질병, 실업 등 삶에서 맞닥뜨리는 어려움을 극복하도록 의료보험, 실업급여, 재취업 교육, 일자리 알선 등의 다양한 제도를 마련한다. 심지어 중대한 질병에 대해서는 국가가 대폭 지원하여 정기적인 검진과 예방 조치를 받도록 돕고, 치료비 부담도 덜어준다. 또한 국가는 값싸게 양질의 주택을 공급하여 저소득 계층 혹은 청년층의 자립을 돕는다.

아주 널리 퍼진 오해 중 하나는 복지국가가 진보파의 어젠다라는 것이다. 이는 역사적으로도 현실적으로도 정확하지 않다. 복지국가의 아이디어와 제도는 좌우파 양쪽에서 등장했다. 19세기 중반에 접어들면서 통제되지 않은 자본주의 시장경제의 문제들이 본격적으로 드러나기 시작했다. 그 중에서도 빈부격차는 아주 심각한 사회문제였다. 자본주의는 대규모 인구를 도시로 끌어들였지만, 이들이 마주한 현실은 장시간 노동, 저임금, 열악한 주거환경이었다. 그 결과 도시에는 거대한 빈민층이 형성되었다.

국가가 이들에 대해 무엇인가 조치를 취해야 한다는 목소리가 높아졌다. 이는 단지 미관상 보기 싫다거나 혹은 이웃의 고통이 불러일으키는 동정심에서 비롯된 것만은 아니었다. 도시 곳곳에 생겨난 슬럼가는 온갖 전염병과 화재 등 주요 재난의 진원지가 되고 있었다. 크고 작은 범죄의 온상이기도 했다.

사회의 다수를 짓누른 이런 비참한 현실 속에서 유럽 전역으로 아나키즘과 사회주의 사상이 빠르게 확산되었다. 앞에서 잠깐 언급한 대로 마르크스는 1848년 《공산당 선언(Der Manifest der kommunistischen Partei)》에서 사유재산의 철폐, 계급지배의 도구로서 국가의 소멸을 주장했다. 급진사상에 영향을 받았든 혹은 자생적으로든 노동자·농민·몰락한 소상인들이 조직을 결성하고 목소리를 높이고 있었다. 당시의 지배 엘리트들로서는 이를 방치할 경우 정치적으로 '큰일이 일어날 수도 있겠다'는 불안감이 커질 수밖에 없었다. 억압만으로는 상황을 통제하기 어려웠다. 당근이 필요했다.

1870년대 이후 도입된 독일의 사회보장제도는 이런 시대적 배경에서 등장했다. 1875년 독일 사회주의 노동당이 노동조합과 결합하며 엄청난 사회적 영향력을 갖게 되었다. 이에 대한 대응책으로 비스마르크가 이끄는 독일 제국 정부는 두 가지 전략을 썼다. 한편으로는 사회주의자들을 강력하게 탄압하면서 다른 한편으로는 질병보험법(1883년), 노동자재해보험법(1884년), 노령폐질보험법(1889년) 등 다양한 사회보장제도를 도입했다.

1884년 제정된 노동자재해보험법은 광산, 철도, 공장, 건설업에 종사하는 저소득 노동자를 대상으로 이들이 겪는 업무 관련 재해에 대해 고용주가 책임을 지도록 했다. 1889년 노령폐질보험법은 70세 이상의 저소득 노동자(공무원 및 일부 도제 제외)에게 노령연금을 지급하고, 노동을 할 수 없게 된 노동자(자기 과실 제외)에게는 폐질연금을 받게 했다. 이 법을 집행하는데 필요한 재정자원은 정부가 일부 지원했다.

비스마르크가 이런 개혁을 주도한 데에는 그의 가부장적인 국가관도 한 몫을 했다. 비스마르크는 국가가 일종의 가족과 같고, 국왕은 마치 자식을 돌보듯 신민을 돌봐야 한다고 생각했다. 아이러니하게 들릴지 모르지만 그런 전근대적 국가관은 독일을 역사에서 가장 빠르게 사회보장 정책을 도입한 나라로 만들었다. 비스마르크는 제국 정부가 노동자들의 어려움이나 경제적 문제 등에 관심을 갖고 필요하다면 개입해야 한다고 믿었다.

1945년 제2차 세계대전이 끝나면서 복지국가는 서유럽 국가들에서 본격적인 모습을 드러내기 시작했다. 이미 처칠과 루즈벨트는 1942년 〈대서양헌장〉을 발표하면서, 공포와 궁핍으로부터의 해방이 연합국이 추구하는 목표라고 공언했다. 1942년 영국의 노동부 차관 윌리엄 H. 베버리지가 위원장으로 있던 '사회보험 및 관련 서비스에 관한 위원회'는 사회복지 보고서를 발표했다. 이 보고서는 이후 〈베버리지 보고서(Beveridge Report)〉로 잘 알려지게 되었다. 여기에는 나중에 복지국가를 상징하는 구호가 된 '요람에서 무덤까지(from cradle to the grave)'라는 표현이 등장한다. 당시 처칠과 보수당 인사들은 국가 주도의 복지제도 확립 및 확산이라는, 이 보고서의 주장을 달가워하지 않았다. 그러나 시민들의 불만이 고조되고, 전후 사회주의 체제와의 경쟁이 본격화되면서 사회보장의 확대를 요구하는 시민들의 목소리를 외면하기 어려워졌다. 1945년 들어선 클레멘트 애틀리 수상의 내각은 베버리지 보고서의 제안을 빠르게 실행에 옮겼다. 이를 계기로 시민의 삶의 질을 개선하고, 필요할 경우 이를 위해 국가가 개입하는 것이 정부의 의무라는 주장이 널리 받아들여지기 시작했다.

'케이크 나눠 먹기' vs '불안을 차단하는 안전핀'

복지국가에 대해 널리 퍼진 오해(우리나라에서도 예외는 아니다)는 복지를 '케이크 나눠 먹기', '없는 사람에게 퍼주기'로 여기는 것이다. 그러나 이런 생각은 크게 잘못된 것이다. 제대로 추진된 복지정책은 사회의 안정과 발전에 크게 이바지한다. 예를 들어 노동자가 적절히 보호받지 못하는 경우, 다시 말해 장시간 저임금 노동에 노출된 경우, 그래서 질병이 생겼는데 적절히 치료받지 못하는 경우, 이는 윤리적 차원에서 뿐만이 아니라 안정적 노동력 공급의 측면에서도 문제가 된다. 재해에 대해 적절한 보상과 지원을 받지 못할 경우 가족들이 생계를 위협받게 됨으로써 문제는 더욱 확산된다. 자녀들은 적절한 돌봄을 받지 못할 뿐 아니라 교육 기회를 얻지 못하고 성인이 되었을 때 제대로 된 직업을 갖기도 어렵다. 결국 만성적 실업 상태에 빠지거나 저소득으로 고통받게 될 것이며 위험한 범죄에 연루될 가능성도 배제할 수 없다. 사회적 안전망이 없다면 단 하나의 문제로부터 연쇄적으로 다른 문제들이 일어날 가능성이 높아진다.

오늘날 국가가 돈이 넘쳐서 금연을 계도하는 데 돈을 쓰고, 정기검진을 받게 하며, 실업급여를 주고 재취업을 알선하는 것이 아니다. 국가가 선제적으로 개입함으로써 나중에 개인뿐 아니라 사회에 더 큰 부담으로 돌아오는 것을 막으려는 것이다.

연금 역시 마찬가지이다. 은퇴 후 노령에 접어들었을 때 빈곤에 빠지지 않도록 하는 것은 사회 안정을 위해 매우 중요한 일이다. 현재 기대수명은 늘어나고 퇴직 연령은 앞당겨지지만, 퇴직 후 남은 생애를 지탱할 충분한 수입원을 마련하지 못한 사람들이 대다수이다. 이로 인해 많은 사람들이 안정적인 수입을 보장받을 방법을 찾기 위해 다양한 시도를 한다. 그나마 안정적이고 운이 좋으면 큰 수익도 기대할 수 있는 부동산에 몰리기도 하고, 주식이나 가상화폐에 소위 '영끌'하며 투자하는 경우도 많다. 이 모든 행동의 바탕에는 '내가 질병이나 사고 혹은 노령 등으로 안정적 수입원을 잃었을 때 어떤 일이 닥칠까' 하는 불안감과 공포가 깔려 있다.

이런 환경에서, 엄청난 교육비를 감당할 의지가 없거나 혹은 스스로 판단하여 그렇게 할 능력이 없는 사람들, 자녀에게 좋은 환경을 줄 수 없을 것 같다고 생각하는 사람들은 아이 낳기를 포기한다. 13장에서 좀더 이야기하겠지만 한국에서 기록적인 저출산 현상이 발생하는 원인 중 하나는 사회의 발전 수준에 비해 미흡한 복지 지원 시스템이다.

이 모든 예들은 적절한 복지투자를 국가가 하지 않는다면 사회가 장기적으로 위기에 빠질 수 있음을 보여준다. 복지를 퍼주기로 폄하하는 것은 지극히 근시안적인 행위이다.

정부의 개입이 클수록 개인의 자유가 작아진다?

위에서 이야기했듯 복지는 불안정이 가져오는 불안의 고리를 차단하는 안전핀이다. 복지는 미래에 대한 불안을 줄이고 안정적인 사회체제를 유지하는 데 중요한 역할을 한다. 무임승차자를 방지하고 복지가 근로의욕을 떨어뜨리지 않도록 정책을 잘 설계하는 것은 분명히 중요하다. 그러나 '복지는 가난하고 게으른 사람에게 공짜로 퍼주는 것'이라는 주장은 현실을 모르는 소리이다.

이런 원시적인 수준의 복지반대론 이외에도 복지정책의 확대에 대한 다양한 우려가 있다. 복지정책은 국가가 경제와 사회 전반에 깊숙이 개입하는 것을 의미한다. 국가가 교통, 교육, 보건 등 필수적인 사회 인프라와 관련된 산업을 국유화하는 경우도 있다. 국가의 사업이 많아지면서 세금도 증가한다. 뿐만 아니라 국가의 역할이 커지면서 공무원이나 국가와 연관되어 일하는 사람 수가 급격히 늘어난다. 서유럽의 경우 1950년 전체 산업인력의 약 11퍼센트가 국가 관련 업무에 종사했는데, 1980년에는 그 비율이 23퍼센트로 증가했다. 상대적으로 복지국가로의 발전이 더뎠던 미국 역시 같은 기간 국가 관련 업무에 종사하는 사람들의 비율이 9.7퍼센트에서 15.2퍼센트로 증가했다.

이러한 복지국가로의 변화는 고전적 자유주의, 즉 국가가 가능한 한 눈에 띄지 않는 것이 이상적이라는 사고방식에서 벗어난 것이다. 그런 만큼 반발을 사기도 한다.

영국 전 수상 마거릿 대처(재임 1979~1990)와 미국 40대 대통령 로널드 레이건(재임 1981~1989)은 비슷한 시기 각각 영국과 미국을 이끌었다. 이들이 내세운 정책의 요지는 과도한 복지정책의 폐해를 없애고 경제를 시장 논리에 맡기는 한편, 정부의 규모를 축소하는 것이다. 영국은 대처가 집권하는 기간 광범위한 민영화와 정부 보조금의 폐지가 잇따랐으며 공무원 숫자가 줄었다. 레이건은 소위 레이거노믹스(Reaganomics)를 통해 세율을 인하하고 기업활동과 관련한 규제를 완화하며 노동자의 고임금 일자리를 줄였다.

이런 정책의 이데올로기적 뿌리는 깊다. 오스트리아 출신의 경제학자이자 철학자인 프리드리히 하이에크는 중요한 사상적 기반을 제공한 인물이다. 시장 질서와 법치주의에 대한 신념을 바탕으로, 그는 국가가 정의라는 가치를 내세워 자본이나 소득을 재분배하려는 시도에 대해 매우 부정적이었다. 그는 이러한 재분배가 개인의 자유에 대한 중대한 침해이며, 침해가 계속되면 결국 나치즘이나 공산주의 같은 전체주의로 이어질 것이라고 경고했다. 그가 무한 경쟁에 대해서 회의적이었고 국가가 개입할 필요성을 완전히 배제하지는 않았지만, 이런 개입은 어디까지나 공정한 경쟁을 위한 법적 장치를 마련하는 것을 목표로 한 것이었다.

미국의 경제학자 밀턴 프리드먼도 비슷한 생각을 가지고 있었다. 그는 자유를 가장 중요한 가치라고 보았으며, 그 연장선에서 시장 내에서 개인들 간의 자유로운 경쟁을 옹호하고 정치적, 경제적 권력의 집중을 비판했다. 국가의 개입이 늘어날수록 개인의 자유가 줄어든다고 주장하면서 국가가 자유로운 경쟁을 보장하는 것 이상으로 활동범위를 넓히는 것은 바람직하지 않을 뿐만 아니라, 궁극적으로 경제적 혼란과 공황을 불러올 수 있다고 경고했다.

앞서 언급한 신자유주의는 이러한 사상적, 정책적 흐름을 포괄하는 용어이다. 신자유주의는 엄밀히 말해 잘 정의된 개념은 아니지만, 일반적으로 국가의 복지 지출, 이를 위한 (특히 기업에 대한) 과세, 기업활동에 대한 규제 등을 비판하고 민영화를 통해 국가가 수행해 온 (혹은 복지국가에서 국가가 수행해야 한다고 믿어온) 다양한 역할을 시장에 맡기려 한다.

한국도 1997년 경제위기를 해결하는 과정에서 신자유주의의 영향권 안에 본격적으로 들어가게 되었다. 신자유주의를 비판하는 사람들은 이 이론이 노동자뿐 아니라 일반 시민들의 삶에 부정적인 영향을 미친다고 주장한다. 시장 논리를 강조하고 규제 철폐를 추진하는 과정에서 경제적 불평등이 심화되고, 사회적 공정이 침해되며, 생활에 심각한 불안정을 가지고 온다는 것이다. 실제로 신자유주의가 주도하는 노동 유연화 정책에 의해 정규직으로 취직하는 것이 어려워지고 해고가 쉬워지면서 국민들의 직업 안정성이 현저하게 떨어진다거나, 복지 지출의 감소로 인해 (특히 저소득, 취약계층을 지탱해온) 사회적 안전판이 약화되는 일은 여러 나라에서 발견된다. 그 결과 경제적 불평등이 커지고, 당연히 정치적 갈등도 늘어난다. 뒤에서 더 이야기하겠지만, 오늘날 세계를 휩쓰는 극우 포퓰리즘의 원인이 신자유주의의 만연에 있다고 보는 학자들도 적지 않다.

신자유주의는 삶의 불안정과 불평등의 심화를 어떻게 극복해야 할지에 대한 적절한 답을 제시하지 못한다. 그런 탓에 신자유주의 정책에 대해 회의적인 시각을 가진 사람들이 계속 늘어나고 있다. 그러나 신자유주의는 여전히 강력한 담론이며, 신자유주의의 몇 가지 아이디어와 주장은 신자유주의적 정책에 대해 거리를 두는 사람들에게조차 영향력을 발휘한다. 특히 이런 아이디어와 주장이 오래된 가치나 오해, 편견과 결합하면 아주 강고한 정치, 경제, 사회적 담론을 만들어낸다. 그 중 하나가 복지정책을 포퓰리즘으로 비판하는 것이다.

좋은 복지와 포퓰리즘의 차이는?

포퓰리즘에 대해서 흔히 사람들은 일종의 인기영합적 시혜주의라고 생각한다. 국가의 곳간을 헐어서 퍼줌으로써 사람들의 지지를 끌어내려는 얄팍하고 위험한 정치 게임이라고 여기는 것이다. 실제로 누가 정말 포퓰리스트인지 아닌지를 구분하기가 생각만큼 쉽지 않다. 따지고 보면 민주주의 국가에서 모든 정치인은 인기를 추구하며 그 방법으로서 유권자들이 원하는 것을 하려 한다. 그리고 유권자들이 원하는 정책의 상당 부분은 세금을 낮추는 것이든 어딘가에 정부의 지출을 늘리는 것이든, 부동산 정책을 바꾸는 것이든 재화의 분배와 관련되어 있다. 여기에는 지원금의 형식을 빌려 돈을 직접 나눠주는 것도 당연히 포함된다.

물론 여기에는 '필요하다면'이라는 전제가 붙는다. 그러나 무엇이 필요한지 필요하지 않은지에 대해서 사람들은 자신의 사회경제적 위치 혹은 정치적 입장에 따라 다른 생각을 갖기 마련이다. 즉 누군가에게는 필요한 정부의 분배정책이 다른 누군가에게는 포퓰리즘일 수도 있다는 것이다.

경계해야 할 것은 모든 복지정책을 따져보지도 않은 채 싸잡아 포퓰리즘으로 공격하는 것이다. 뒤에서도 더 이야기하겠지만, 복지는 오늘날 국가의 존립 이유 중 큰 부분을 차지한다. 복지정책에 대한 근본적인 반대는 극단적인 자유방임론자가 아니라면 하기 어렵다. 중요한 것은 복지의 수준과 방법에 대해 합리적이고 건설적인 토론을 하는 것이다.

이런 점에서 정치인들이 자신의 정치적 라이벌이 제안하는 복지정책을 무턱대고 '포퓰리즘'으로 비난하는 것은 매우 무책임한 행동이다. 그럼에도 불구하고 포퓰리스트라고 반대 정치인을 몰아붙이는 일이 잦은 이유는 이 단어가 지닌 부정적인 의미 때문이다. 포퓰리즘에 대한 학문적 연구와 논의는 여전히 진행중이며, 이 개념이 정치사회적 현상을 엄밀하고 체계적으로 설명하는 이론적 도구가 될 수 있는지에 대해서조차 아직 분명한 합의가 이루어지지 않았다. 그럼에도 포퓰리즘에 대한 대중적 이미지는 상당히 굳어져 있다. 파탄 난 국가 재정, 상상을 할 수 없이 치솟는 물가, 표를 얻기 위해 국가의 미래를 희생시키고 모든 것을 이루어주겠다고 거짓말하는 선동가들, 시위대로 가득 찬 거리, 시가전을 방불케 하는 공권력과의 충돌 등이 그것이다. 이런 부정적인 이미지 때문에 정치가들은 라이벌의 복지정책에 포퓰리즘이라는 딱지를 붙이기 좋아한다. 특히 복지의 확대에 대해 소극적이거나 부정적인 정당들은 다른 정당에 대해 이런 비난을 남발하는 경향이 있다. 그러나 이렇게 복지정책에 대해 다른 생각을 갖고 있는 정치적 라이벌을 포퓰리스트로 비난하게 되면 합리적 토론은 불가능해진다. 다시 말하지만 필요한 것은 현재 요구되는 복지정책이 무엇인지, 어떻게 달성할 수 있는지에 대한 엄밀한 토론이지 상대방을 함부로 낙인찍는 것이 아니기 때문이다.

제대로 된 복지정책과 포퓰리즘을 구분하려면 적어도 그 정책을 제안하는 집단이 '필요'를 얼마나 설득력있게 제시하는가를 살펴보아야 한다. 잘 수립된 복지정책은 그 이유와 목적, 기대효과와 전략이 분명하게 설정된다. 이 정책은 모두를 완벽히 설득하지는 못해도 적어도 모두에게 설명은 할 수 있다. 그러나 인기영합적 시혜주의, 즉 포퓰리즘적 정책은 그렇지 못하다. 단지 그때그때 유권자들, 혹은 지지집단의 관심과 지지를 얻는 것을 목표로 하기 때문이다.

복지는 민주주의 국가의 의무이다

복지는 국가가 제공해야 할 당연한 서비스이다. 우리는 국가의 일차적 존재 근거가 안전의 제공이라고 배운다. 앞서도 이야기했듯 안전의 보장은 역사 속에서 모든 국가권력이 내세운 명분이었다. 안전 혹은 안보를 의미하는 영어 'security'는 라틴어 securitas에서 유래한다. 여기서 se-는 분리를 나타내는 접두사이다. '분리하다'라는 의미를 가진 영어단어 'separate'의 바로 그 se-이다. 뒷부분 'curitas'는 근심, 걱정을 의미하는 라틴어 단어 'cura'에서 파생된 것이다. 여기서 최초부터 인간들이 안전 혹은 안보를 무엇이라 여겼는지가 드러난다. 안전이라는 것은 원래 근심이 사라진 상태, 걱정으로부터 해방된 상태를 의미한다. 사람들이 근심없이 살 수 있는 환경을 만드는 것, 그것은 처음부터 안전을 책임지는 국가의 의무였다.

역사에서 오랫동안 근심 없이 살기 위한 첫번째 조건은 외적의 침입이나 내적 혼란에서 벗어나는 일이었다. 현대 사회에서는 여기에 덧붙여 다른 근심들, 즉 노령, 질병, 인구 감소 (혹은 폭증), 환경 파괴, 불평등 등 과거 인간이 단지 운명이라고 여기고 받아들였거나 그다지 의식하지 않았던 문제들이 중요해지고 있다. 즉 안전을 책임지는 가장 강력한 주체로서 국가가 살펴야 할 근심거리들이 늘어난 것이다.

국민이 이런 문제들에 대해 국가로부터 해결책을 요구하는 것에는 원칙적으로 문제가 없다. 앞에서도 말했듯이 사람들은 언제나 국가가 안전이라는 서비스를 제공하기를 기대해왔으며, 그런 기대에 어느 정도는 부응하는 것 (혹은 부응하려는 시늉이라도 하는 것)으로 국가는 자기 정당성을 삼아왔다.

물론 모든 복지는 경제 사회적 상황과 능력을 고려하여 신중하게 로

드맵을 세우고 합의를 바탕으로 추진해야 한다. 그러나 이 말을 '어느 정도 먹고살 만하면 그 다음에 남는 돈으로 복지정책을 추진하자' 정도로 오해해서는 안 된다. 국가는 국민에게 필요한 복지를 가능한 한 최대한 제공해야 하며, 국민에게 봉사하지 않는 국가는 그 존재의 의미를 잃을 것이다.

오늘날 민주주의 체제에서 국가가 얼마나 책임있게 이런 임무를 수행하는가는 정치 지도자를 뽑는 시민들의 손에 상당 부분 달려 있다. 앞서 제대로 된 복지의 비전을 가지고 있는 지도자는 정책의 근거와 기대효과를 분명하게 밝히고 합리적인 로드맵을 제시한다고 이야기했다. 시민들이 그런 지도자를 찾아내고 지지하는가가 바로 그 나라의 복지의 미래를 판단할 수 있는 시금석이다. 그런데 만일 그런 내용 없이 단지 사람들의 관심을 끌 구호만 내세우는 인기영합주의자들을 선택한다면 그 피해는 결국 시민들에게 고스란히 돌아온다.

4

인류 역사에서 권력을 통제하는
가장 강력한 무기는?

다시 말하지만, 국가는 상상을 초월하는 힘을 가진 거대한 괴물이다. 이 거대한 힘을 온전히 통제하여 시민의 행복한 삶을 위해 사용하려면 특별한 노력과 지혜가 필요하다. 인류가 찾아낸 이제까지 가장 효과적인 해결책, 그것이 민주주의이다.

우리는 민주주의가 보편인 시대에 살고 있다. 2025년 현재 민주주의라고 내세우지 않는 나라는 전 세계에서 사우디아라비아, 아랍에미리트, 오만, 브루나이, 아프가니스탄, 카타르, 그리고 바티칸 정도다. 북한이나 중국처럼 민주주의와 먼 정치체제조차도 자신들이 민주주의 국가라고 주장한다. 민주주의가 아닌 체제는 흔히 나쁜 정치로 취급 받기 때문이다. 따라서 "나는 민주주의에 반대합니다"라고 말하는 데 엄청난 용기가 필요한 시대이다.

미국인은 민주주의를 좋아하지 않았다

그러나 민주주의가 자연스럽고 당연한 것으로 여겨지기까지는 오랜 시간이 걸렸다. 사실 불과 200년 전만 해도 민주주의라는 정치체제가 이렇게 흥행에 성공하리라고 기대한 사람은 별로 없었다. 현대 민주주의의 시작 지점으로 일컬어지는 미국도 처음부터 상황이 민주주의에 유리하게 돌아갔던 것은 아니다. 건국 초창기의 많은 정치가들은 정치 참여의 문호를 대중에게 개방하는 데에는 대체로 의견이 일치했지만 그 범위를 어느 정도로 설정해야 하는지에 대해서는 이견이 있었다. 적잖은 수가 교육이나 재산에서 일정 기준을 충족하지 못하는 사람들에게 참정권을 주는 것에 대해 회의적이었다.

1787년에 출간된 《연방주의자 교서(The Federalist Papers)》는 미국의 건국을 이끈 지도자들이 모든 시민이 평등하게 참정권을 갖는 방식의 민주주의에 대해 상당히 의구심을 가지고 있었음을 보여준다. 이 책은 알렉산더 해밀턴, 제임스 매디슨, 존 제이가 당시 연방헌법의 채택을 촉구하는 입장에서 익명으로 뉴욕의 여러 신문에 쓴 에세이들과 기타 다른 에세이들을 합쳐, 총 85편의 글을 모은 것이다. 이 세 사람은 미국을 탄생시킨 핵심인물이다. 해밀턴은 1789년부터 1795년까지 초대 재무장관을 지냈으며, 매디슨은 1809년부터 1817년까지 제4대 대통령을 역임했다. 제이는 1789년 초대 연방대법원장 자리에 올라 1795년까지 재직했다.《교서》의 핵심 내용은 미국이 이제까지 느슨한 주 연합을 넘어 정부와 행정체계를 구축하고, 보다 통합된 의회와 사법제도를 갖춘 강한 연방국가로 나아가야 한다는 것이었다.

그런데《교서》에 등장하는 글들에는 또 다른 공통점이 있다. 그것은 일반 시민들의 평등하고 직접적인 정치 참여, 즉 오늘날 우리가 당연하게 받아들이는 민주주의의 가능성에 대한 강한 의심이다.《교서》의 저자들이 민주주의를 부정하거나 비난하지는 않는다. 그러나 그들은 전통적으로 내려오는 민주주의의 모델, 즉 상대적으로 작은 규모의 공동체에서 시민 한 사람 한 사람이 직접 의사결정에 참여하는 방식[《교서》에서는 이를 '순수 민주주의(pure democracy)'라고 부른다]에 대해 매우 비판적이었다. 그들은 일반 시민, 즉 농민, 자영업자, 소상공인 등의 영향력이 지나치게 강해지면 다수의 횡포가 나타날 수밖에 없다고 여겼다. 그런데 그들이 보기에 일반 시민들은 합리적으로 판단하기보다 성급하게 결론을 내리고 자신들의 협소한 이해에 따라 행동하기 일쑤인 존재들이다. 이런 사람들이 정치에 결정적인 영향력을 행사하면 국가는 파벌로 갈갈이 찢어지고 불안과 혼란이 일상이 된다는 것이다.

매디슨은《교서》10번에서 이렇게 이야기한다.

이 주제에 대한 이상의 고찰로부터, 순수 민주주의에서는 파당의 폐해에 대한 어떤 해결책도 있을 수 없다는 결론에 도달할 수 있을 것이다. … 그런 민주주의는 항상 혼란과 분쟁의 참상을 보여주었고, 개인의 안전이나 재산권과 양립 불가능한 것으로 드러났으며, 그 종말이 폭력적이었던 것처럼 대체로 수명도 짧았다.

이런 판단 위에서 《교서》의 저자들은 일반 시민의 영향력을 줄이는 방향으로 헌법이 만들어져야 한다고 판단했다. 그리고 그 헌법에 '공화정(republic)'이라는 이름을 붙였다. 이 이름은 아주 주의깊게 선택된 것이다. 공화정은 군주정이 아니다. 동시에 공화정은 모든 시민들이 평등하게 정책 결정에 참여하는 민주주의와도 다르다.

실제 이들이 미국 정치의 미래상으로 제시한 공화정의 모습을 보면 일반 시민들의 영향력을 제한하기 위해 얼마나 고심했는지를 알 수 있다. 그들이 공화정의 핵심제도로서 대의제를 제안한 것도 단지 넓은 미국 땅에서 시민들이 모두 모여 토의하고 결정하기에 여러 가지 불편이 따랐기 때문만은 아니다. (당시 미국은 코네티컷, 델라웨어, 조지아, 매사추세츠, 메릴랜드, 뉴햄프셔, 뉴저지, 뉴욕, 노스캐롤라이나, 펜실베이니아, 로드아일랜드 및 프로비던스 플랜테이션, 사우스캐롤라이나, 버지니아의 13개 주뿐이었다. 넓은 땅이긴 하지만 지금의 미국처럼 광대한 영토를 가진 것은 아니었다.) 《교서》의 지지자들은 대의제를 통해 일반 시민의 영향력이 줄어들고 더 많은 전문가들이 국정에 관여하기를 바랐다.

연방주의자들은 의회를 상원과 하원으로 나눌 것을 제안했는데, 여기에도 일반 시민의 생각이 정책 결정에 끼치는 영향을 적절한 선에서 제한하려는 의도가 있었다. 일반 시민의 의도가 보다 직접적으로 반영되는 하원이 지나치게 어느 한 방향으로 나아가게 될 때 상원이 제어장치 역할을 하리라 기대했던 것이다.

다시 말하지만 연방주의자들이 반민주주의적이었다고 이야기할 수는 없다. 그들은 시민들이 권력에 참여하는 것이 옳다고 여겼고, 그런 참여를 통해 행정부나 사법부의 독주를 막을 수 있을 것이라 판단했다. 그러나 그들은 모든 시민들이 차별 없이 평등하게 정책에 영향을 미칠 권리를 갖는 것에 대해서는 매우 회의적이었다.

1830년대 전후로 제7대 대통령 앤드류 잭슨(재임 1829~1837)과 민주당이 주도한 이른바 '잭슨주의적 개혁'에 대한 연방주의자들의 반응은, 이들이 전통적 민주주의 모델에 대해 가졌던 회의감이 얼마나 깊었는지를 보여준다. 잭슨은 비록 백인 남성들로 국한되긴 했지만, 선거권을 일반시민에게 확대하고, 연방정부에서 엘리트들의 정치적 영향력을 줄이려고 노력했다. 그의 정책은 상당한 반발을 불러일으켰다. 물론 그가 도입한 엽관제나 명문가의 정치적 영향력을 줄이기 위한 여러 조치들에는 문제점이 있었다. 그러나 개별 정책상의 실수나 과오만으로 그에게 쏟아진 불만을 모두 설명할 수는 없다. 잭슨의 비판자들은 그가 참정권을 지나치게 확대하여 정치적 평등을 과도하게 추진한다고 비판했다. 유명한 웹스터 사전의 편찬자이자 《교서》의 열렬한 지지자이던 노아 웹스터는 다음과 같이 일갈했다.

이런 주장을 하는 사람들[잭슨과 지지자들]은 자신들이 말하는 '인민'이 누구인지, '민주주의'는 무엇을 의미하는지, 어떻게 인민들이 스스로를 다스릴 수 있다는 것인지, 어떻게 민주주의가 정부로서 기능할 수 있다는 것인지 한 번도 제대로 밝혀본 일이 없다.

아이러니한 것은 민주주의로 길을 열었다고 칭송과 비난을 동시에 받았던 잭슨 자신은 공식적인 연설에서 한 번도 미국을 '민주주의 국가'라고 부른 적이 없었다는 것이다. 그에게 미국은 언제나 '공화국'이었다.

고대 그리스, '민주주의는 타락한 정치'

민주주의의 기원을 서양 고대로 거슬러 올라가 보면 평가는 더 냉정해진다. 민주주의를 의미하는 그리스어 '데모크라티아(demokratia)'를 잠시 살펴보자. 민주주의를 의미하는 영어 단어 '데모크라시(democracy)'의 어원인 이 단어는 '대중, 인민'을 의미하는 '데모스(demos)'와 '힘, 권력'을 의미하는 '크라토스(kratos)'의 합성어이다. 즉 데모크라티아는 '데모스의 지배' 혹은 '데모스의 권력'을 의미한다.

'데모크라티아'라는 용어의 기원을 추적할 수 있는 중요한 단서는 기원전 5세기 후반 헤로도토스가 저술한 《역사(Historiai)》에서 발견된다. 여기서 헤로도토스는 페르시아의 폭군 캄뷔세스를 몰아낸 후 미래에 어떤 정치체제를 수립할 것인가를 둘러싸고 지도자들 사이에서 벌어진 논쟁을 묘사한다. 지도자 중 하나인 오타네스는 다수가 지배하는 정치체제, 즉 민주정의 필요성을 역설했다. 또 다른 지도자인 메가뷔조스는 능력 있는 소수의 사람들이 지배하는 과두정을 이상적인 정치체제라고 생각했다. 반면에 다레이오스는 한 명의 군주가 지배하는 것이 바람직하다고 보았다.

다레이오스는 자신이 이상적으로 여기는 정치체제를 '모나르키에 (monarchie)'라고 정확히 지칭했다. 라틴어 '모나르키아(monarchia)', 영어 '모나키(monarchy)'에 해당하는 용어로, 하나를 가리키는 '모노스 (monos)'와 지배를 가리키는 '아르케(arche)'가 합해진 것이다. 즉 한 사람이 지배하는 체제를 말한다.

메가뷔조스는 자신이 원하는 지배체제를 소수를 의미하는 '올리고이 (oligoi)'와 지배를 가리키는 '아르케(arche)'를 합쳐 '올리가르키에(oligar-chie)'라고 불렀다. 이는 능력 있는 소수의 지배를 원하는 그의 의도를 정확히 반영하는 용어였다. 이 단어는 후에 '올리가르키아(oligarchia)', 오늘날 영어의 '올리가르키(oligarchy)'로 발전했다. (기원전 4세기 이후 올리가르키아는 소수의 배타적 독점정치라는 부정적인 의미로 사용되기 시작해서 오늘날까지도 그런 의미로 통용되지만, 최초에는 뛰어난 소수의 지배를 의미하는 매우 중립적인 용어였다.)

흥미로운 사실은 오타네스는 어디에서도 자신이 원하는 지배체제를 '데모스의 지배'라고 부르지 않는다는 점이다. 보다 정확히 말해 아예 '데모스'라는 단어 자체를 사용하지 않는다. 대신 그는 자신이 원하는 지배체제를 다수 통치, 즉 '플레토스 아르콘(plethos archon)'이라고만 지칭했다. '플레토스(plethos)'는 '다수' 혹은 '대중'을 의미하고, '아르콘 (archon)'은 앞의 아르케처럼 지배를 의미한다.

'데모스의 지배', 즉 '데모크라티아'라는 개념이 처음 등장하는 것은 그의 반대자들, 특히 과두정의 옹호자 메가뷔조스를 통해서이다. 메가뷔

—— 위험한 국가의 위대한 민주주의

조스는 오타네스에게 이렇게 반대한다. "페르시아 인들에게 악의를 품고 있는 자들만이 데모스에게 크라토스(권력)를 쥐어 주는 것에 찬성할 것이다."

헤로도투스의 대화는 물론 허구이지만, 여기에는 당시의 여러 정치 모델에 대해 사람들이 갖고 있던 생각이 반영된 것으로 보인다. 왜 민주주의의 지지자는 데모크라티아라는 말을 쓰지 않을까? 답은 간단하다. '데모스'라는 단어가 매우 부정적인 의미를 지니고 있었기 때문이다.

기원전 6세기 아테네의 전설적인 입법자 솔론은 부채로 인해 노예가 된 시민들에게 자유를 되돌려주었으며, 대중이 정책 결정과 재판에 참여할 길을 법으로 보장했다는 점에서 민주주의의 기초를 마련한 인물로 여겨진다. 그는 소작료를 경감해주고 지주의 권리를 제한하여 농민들이 안정적으로 한 곳에서 경작할 수 있게 해주었다. 그러나 그가 남긴 글을 읽어보면 그는 상당히 엘리트주의적인 입장을 가지고 있었음을 알 수 있다. 그가 이상으로 여긴 정치체제, 즉 에우노미아(eunomia)는 하층 시민부터 최상위 귀족 계층까지 각자 맡은 일을 하며 협력하는 체제이지, 대중이 선도하는 체제는 아니었다. 그는 데모스, 즉 하층을 포함한 일반 대중을 욕심 많고 어리석은 인물들로 여겼다. 그가 남긴 시에서, 데모스는 현명함이나 도덕과는 거리가 먼, '못난 자들(kakoi)'로 그려진다. 단지 부유하지 않거나 배경이 부족하다는 의미만은 아니다. 데모스는 균형 잡힌 이성을 갖지 못한 존재들이며, 작은 행운에도 쉽게 오만해지는 존재들이기도 하다. 이런 존재들은 지도자가 적당히 휘어잡지 않으면 문제를 일으킬 수 있다는 것이다. 이런 맥락에서 보면, 다수의 지배를 옹호하는 오타네스가 '데모크라티아', 즉 '데모스가 힘을 갖는 정치체제'라는 말을 쓰지 않은 것은 너무나 당연해 보인다.

"인민은 좋은 것을 원하지만, 그것을 항상 아는 것은 아니다"

물론 시간이 흐르면서 데모크라티아라는 단어의 의미는 더 복잡해졌다. 민주주의가 뿌리를 내리고 데모스의 힘이 강해지면서 데모크라티아라는 단어는 긍정적인 의미로 사용되기 시작했다.

'데모크라티아'라는 단어가 시간이 지남에 따라 새롭게 이해되기 시작했음을 짐작하게 하는 구절이 투키디데스의 《펠로폰네소스 전쟁사(Ho polemos ton peloponnesion kai athenaion)》에 있다. 스파르타와의 전쟁에서 사망한 장병들을 추모하며, 아테네의 정치 지도자 페리클레스는 아테네 민주정치를 다음과 같이 치켜세운다.

우리의 정체는 이웃나라들의 제도를 모방한 것이 아닙니다. 우리는 남을 모방하기보다 남에게 본보기가 되고 있습니다. 소수가 아니라 다수의 이익을 위해 나라가 통치되기에 우리 정체를 데모크라티아라고 부릅니다. 시민들 사이의 사적인 분쟁을 해결할 때는 법 앞에 만인이 평등합니다. 그러나 주요 공직 취임에는 개인의 탁월성이 우선시되며, 추첨이 아니라 개인적인 능력이 중요합니다. 마찬가지로 누가 가난이라는 불리한 조건에도 불구하고 도시를 위해 좋은 일을 할 능력이 있다면 가난 때문에 공직에서 배제되는 일도 없습니다.

 데모스의 지배는 평등하고 공정하고 그러면서도 사람을 신분이나 돈 따위가 아닌 능력에 따라 쓰기 때문에 더 효율적이다. 이것이 페리클레스의 주장이다.

 시칠리아 시라쿠사의 지도자 아테나고라스는 비슷한 의미로 데모스의 지배를 긍정적으로 평가했다. 그는 여러 가지 의견을 듣고 결정하는 데에는 데모스가 부자들이나 배운 사람들보다 더 낫다고 주장했다.

 그러나 다른 한편에서 데모크라티아는 여전히 좋지 않은 의미로 사용되고 있었다. 플라톤은 데모크라티아를 어리석은 대중이 연출하는 자멸적 정치체제, 곧 중우정치의 의미로 사용했다. 플라톤의 입장에서 일반 대중은 이성의 가르침에 따라 계몽되기를 거부하거나 그럴 만한 능력이 없는 사람들이다. 이들은 욕망의 노예이며 이런 욕망을 교묘히 부추기는 선동가들에 의해 손쉽게 휘둘린다. 그런 사람들의 생각에 공동체의 운명을 맡겨서는 안 된다는 것이 그의 생각이었다.

 플라톤이 일반 대중의 정치 참여에 부정적인 입장을 갖게 된 데에는 그가 귀족 가문 출신이라는 점도 영향을 미쳤겠지만, 아테네 민주정 하에서 그의 스승인 소크라테스가 죽음을 당한 것도 또 하나의 이유이다. 기원전 399년, 플라톤이 청년이던 시절, 소크라테스는 멜레토스를 비롯한 세 사람에 의해 신을 모독하고 젊은이들을 타락시키려 했다는 비난을 받았다. 소크라테스는 아테네의 500인회 앞에 끌려 나와 짧은 변론의 기회만을 허용 받은 후 결국 투표에 의해 죽음을 선고받았다. 이를 지켜봐야 했던 플라톤으로서는 다수의 판단력에 대해 근본적인 회의를 가질 수밖에 없었을 것이다.

앞서 살펴본 대로 그는 통치에 걸맞은 자질을 갖고 태어나 통치를 위해 체계적으로 교육받는 수호자 계급에게 정치를 맡겨야 한다고 보았다. 그리고 아테네에서 그런 정치 개혁을 이룰 방법은 오로지 철학자에게 전권을 주는 것, 즉 철학자 왕을 세우는 것이라고 여겼다. (당시 아테네의 정치 지형에서 플라톤이 군주정을 주장했다고 보기는 어렵다. 플라톤은 군주와 같은 강력한 지도력을 발휘할 수 있는 인물이 철학적 지혜를 바탕으로 국가의 제도를 근본부터 재조직하는 것을 염두에 두었다고 보는 것이 더 적합하다.)

한편 아리스토텔레스처럼 다수 시민이 참정권을 행사하는 체제를 어느 정도 긍정적으로 평가하는 사람들은 이를 지칭할 때 '데모크라티아' 대신 '폴리티아(Politia)'라는 용어를 사용하려 했다. 폴리티아는 민주주의보다는 시민들이 상호 협력하여 운영하는 정치체제를 의미한다. 아리스토텔레스의 정치체제론은 다소 비체계적이고 일관성이 부족하지만, 그의 글을 읽어보면 엘리트와 시민들이 협력하여 국가를 이끌어 가는 것에 대해 긍정적인 평가를 내렸음을 알 수 있다. 아리스토텔레스는 소수가 권력을 독점한 사회에서 정치적 안정을 유지하기 어렵다고 보았으며, 전체적으로 볼 때 다수가 소수보다 경험이나 지식 면에서 우월할 수도 있다고 생각했다. 그러나 다수에 의한 정치가 제대로 작동하려면 일정한 조건이 필요하다고 강조했다. 만약 다수가 정부의 통제권을 가져야 한다면, 적어도 교육을 잘 받은 시민들이나 일정한 재산을 가진 시민들이 주도해야 한다는 것이 그의 생각이었다.

이상에서 살펴보았듯 민주주의가 처음 등장했을 때조차 많은 사람들은 광범위한 일반 대중 혹은 시민에게 정치 참여의 문을 열어주는 것에 회의적이거나 매우 조심스러웠다. 만약 일반 시민들의 정치 참여를 허용한다 해도 주도권은 교육과 재산에서 일정한 수준에 도달한 엘리트가 쥐어야 한다는 것이 그들의 생각이었다.

일반 시민의 지배에 대한 우려는 프랑스 혁명에 사상적으로 큰 영향을 끼친 루소의 사상에서도 분명히 드러난다. 그는 《사회계약론》에서 인민의 판단이 언제나 올바른 것은 아니라고 경고했다. "인민은 언제나 자신에게 좋은 것을 원하지만, 자신에게 좋은 것이 무엇인지 항상 아는 것은 아니다"라는 것이다.

이처럼 미국 연방주의자들에서 나타나는 민주주의에 대한 회의는 서양 정치사회사상의 전통에서 이미 잘 알려진 주제였다. 그리고 연방주의자들 이후에도 비슷한 주장을 한 사상가와 이론가들이 워낙 많아서 그들을 하나하나 언급하려면 따로 책을 한 권 써야 할 것이다.

계몽주의자들이 민주주의를 좋아했다고?

그렇다면 민주주의는 어떻게 오늘날 가장 인기 있고 심지어 '보편적인' 정치체제로 인정받게 되었을까? 확실히 19세기 유럽 일부 국가에서는 민주주의가 피할 수 없는 대세처럼 보였다. 이제까지 정치적으로 목소리를 내지 못했던 사회 기층으로 정치 참여의 기회가 점점 확대되었다는 점은 특히 주목할 만한 변화였다. 예를 들어 영국에서는 선거권이 1832

년, 1867년, 1884년 세 차례에 걸쳐 확대되었다. 1832년과 1867년의 개혁을 통해 유권자 수가 각각 81만3,000명과 252만 명으로 증가했다. 무엇이 이런 변화를 가져왔을까?

흔히 사람들은 그 배경으로 18세기 계몽사상의 등장을 꼽는다. 주장은 이렇다.

'중세 기독교는 신을 정점에 두고 위계질서에 의해 세계가 만들어졌다고 주장했고, 신앙의 권위로 세계에 대한 이성적 탐구를 억누름으로써 이런 생각을 관철시켰다. 그 결과 정치 사회구조 역시 엄격한 위계질서의 양상을 띠었다. 인간은 신분과 직업에 따라 서로 다른 권리를 갖고 서로 다른 역할을 하도록 엄격히 구분되었다. 이런 중세적 질서는 르네상스 시대 이후 인간 중심의 세계관이 고개를 들며 밀려나기 시작했다. 1517년 마틴 루터가 비텐베르크에서 교회의 잘못된 관행을 비판하며 95개조 반박문을 써붙인 것에서 종교개혁이 시작되었다. 다른 한편에서는 자연과학이 발전하여 기독교의 세계관에 의문을 제기하기 시작했다. 관찰과 논리에 따라 천동설이 지동설로 대체되었듯 인간과 세계에 대한 경험적 증거와 합리적 추론에 근거한 이성적 탐구가 힘을 얻었다. 이런 세계관의 변화는 18세기 이후 계몽주의로 이어졌다. 계몽주의를 통해 인간의 자유와 평등이라는 이념이 확산되며 사람들의 마음을 사로잡았다. 이는 신분 차별과 계층적 위계질서에 결정적인 타격을 주었다. 이러한 변화 속에서 근현대 민주주의가 성장했으며, 오늘날

── 위험한 국가의 위대한 민주주의

가장 영향력 있고 보편적인 정치 질서 모델로 자리 잡았다.'

　민주주의가 인간 이성의 해방과 경험적·합리적 사고의 발달이 가져온 결과물이라는 주장은 민주주의의 옹호자들에게 아주 멋지게 들린다. "오직 이성과 합리성의 진보를 거부하는 사람들만이 민주주의에 회의를 품을 것이다!"라는 주장은 제2차 세계대전 후 냉전이 시작된 이래 소련(구 러시아)과 중국을 중심으로 한 사회주의 국가들과 치열하게 이념과 체제 경쟁을 벌이던 미국과 서방 국가들에서 마치 당연한 것처럼 받아들여졌다.

　그러나 이런 주장은 역사적으로 명확히 입증하기 어렵다. 정확히 말하면, 계몽사상의 확산과 민주주의의 성장이 반드시 직접적인 인과관계를 갖는 것은 아니다. 인간이 평등하고 자유로운 존재라는 것을 인정하는 것과 모두에게 동등하고 제한 없는 정치 참여의 권리를 인정하는 것은 별개의 문제이기 때문이다. 루소는 그 누구보다도 인민이 자신의 정치적 운명을 스스로 결정할 수 있어야 한다고 주장했다. 어떤 경우에도 인민이 자신의 주권을 포기하거나 양도할 수 없다는 명제는 그의 정치철학의 핵심이다. 그는《사회계약론》에서 고대 로마 인민이 (비록 로마의 인구와 도시 규모가 상당했음에도) 자주 함께 모여 국가의 중요한 일을 논의하고, 때에 따라 정부의 업무를 직접 수행했다는 점을 매우 높이 평가한다. 루소에 의하면 이는 그들이 주권자로서의 권리를 행사한 방식이었다.

　그러나 앞서 이야기했듯이 루소는 어떤 의미에서도 민주주의를 절대적으로 이상적인 정치 질서로 여기지 않았다. 특히 그가 고대 아테네에서처럼 전문 지식과 능력을 갖추지 않은 시민들이 돌아가며 관직을 수행하는 것에 대해 매우 비판적이었다는 점에 주목할 필요가 있다. 루소가 논의할 가치가 있다고 본 민주주의는 일반 시민이 입법에 직접 참여하는 것을 보장하는 차원이다. 그러나 이렇게 제한된 의미의 민주주의에 대해서도 그의 평가는 그다지 긍정적이지 않았다.

루소는 어떤 정치 질서도 인간이 만든 것인 한 완벽할 수 없다고 보았다. 민주주의 역시 여기서 벗어나지 않는다. 루소에 따르면, 이런 의사결정 체제는 규모가 작고 시민들 간에 신분이나 재산 차이가 크지 않으며, 사치가 없는 사회, 즉 구성원들이 대체로 균질한 삶의 방식으로 살아가는 작은 공동체에서만 가능하다. 이는 사실상 민주주의가 매우 예외적인 상황에서만 실현될 수 있음을 뜻한다. 실제로 루소는 민주주의가 현실에서 지속될 가능성에 대해 회의적인 견해를 직접 내비치기도 했다. 그는 다음과 같이 말했다.

신들로 구성된 인민이 있다면, 이 인민은 민주정으로 스스로를 통치할 것이다. 그렇게 완전한 정부는 인간에게 맞지 않다.

루소가 정말로 중요하게 여긴 것은 각 정치 공동체의 상황과 특징에 맞게 적절한 정치 질서를 택하는 것이다. 따라서 루소에게 단 하나의 이상적 정치체제가 있는가 묻는다면 답은 '없다'이다.

교육을 통해 인간의 이성적 자질을 개발함으로써 사회의 발전을 가져올 수 있다고 믿었던, 계몽주의 사상가 존 스튜어트 밀 역시 '전체 인민에 의한 전체 인민의 정부'라는 민주주의적 이상이 실현될 가능성에 대해 회의적인 태도를 보였다. 그는 《교서》의 저자들과 마찬가지로 대의제를 지지했으며, 일반 시민에게 동등한 참정권을 부여하는 것에 신중한 입장이었다. 그는 문맹에 기초 셈도 못하는 사람들이 선거를 통해 정치에 참여하는 것을 넌센스라고 여겼다. 또한 세금을 내지 않거나 구호금을 받는 사람들도 투표를 통해 공동체의 업무에 끼어들 자격이 없다고 생각했다.

밀은 교육과 재산에 따라 차별적으로 참정권을 부여할 필요가 있다고 보았다. 보다 뛰어나고 현명한 사람에게 더 많은 발언권이 돌아가야 한다고 여겼기 때문이다. 그래서 그는 복수투표제를 주장했다. 미숙련 노동자가 1표를 행사한다면 숙련 노동자는 2표, 감독은 3표, 기업농, 제조업자, 상인은 3~4표, 법률가, 의사, 성직자는 5~6표를 행사하는 식이다.

밀은 이런 정치체제를 민주주의의 세련화쯤으로 여겼다. 그러나 그가 어떻게 보았든 이렇게 직업, 신분, 교육 수준, 재산 등에 따라 참정권에 차등을 두는 체제를 오늘날 민주주의라고 부르기는 어렵다. 밀의 민주주의는 귀족정과 민주주의의 중간적인 성격을 지닌다고 보는 편이 정확할 것이다.

밀에게서도 계몽주의적 자유와 평등 사상이 곧 평등한 정치적 권리를 옹호하는 것으로 이어져 민주주의를 촉진했다고 단순히 말할 수 없다는 사실이 드러난다. 자유와 평등에 기초한 사상은 기껏해야 민주주의 사상이 발전하는 데 유리한 토양을 제공했을 뿐이다.

혁명과 전쟁, 그리고 미국… 민주주의의 결정적 인기 비결

그렇다면 19세기 이후 민주주의의 발전을 어떻게 설명할 수 있는가? MIT대학 경제학 교수이자 노벨 경제학상 수상자이고 《국가는 왜 실패하는가(Why Nations Fail?)》의 저자인 대런 애스모글루는 19세기 이후 선거를 통한 정치 참여가 사회의 빈곤층 및 인종적, 문화적 소수 집단으로 확장된 과정을 연구하고 다음과 같은 결론을 내렸다.

> 엘리트 계층은 혁명의 위협에 직면하여 선거권을 확대하지 않을 수 없었다. 선거권을 확대하는 것은 앞으로 (부의) 분배정책에 힘을 쏟겠다는 약속으로 여겨졌으며, 사회적 소요가 일어나는 것을 방지할 수 있었다.

애스모글루의 주장은 오해의 여지없이 명료하다. 잘 알려진 대로 자본주의와 산업화는 불평등의 문제를 야기했고 정치사회적 불안을 심화시켰다. 19세기 전반기 유럽에서는 1830년 7월 혁명과 1848년 2월 혁명과 같은 큰 혁명들이 일어났다. 한 나라에서 봉기가 일어나면 이는 다른 나라로 빠르게 확산되는 경향을 보였다. 이런 혁명의 밑바닥에는 빈곤과 열악한 삶의 조건, 불평등에 대한 분노가 자리 잡고 있었다. 사회주의, 무정부주의, 생디칼리즘 등 다양한 급진사상들이 급속히 세력을 넓히며, 전 유럽을 아우르는 연대망을 형성해가고 있었다. 정치, 경제, 사회적 특권을 누려오던 지배 엘리트들로서는 긴장하지 않을 수 없었다.

선거권의 확대는 이들이 택한 타협책이었다.

　실제로 영국 수상 그레이 경은 1832년 선거권을 확대하면서 의원들 앞에서 자신보다 보통선거에 부정적인 사람은 없다고 말하며, 자신이 개혁에 나서는 이유는 혁명을 저지하기 위해서라고 솔직하게 밝혔다. 영국에서는 1838년부터 1840년대까지 선거권의 확대를 요구하는 차티스트 운동(Chartist Movement)이 일어났다. 이 운동은 1838년 발표된 〈인민헌장〉, 즉 〈피플스 차터(People's Charter)〉에 의해 촉발되어 영국 전역으로 확산되었으며 시간이 흐르면서 상당히 과격해졌다. 〈인민헌장〉은 모든 성인 남성에게 차별 없이 선거권을 부여하는 보통선거, 무기명 비밀 투표, 재산과 신분에 의한 차별없이 의회 출마 자격 부여 등 당시로는 상당히 급진적인 내용을 담고 있다.

　애스모글루에 앞서 하버드 대학의 역사학자 알렉산더 케이사는 《투표할 권리(The Right to Vote)》에서 계급 갈등이 민주주의의 역사에서 주요 변수라는 결론에 도달했다. 다만 애스모글루가 지배 엘리트들이 어떻게 양보했는지에 초점을 맞춘 것과 달리, 케이사는 지배계급의 저항이 어떻게 선거권 확대를 저지하거나 심지어 선거권을 다시 축소하는 방향으로 작용했는지에 대해 집중적으로 분석했다.

　케이사의 책에서 눈여겨볼 또 하나의 주장은 선거권의 확대에 전쟁이 매우 큰 역할을 했다는 것이다. 그에 의하면, 미국 역사에서 선거권이 확대된 것은 거의 예외 없이 전쟁 기간이거나 전쟁을 눈앞에 둔 시기였다. 전쟁은 대규모 인적 자원의 동원을 의미했다. 19세기 이후 특히 20세기 접어들어 전쟁의 규모가 커지고 총력전의 양상을 띠면서 동원되는 인적

자원도 이전에 상상할 수 없을 만큼 커졌다. 군인만 동원된 것이 아니다. 군수공장에서는 밤낮없이 기계를 돌려야 했고, 심지어 여성과 어린아이까지 동원하여 참호를 파고 요새를 건설하며 다리를 놓아야 했다. 일단 전쟁에 이겨야 하는 입장에서 배운 사람, 못 배운 사람, 돈 있는 사람, 돈 없는 사람을 가릴 형편이 아니었다. 물론 보상이 필요했다. 아무런 권리도 주지 않으면서 희생만을 요구할 수는 없었다. 지배 엘리트들이 보상으로서 내놓은 것 중 하나가 바로, 시민으로 동등하게 대접받을 권리, 곧 투표를 통한 참정권이었다.

민주주의의 확산을 설명할 때, 제1차 세계대전과 제2차 세계대전을 거치며 미국이 초강국으로 떠오른 것을 빼놓을 수 없다. 놀랍게도, 그 당시 '민주주의'라는 단어는 심지어 미국에서도 지금처럼 자주 사용되지는 않았다. 당시 신문이나 공식 문서에서 '민주주의'라는 단어가 미국의 정치체제를 지칭하는 용도로 쓰인 예는 생각보다 많지 않았다. 미국인들에겐 여전히 자국을 '공화국'이라고 부르는 것이 더 익숙했다.

민주주의라는 단어를 미국인들의 자기 인식의 중심에 놓은 인물은 미국의 제28대 대통령 우드로 윌슨(재임 1913~1921)이었다. 사실 윌슨이 민주주의라는 개념을 강조한 것은 그가 특별히 새로운 정치 이념을 가졌기 때문이라기보다는 그가 벌인 정치 캠페인의 일환이었다. 1917년은 윌슨이 제1차 세계대전 참전을 결정한 해였다. 윌슨에게는 독일 군국주의에 맞서 미국의 장점과 윤리적 미션을 부각시켜 이상주의적 열정을 불러일으킬 슬로건이 필요했다. 공화국이라는 단어는 이미 식상했다. 게다가 당시 미국인들이 보기에 공화국에는 국가주의의 냄새가 풍겼다.

여기서 윌슨은 '민주주의'라는 개념을 미국인과 미국의 정체성을 나타내는 슬로건으로 띄워 올렸다. 그는 제1차 세계대전을 세계적으로 민주주의를 보호하고 확산시키기 위한 위대한 성전으로 묘사했다.

비록 '인민을 위해 행동할 줄 아는 국가'라는 정치슬로건 수준 이상의 민주주의 상을 제시하지는 못했지만, 어쨌든 윌슨을 통해 민주주의가 정치 이념으로서 세계의 주목을 받게 되었다.

민주주의 개념이 본격적으로 스포트라이트를 받게 된 것은 소련을 비롯한 사회주의권과의 체제경쟁을 거치면서이다. 미국뿐 아니라 제2차 세계대전 이후 미국의 영향권 아래 들어간 많은 나라들에서 민주주의 붐이 일어났다. 민주주의가 새로운 세계의 패권국가인 미국의 슬로건이 된 이상, 이것을 거부하는 것은 미국의 지원과 보호를 받는 나라들에게는 어려운 일이 되었다. 대한민국이 민주주의 국가로 성장한 것도 이런 국제정치적 변화와 관련이 깊다.

민주주의, 통찰력과 혁신이 자라는 토양

민주주의는 시민들의 이해와 권리를 보호하며, 권력이 자의적으로 남용되는 것을 방지하는 제도적 장치 역할을 한다. 민주주의 체제는 권력이 특정 개인이나 집단에 집중되는 것을 막고, 누구도 독재적인 권력을 휘두를 수 없게 만들었다. 권력을 쥐려면 유권자의 지지를 얻어야 한다. 이는 국가가 특정 지도자나 집단에게만 의존하지 않음을 의미한다. 관료기구는 국민의 선거로 뽑힌 대통령이나 수상, 그들이 임명한 장관들에 의해 통제되며, 입법부가 정한 법률과 원칙을 따라야 한다. 비록 완벽하지는 않지만, 인류 역사에서 국가 권력이 이처럼 통제되는 사례는 드물다.

노벨 경제학상을 수상한 아마르티아 센은 민주주의가 국가 권력을 이와 같이 통제함으로써 사회 발전에 매우 긍정적인 영향을 미친다고 주장한다. 인도 출신의 이 학자는 1943년 700만 명의 인도인이 굶어죽은 벵골 대기근을 예로 든다. 그에 의하면 1947년 이후 그런 비극이 더 이상 발생하지 않은 이유는 인도가 영국의 지배에서 독립하여 민주주의 체제를 갖추었기 때문이다. 민주주의 사회에서는 언론의 자유와 야당의 존재가 보장되므로 기근과 같은 대재난을 숨기는 것은 불가능하다. 그리고 그런 재난은 정부에 대한 책임론을 불러일으킨다. 자칫하면 정권의 교체를 불러올 위험도 있기 때문에 결국 정부는 어떤 식으로든 해결책을 마련하기 위해 노력하지 않을 수 없다.

앞서 언급한 애스모글루도 이와 비슷한 말을 했다. 그는 국가의 성장과 번영에 결정적 요인을 끼치는 가장 중요한 요인으로서 국민이 정부를 감시하고 효율적으로 통제할 제도를 갖추고 있는가를 들었다. 민주주의적 정치제도를 갖는 것이 국민의 삶이 윤택해지는 데 결정적인 기여를 한다는 뜻이다.

민주주의 국가는 여러 측면에서 특정 개인이나 소수 집단의 의지가 절대적인 힘을 갖는 체제보다 뚜렷한 장점을 가지고 있다. 절대권력을 행사하는 개인이나 집단이 잘못된 결정을 내릴 경우 공동체 전체를 파멸로 이끌 수 있지만, 민주주의 체제에서는 그러한 위험이 상대적으로 줄어든다. 앞서 언급했듯이 민주주의 체제는 권력의 분산과 상호 견제를 통해 한쪽의 의견이 일방적으로 관철될 위험을 줄이고 나아가 다양한 의견을 반영하여 더 나은 결정을 내리도록 돕는다.

뿐만 아니라 민주주의 사회에서는 모두가 자기의 생각과 판단을 별 제한없이 발전시키고 공표할 수 있다. 국가 공동체 안팎에서 무슨 일이 일어나고 있는지, 미래에 어떤 도전이 예상되고 어떻게 대응해야 할 것인지 다양한 의견을 제시할 수 있다. 따라서 민주주의는 중요한 통찰력이 적극적으로 활용되고, 제도적 혁신이 활발하게 이뤄질 수 있는 정치적·사회적·문화적 환경을 제공한다. 그러나 절대권력 체제에서는 혁신이 일어날 여지가 좁아진다. 절대권력의 이해라는 성역이 만들어지고 어떤 정치·사회적 비전이나 다른 아이디어도 이를 침해해서는 안 된다는 제한이 가해지기 때문이다.

권위주의 체제를 옹호하는 사람들은 다양한 의견들이 마구잡이로 튀어나와 상호 충돌함으로써 사회 전체를 혼란에 빠뜨리지 않을까 우려하지만, 정말 문제는 의견의 다양성이 아니라 이를 제대로 수렴하지 못하는(혹은 않는) 데 있다. 의견의 다양성 자체로 멸망한 국가는 존재하지 않는다고 해도 과언이 아니다.

현대 사회의 문제들은 너무 복잡해서 해결책을 찾는데 엄청난 시간과 노력, 그리고 끈기가 필요하다. 때로는 속시원한 해결책을 찾지 못한 채 문제가 지속되기도 한다. 민주주의 방식으로 해결책을 찾는 것은 대체로 시간이 걸리는 것이 사실이다. 때로 토론과 타협 속에 찾은 결론이 그 누구도 만족시키지 못하는 경우도 있다. 그럴수록 누군가 힘있는 사람이 나서 단칼에 모든 것을 해결해주었으면 하는 바람이 커진다.

강권으로 화끈하게 밀어붙이면 목표를 훨씬 쉽고 빠르게 달성할 수 있을 것 같아서다.

2부에서 좀더 자세히 이야기하겠지만 20세기 초에 등장한 파시즘이나 오늘날 포퓰리즘은 이런 기대로부터 자양분을 얻는다. 그러나 역사를 조금만 더 들여다보면, 이런 기대가 얼마나 잘못된 것인지 쉽게 알 수 있다. 권위주의적 문제해결 방식은 다수의 불만을 불러온다. 시민들의 지지를 얻지 못한 강권 통치는 점차 고립되며, 결국 아무것도 이루지 못하는 상황에 처하게 된다. 역사 속에 몰락한 수많은 독재자들의 예가 이를 보여준다. 뿐만 아니라 강권 통치가 지배하는 사회는 크나큰 갈등에 시달리고, 그것은 다시 엄청난 비용과 희생으로 이어진다.

문제가 복잡할수록 우리에게 필요한 것은 민주주의이다. 만일 민주주의가 우리가 맞닥뜨린 문제를 해결하는데 굼뜨다면 민주주의가 더 민첩하고 효율적으로 움직이도록 다듬고 고치는 것으로 해결 방안을 모색해야 한다. 우리 시대에 권위주의는 답이 될 수 없다.

2부

민주주의는
어떻게 무너지는가?

5

의회가 '그들만의 리그'가
되었을 때 생기는 일

과두제의 출현, 대의제의 몰락

역사적으로 볼 때, 현재만큼 국가들이 전반적으로 안정된 시대는 없었다. 그렇다고 해서 오늘날 모든 국가가 안정을 누리고 있다는 뜻은 아니다. 앞서 언급했듯이 여전히 불안정한 국가들도 존재한다. 가까운 예로는 북한, 더 멀리 보면 아프리카의 소말리아처럼 정치적 사회적으로 위태로운 나라들도 적지 않다.

　오늘날의 국가가 안정적이라는 것은 한순간에 소멸되기는 매우 어렵다는 뜻이다. 과거의 국가는 매우 취약한 존재였다. 투키디데스의《펠로폰네소스 전쟁사》를 읽어보면, 당시 폴리스가 얼마나 취약했는지를 쉽게 알 수 있다. 기근이나 자연재해, 패전과 같은 이유만으로도 많은 폴리스가 역사 속에서 사라졌다. 시민들은 노예로 팔려가거나 강제로 이주당했으며, 도시는 파괴되었다. 결국 번성했던 도시들은 잡초에 뒤덮인 황무지로 변했다. 역사사회학자 찰스 틸리에 따르면, 1500년경 유럽에는 약 500개의 국가 혹은 국가에 준하는 독립된 정치조직이 존재했다고 한다. 그들은 일정한 영토를 기반으로, 그곳에 거주하는 사람들에 대해 법적 혹은 실질적 지배권을 행사하는 조직들이었다. 그중 475개가 불과 400여 년 만에 역사 속으로 사라졌다. 오늘날 바이에른 왕국이나 하노버 왕국의 이름을 기억하는 사람은 많지 않다. 그들은 엄연히 독일 땅에서 독자적인 조세체계와 관료체계, 군대를 갖추고 국가로서 기능하던 조직이었다. 그러나 오늘날에는 독일이라는 국가의 한 지역일 뿐이다.

제2차 세계대전 이후 한 국가가 다른 국가를 소멸시키는 일은 더욱 어려워졌다. 베트남전이 그 대표적인 예다. 압도적인 군사력과 경제력을 갖춘 패권 국가조차도 다른 국가를 완전히 제압하는 것은 점점 더 어려워지고 있다. 2021년 미국이 아프가니스탄에서 철수하면서 탈레반에게 사실상 지배권을 넘겨준 것은 이러한 현실을 다시 한번 확인시켜 주었다. 현재 진행되고 있는 우크라이나 전쟁도 극적인 전개가 없다면 이러한 사실을 재차 확인하는 것으로 끝날 것이다.

국가의 소멸이 어려워진 이유에 대해 군사 전문가들과 역사가들은 다양한 해석을 내놓겠지만, 가장 먼저 생각할 수 있는 것은 무기의 발달로 인해 침략하는 측과 저항하는 측 모두 막대한 비용을 치러야 한다는 점이다. 이는 다른 나라를 무력으로 제압하겠다고 섣불리 나설 수 없게 만드는 큰 이유일 것이다. 수세기에 걸친 식민 지배 경험을 통해 한 국가가

—— 위험한 국가의 위대한 민주주의

다른 국가의 영토를 지배하는 것이 매우 어렵고 경제적으로도 큰 이익을 보장하지 않는다는 교훈을 끌어낸 탓도 있을 것이다. 특히 제2차 세계대전 이후 각 나라는 불가침의 주권을 갖는다는 원칙이 그 어느 때보다 강하게 자리잡았다. 이에 따라 다른 나라를 무력으로 병합하려는 시도에 대한 심리적 저항도 더욱 커졌다.

그에 비해 국가 내부의 정치적 혹은 경제적 체계의 붕괴가 국가를 사실상 마비 상태에 빠뜨리는 일은 자주 발생한다. 국가가 끝없는 내전에 빠지거나 경제 혼란이 극심해져 시민들이 빈곤에 시달리고, 심지어 굶주림과 아사에 이르는 상황이 보도되기도 한다. 일부 사람들은 높은 비용을 감수하고 때로는 목숨을 걸고 해외로 탈출하기도 한다. 그 정도까지는 아니더라도 국가가 장기적인 저성장에 빠지거나 실업이 만연하고, 극심한 인플레이션과 화폐가치 하락으로 정상적인 경제활동이 어려워지는 경우도 많다. 그 결과 사회 인프라가 붕괴하고 대규모 인재 유출이 일어나는 상황도 드물지 않다.

앞서 국가가 번영을 누리는 열쇠는 민주주의적 정치제도를 수립하여 시민들의 정치 참여를 보장하는 데 있다고 말했다. 동전의 양면과 같은 이야기이지만, 앞서 열거한 재앙들의 대부분은 민주주의가 제대로 작동하지 않아서 발생한다.

민주주의는 흔히 인류 역사상 가장 훌륭한 정치체제라고 평가되거나, 혹은 비판적인 입장에서 그나마 가장 수용할 만한 체제라고 말하기도 한다. 미래에 우리가 민주주의보다 더 나은 정치체제를 만들 수 있을지는 알 수 없지만, 설령 그렇다 해도 민주주의가 발전시켜 온 자유와 평등

의 가치를 근본적으로 부정하기는 힘들 것이다. 다시 말해 새로운 체제
는 민주주의가 지속되고 발전하는 과정에서 새롭게 진화된 형태로 등장
할 가망이 크다는 이야기이다.

그러나 민주주의의 토대는 생각보다 허약하다. 그래서 너무나 쉽고
허무하게 무너지기도 한다. 여기서 많은 한국인들에게 떠오르는 단어
는 군부 쿠데타일 것이다. 역사적으로 군부 쿠데타는 많은 신생 민주주
의 국가들을 무너뜨리고 혼란을 가져온 중요한 원인 중 하나였다. 그러
나 민주주의는 다른 방식으로 쉽게 무너지기도 한다. 민주주의적 헌법
이 정한 '보통, 평등, 자유선거'에 의해 아무런 법적 하자 없이 뽑힌 정치
지도자와 정당에 의해 민주주의가 무너지기도 한다는 것이다.

한국 민주주의의 미래를 걱정하는 사람이라면 민주주의가 붕괴하는,
특히 이 두 번째 방식에 관심을 가져야 한다. 군부 쿠데타나 탈법적인 방
법으로 한국의 민주주의가 흔들릴 가능성을 완전히 배제할 수는 없다.
하지만 최근 계엄 사태에서도 드러났듯, 그런 50년 전의 방식으로 한국
의 민주주의를 흔들기는 어렵다. 폭력적인 방법으로 한국 사회를 권위
주의가 지배하던 과거로 되돌리려면 엄청난 댓가를 치러야 할 것이다.
그에 비해 한국의 민주주의가 다양한 방식으로 제대로 작동하지 않거
나, 그로 인해 국가 전체에 심각한 문제가 발생할 가능성은 점점 더 커지
고 있다.

겉으로는 민주주의가 잘 유지되고 있는 것처럼 보이지만, 내부적으로
는 무너지는 경우들을 살펴보면 여러 가지 공통점이 발견된다. 그 중 하
나가 대의제가 제대로 기능하지 않는 것이다.

의회는 언제든 과두 지배의 도구로 변질될 수 있다

대의제는 현대 민주주의의 핵심 제도이다. 시민들은 투표를 통해 의회 의원을 선출하고, 정당들은 시민들의 표를 얻기 위해 경쟁한다. 시민들이 매번 모이는 대신, 대통령이나 총리를 내세워 이들이 내각과 함께 국가를 이끌어가도록 한다.

그런데 대의제는 과연 민주주의에 부합하는 제도일까? 역사적으로 볼 때, 이런 질문은 피할 수 없다. 민주주의의 기원에 대해 여러 가지 설명이 있지만, 기록으로 가장 뚜렷하게 남아 있는 것은 앞서 언급한 아테네 민주주의이다. 그럼 아테네인들이 만일 오늘날의 의회제도를 보았다면 무엇이라고 여겼을까?

아테네 사람들에게는 정치적 판단을 위임한다는 개념이 희박했다. 그들은 '내 이해는 내가 대표한다'고 생각했다. 따라서 그들이 꿈꾼 민주주의, 즉 인민의 지배란 정말로 인민들 각자가 민회에 모여 법도 만들고 도시의 행정에 필요한 중요한 사항도 결정하는 제도였다. 따라서 비록 선출되었다 해도 일부만이 따로 모여 법을 만들거나 중요한 결정을 내린다면 그것은 민주주의가 될 수 없었다. 그런 체제는 과두정이거나 기껏해야 과두정과 민주정의 중간이라고 판단했을 것이다.

현대 민주주의가 아테네 민주주의와 또 다른 지점은 합의의 강조이다. 다시 한번 이야기하지만 최초 아테네 민주주의는 다수의 정치였다. 오늘날의 민주주의는 다수의 정치이자 동시에 합의의 정치이다.(이런 맥락에서 비록 다수라고 하더라도 합의를 이루려는 충분한 노력없이 수로 밀어붙이면 독재로 비난받는다.) 그러나 역사적으로 민주주의는 합의 정치와는 크게 관련이 없었다. 정확히 말하면 민주주의는 오히려 합의 정치의 반대 개념에 가까웠다. 사실 아테네에서 합의 정치의 원칙이 만들어진 것은 민주주의보다 훨씬 이전이었다. 당시 합의 정치는 귀족들의 전유물이었다. 귀족들은 도시의 주요 사안을 결정하기 위해 아레이오파고스 언덕에 모여 함께 논의하고 합의하여 처리했다. 소위 '그들만의 리그'를 만든 것이다. 이런 귀족들의 합의는 마피아 패밀리 보스들이 모여 구역의 문제들을 논의하고 적당한 수준에서 타협하는 것과 크게 다르지 않았다. 그들은 이곳에서 도시의 주요 행정 업무를 책임질 세 명의 아르콘(archon)을 뽑았다. 첫 번째는 행정부 수장쯤 되는 아르콘 에포니모스(archon eponymos)이고, 두 번째는 전쟁을 지휘할 폴레마르코스(polemarchos), 세 번째는 신에게 바치는 제전과 각종 의례를 책임지는 아르콘 바실레우스(archon basileus)였다.

대의제와 합의라는 정치 전통이 역사적으로 과두정에 뿌리를 두고 있다고 해서, 오늘날의 의회가 겉만 민주주의이고 사실은 소수 엘리트들이 지배하는 구조라는 식으로 오해해서는 곤란하다. 앞의 미국 연방주의자들의 사례에서 보았듯 대의제가 사상적으로 시민들이 직접 중요한 정치적 결정을 내리는 것에 대한 우려와 경계심에 뿌리를 두고 있는 것은 사실이다. 그러나 이것으로 대의제를 반민주주의적이라고 낙인찍을 수는 없다.

현대 민주주의에서는 그 어느 때보다 더 많은 사람이 정치적 참여의 권리를 갖게 되었다. 단순히 참여 규모만 커진 것이 아니라 처리해야 할 일도 아주 복잡하고 때로 전문적인 지식이 요구된다. 또 참여자가 많아진 만큼 다양한 이해관계와 견해가 충돌할 가능성이 높아졌으며, 이를 조정하고 매개하여 불필요한 대립을 줄이고 통합된 결정을 내릴 필요성이 커졌다. 대의제는 잘만 운용하면 이런 문제들을 해결하는 좋은 수단이다.

그럼에도 불구하고 대의제가 과두제로 변질되어 버릴 위험성은 늘 존재한다. 정당들이 국민들의 이해와 요구를 외면하고 자신들의 이익에 매몰될 수 있기 때문이다. 정당들이 힘 있는 일부 계층이나 집단, 예를 들어 거대 기업이나 엘리트 집단의 이해만을 배타적으로 대변하는 일도 일어난다. 그 어느 경우든 국민들은 소외되고 대의제는 사실상 과두 지배의 허울로 전락한다. 그런 과두제는 결국 부패를 만연시켜 국가의 기반을 흔든다.

빈곤층 94퍼센트, 베네수엘라에 무슨 일이?

실제로 이런 일은 여러 나라에서 일어나고 있다. 지금까지도 엄청난 사회경제적 혼란에 휩싸여 있는 베네수엘라가 그런 경우이다. 베네수엘라는 얼마 전까지도 살인적인 인플레이션과 천문학적 외채, 높은 실업률, 최근에는 차기 대통령 선거를 둘러싼 논란으로 잘 알려져 있다. 2018년 베네수엘라의 연간 인플레이션율은 자그마치 130,000퍼센트에 달했으며, 상황이 훨씬 나아진 2023년에도 234퍼센트를 기록했다. 2013~2021년까지 GDP는 75퍼센트 이상 감소했으며, 2021년 인구의 94퍼센트가 빈곤층(76.6퍼센트는 극빈층)에 속한다. 같은 해 실업률은

58.3퍼센트에 달했으며, 그 이듬해에도 36퍼센트에 머물렀다. 경제가 사실상 마비되면서, 한때 전체 인구의 25퍼센트가 베네수엘라를 떠나 다른 나라로 이주했다. 한 마디로 국가가 붕괴 앞에 있고 지금도 그 위기는 진행중이다.

사람들은 종종 베네수엘라의 경제 위기를 우고 차베스(재임 1998~2013)와 그의 후계자 니콜라스 마두로(재임 2013~)로 이어지는 좌파 포퓰리즘 탓이라고 이야기한다. 차베스는 반미 성향의 군 장교 출신으로 1998년 개혁과 부패 타파를 내세워 56.2퍼센트의 지지를 받아 당선되었다. 집권하자 그는 '21세기 사회주의'라는 슬로건을 내걸고 베네수엘라의 주력 산업인 석유산업을 비롯하여 주요 산업을 국유화했으며, 경제 전반에 대한 국가의 통제를 강화했다.

오늘날 베네수엘라가 겪고 있는 고통의 책임이 과연 차베스의 경제정책에 얼마나 있는지에 대해서는 여러 입장들이 대립한다. 차베스를 옹호하는 사람들은 오바마 행정부에서 트럼프 행정부로 이어지는 경제 제재가 베네수엘라의 비극을 촉발한 주요 원인이라고 주장하지만, 베네수엘라의 경제와 사회를 혼란으로 몰아넣은 대부분의 문제들이 이미 그 이전에 손쓸 수 없을 정도로 심각해졌다는 점을 고려하면, 그 주장은 설득력이 떨어진다.

뒤에 다시 이야기하겠지만 차베스 정권은 부패와 이권 카르텔을 없애기는커녕 패거리 정치로 새로운 부패와 이권 카르텔을 만들어냈다. 원유 가격이 하락하고 국가의 부채는 감당하기 어려울 정도로 증가한 상황에서, 무책임하게 환율에 개입하는 등 경제정책은 자주 방향을 잃었다. 이는 베네수엘라 경제에 치명적인 영향을 미쳤다. 결국 위기가 닥치자, 베네수엘라는 비극의 땅으로 변해버렸다.

석유의 이익을 거대 양당이 나눠먹다

사실 베네수엘라가 겪고 있는 문제의 근원을 찾으려면 차베스의 집권 이전으로 거슬러 올라가야 한다. 문제의 시작은 1958년 10월 기독교사회당과 민주행동당이 맺은 푼토 피호 협약(Pacto de Punto Fijo)이다. 1958년 군정을 타도한 베네수엘라는 중도 성향의 기독교사회당과 민주행동당의 양당 체제를 구축했다. 푼토 피호 협약의 핵심은 석유산업에서 나오는 이익을 두 당이 나누고, 주요 정책은 서로 협의하여 처리하며, 선거 결과를 존중하여 승리한 정당이 정부 및 관련 기관의 주요 직책을 자기 당 추종자들에게 나누어주도록 눈감아 주는 것이었다. 쉽게 말해 이 두 당은 다투지 말고 돈과 힘을 사이좋게 나누어 갖자고 합의한 것이다.

베네수엘라의 국정은 이렇게 하여 소수 엘리트들의 손으로 넘어갔다. 베네수엘라 의회는 이들의 이해관계에 따라 좌우되었다. 의회는 짬짜미 과두정의 도구 이상이 아니었다. 더욱이 이들의 주 수입원이 석유에서 왔기 때문에 이들은 유권자의 눈치를 볼 필요가 없었다. 대의제는 사실상 작동하지 않았고, 결국 행정부를 견제할 수단도 사라졌다. 결과는 부패와 무능, 비효율이었다.

문제는 1989년부터 국제 원유가격이 하락하면서 분출하기 시작했다. 환율이 뛰어오르자 이는 물가 상승으로 이어졌다. 사람들은 과두체제의 무능함과 부패에 염증을 느꼈다. 1989년 민주행동당 정부가 신자유주의 정책을 펴면서 물가가 뛰어오르고 실업률이 치솟자 시민들의 봉기가 일어났다. 이는 군대에 의해 자그마치 3,000명이라는 사망자를 내며 진압되었다. 이후 10년 동안 중산층은 40퍼센트에서 10퍼센트로 급감했고, 빈곤층은 49.4퍼센트, 극빈층은 21.7퍼센트로 크게 증가했다. 1990년 5,120달러였던 국민 1인당 GDP는 1997년에는 2,858달러까지 감소했다.

베네수엘라의 예는 의회가 과두제의 수단으로 변질될 수 있다는 것을 보여준다. 더불어 1998년 차베스의 대통령 당선은 의회를 통한 민의의 수렴이 이뤄지지 않고 변화가 사실상 봉쇄된 상황에서 시민들이 모든 문제들을 급진적 방법으로 단번에 해결하겠다는 목소리에 쉽게 솔깃해진다는 것을 보여준다. 차베스는 과거에 쿠데타를 일으킨 적이 있었다. 그가 헌정 질서나 법치주의에 큰 의미를 두지 않는다는 것은 쉽게 짐작할 수 있었다. 그럼에도 불구하고 베네수엘라 시민들이 차베스에게 표를 던진 것은 과두제의 무능과 부패에 대한 응징을 원하고, 사회를 근본적으로 바꿔놓을 강력한 리더를 기대했기 때문이다. 이는 의회가 과두지배의 수단으로 전락할 때, 의회주의와 민주주의 자체에 대한 회의가 극단주의로 이어질 수 있다는 사실을 잘 보여준다.

민주주의 성공의 조건, 다양성이 보장된 의회

그렇다면 대의제가 제대로 기능하기 위한 조건은 무엇인가? 어떻게 하면 대의제가 정치적 안정과 경제사회적 발전에 기여하도록 할 수 있을까? 대의제의 성공적인 예로서 독일을 살펴볼 필요가 있다.

독일은 다른 국가와 비교하여 정당정치가 잘 발달되어 있다. 이 말은 시민들이 자신의 정치적 주장을 특정 정당에 대한 지지를 통해 의회라는 장에서 실현하고자 한다는 것이다. 우리가 흔히 진성당원, 책임당원이라고 부르는 당원의 비중이 높으며, 이들 중 적지 않은 수가 정당의 여러 활동에 적극 참여한다. 이렇게 시민과 정당 간의 밀착도가 높으려면 정당이 당원들 및 시민들의 필요와 견해에 민감하게 반응해야 한다. 유권자들은 지지하는 정당의 모든 일을 무조건 지지하기보다는 비판할 부분이 있으면 비판하고 필요하다면 (일시적으로라도) 지지를 철회함으로써 정당이 시민과 지지자들의 의견을 반영하도록 해야 한다.

독일 의회의 정치 스펙트럼은 맨 왼쪽의 좌파당부터 극우 성향의 대안당까지 매우 다양하다. 보통 여러 당이 연합하여 정부를 구성한다. 한당이 독자적으로 과반 의석을 확보하지는 못하기 때문이다. 독일의 연정은 상황에 따라 매우 다른 모습을 띤다. 중앙정부의 경우 보수 성향의 기독교민주연합과 사회민주주의 성향의 사회민주당이 연합하기도 한다. 2021년 12월 8일에는 사회민주당의 올라프 숄츠를 총리로 한 사회민주당, 자유민주당, 녹색당의 3당 연정이 출범하기도 했다.

연정에는 원칙이 있다. 숄츠 총리의 연정이 붕괴한 이후 2025년 2월 23일 벌어진 선거에서 기독교민주연합이 약 30퍼센트의 득표율로 1위를 차지했지만 과반을 얻지는 못해 또 한번 연정이 불가피해졌다. 하지만 제2당으로 떠오른 극우 정당 '독일을 위한 대안'(독일대안당)과는 연정을 하지 않는다는 원칙하에 기독교민주연합은 제3당인 사회민주당과 연정을 펴는 것으로 결정했다. 기독교민주연합이 독일대안당을 연정의 대상으로 보지 않는 이유는 이 당이 독일의 민주주의, 법치주의, 의회주의의 근간을 흔든다고 여기기 때문이다. 그러나 이념 성향이 다른 기독교민주연합과 사회민주당의 연정이 보여주듯이 독일의 헌정 질서를 존중하는 한, 독일의 정당들은 깜짝 놀랄 정도로 유연성을 발휘한다.

이렇게 이념과 정책이 다른 정당들이 함께 정부를 구성하는 행위는 자칫하면 권력을 나눠먹기 위한 야합이 될 수 있다. 그러나 독일의 연정 구성 과정을 들여다보면 야합과 연합이 어떻게 다른지를 알게 된다. 연정 구성을 위한 협상이 시작되면, 각 정당들은 자신들의 정책적 지향점과 요구사항을 분명히 한다. 이슈들은 다양하다. 예를 들어 협상에는 독일 사회와 경제의 미래 발전 방향과 로드맵, 유럽연합과의 관계 설정 및 그 안에서 독일의 역할, 안보정책, 국제관계와 같은 초 거시적인 이슈에서 철도정책, 에너지 수급정책, 나아가 예술가의 지위와 처우에 관한 문제까지 다양한 주요 주제들이 망라된다. 협상의 결과는 두툼한 합의서로 발간되어 모든 시민이 이를 확인할 수 있게 한다.

숄츠가 이끄는 지난 연립정부의 경우 계약서는 144페이지에 달한다. 〈담대하게 더 많은 진보를 향해 노력하기(Mehr Fortschritt Wagen)〉라는 제목의 이 문서는 디지털 혁명과 혁신부터 사회적, 생태친화적 시장경제에서 기후 보호, 노동, 사회 안전, 육아, 치안, 외교, 국방, 심지어 장관직 배분까지 국정 전반에 걸친 주요 이슈에 대한 구체적 합의를 담고 있다.

이런 연정을 통해 독일은 다양성을 보호하면서 다른 한편으로 이러한 다양성이 대립과 분열로 나아가지 않고 의회 안으로 수렴되어 정책적 다양성으로 이어지게 만든다. 이는 독일이 정치적 안정을 누리면서도 끊임없이 새로운 어젠다와 아이디어에 열려 있게 하는 기반이 된다. 비록 작은 당이라도 열심히 노력하면 의견과 정책이 반영될 기회가 있으며, 아무리 큰 당이라도 연정 파트너로서 작은 당의 목소리에 귀를 기울이지 않을 수 없다.

독일 연정의 이와 같은 가능성은 다양한 기회를 통해 모습을 드러내었다. 1998년 녹색당은 불과 20년도 채 되지 않는 짧은 역사와 상대적으로 낮은 지지율(6.9퍼센트)로도 연정에 참여할 수 있었다. 당시 사회민주당을 이끌던 게어하르트 슈뢰더는 41퍼센트 지지를 얻은 후 녹색당과 연정을 구성하는 데 합의하고, 부총리 겸 외무장관으로 요슈카 피셔를, 환경부 장관으로 위르겐 트리틴을, 건강부 장관으로 안드레아 피셔를 임명한다. 이후 안드레아 피셔가 물러나자 녹색당은 건강부 장관직을 사회민주당에 양보하고 대신 레나테 퀴나스트가 소비자 보호, 식량 및 농업부 장관을 맡게 되었다.

연정은 비록 소수당이지만 빠르게 성장하고 있던 녹색당에게 환경주의 어젠다를 정책으로 연결할 값진 기회를 주었다. 사회민주당과 녹색당의 연정을 통해 환경법이 도입되고 시민법이 개정되어 성적 다양성이 존중받을 수 있는 길이 열렸다. 뿐만 아니라 친환경 재생에너지 정책이 수립되었고 탈원전 정책에 박차를 가할 수 있었다.

녹색당은 사회민주당과의 연정으로 분화하고 발전했다. 부총리 겸 외무장관 요슈카 피셔는 코소보 전쟁에 독일군을 파견함으로써 국제정치와 관련하여 반전 평화 일색의 단순한 정책만을 고수하던 녹색당에 파문을 던졌다. 이는 녹색당 내에 격렬한 노선 투쟁을 불러일으켜 일부가 당에서 이탈하여 좌파당으로 옮겨가기도 했다. 그러나 이런 논쟁을 거치면서 녹색당은 이제까지 정책적으로 충분히 고려하지 못한 여러 가지 문제들을 진지하게 해결하기 위해 노력했다. 그러면서 과거 대학생들의 세미나 모임 같다고 조롱 받던 녹색당이 책임 있는 수권정당으로 독일 유권자들에게 각인되었다.

민주주의 성공의 힘, 생각하는 유권자

독일의 의회제도가 이렇게 긍정적으로 기능하는 것은 일반적으로 정당들이 연정을 국민 앞에 하는 약속으로 여기기 때문이다. 독일 정당들은 합의의 정신이 결정적으로 깨졌다고 생각하지 않는 한 연정을 유지한다. 물론 연정에 참여한 정당이 언제나 같은 목소리만 내는 것은 아니다. 경우에 따라 연정의 미래까지 걸고 날선 비판을 하기도 한다. 그러나 때로 자신의 정당에 불리한 일이 생기더라도 그 때문에 상호간의 약속을 함부로 깨뜨려서는 안 된다고 여긴다. 만일 당리당략으로 연정에 참여하거나 연정을 깨뜨릴 경우 그 당은 폭풍 같은 비판에 직면하게 된다.

2018년 나는 주요 당의 국회의원 보좌관들과 학생들을 데리고 독일 베를린 시의회를 방문한 일이 있다. 그때 당시 베를린 사회민주당의 관계자를 만났는데, 마침 사회민주당은 기독교민주연합과 연정을 펴고 있었다. 커피를 마시며 잠깐 이야기를 하다가 그 관계자에게 기독교민주연합과 연정은 잘 되어가는지 물었다. 그랬더니 그 관계자가 사실 기독교민주연합과 연정을 펴는 것은 손해인 면이 있다는 취지로 대답했다. 실망한 사회민주당 지지자들이 등을 돌리는 일이 자주 생긴다는 것이다. 그래서 나는 "그런데 왜 굳이 연정을 합니까?"라고 물었다. 그랬더니 그 관계자가 오히려 나를 바라보면서 "가능한 한 최선의 정부를 구성해서 시를 이끌어가야 할 책임이 있는데 우리 당에서 불리하다고 안 합니까? 현 상황에서 기독교민주연합과 연정이 최선이라면 그 길을 택해야죠. 그리고 합의한 내용을 함부로 어기면 나중에 선거에서 이것을 변명해야 하는데 그것이 쉽지 않습니다"라고 대답했다.

이것을 보여주는 좋은 예가 최근에 일어났다. 앞서 말한대로 숄츠 총리의 사회민주당, 자유민주당, 녹색당의 연정은 2024년 11월 6일 예산 문제를 두고 벌어진 갈등 끝에 숄츠가 자유민주당 출신 인사들을 해임함으로써 붕괴되었다. 숄츠는 신임 투표를 발의했으나, 12월 16일 연방 하원에서 부결되었다. 문제는 자유민주당 당수 크리스티안 린트너가 처음부터 숄츠를 자극하여 연정을 붕괴시킬 계획이 있었다는 것을 암시하는 문서가 언론에 보도되면서 불거졌다. 린트너는 숄츠가 자유민주당을 따돌리고 정국을 운영하려 했다고 비난했지만, 'D-Day'라는 이름이 붙은 이 문서는 이러한 린트너의 주장이 사실이 아님을 보여주었다. 독일 유권자들은 분노했으며, 자유민주당을 지지하던 시민들은 지지를 철회했다. 그동안 보여준 어젠다의 부족, 전문성의 부족에 덧붙여 신뢰성의 위기까지 겹침으로써 2월 23일 벌어진 선거에서 자유민주당은 의회에 입성하기 위한 최저선인 5퍼센트 득표에 실패할 수밖에 없었다. 실제로 연정 해체에 가장 큰 책임이 있는 자유민주당은 이전 선거 대비 7.1퍼센트 하락한 4.33퍼센트의 득표율로 의회 진출에 실패했다. 연정 붕괴 의혹을 받았던 린트너는 총선 실패의 책임을 지고 정계 은퇴를 선언했다.

여기서 '왜 독일 의회는 앞서 본 베네수엘라 의회와는 이렇게 다른 모습을 보이는가?'라는 의문이 생길 것이다. 최근 나는 한 동료와 이야기하다가 독일의 정치적 선진성이 내각제에서 비롯되었다고 하는 이야기를 들었다. 따라서 한국도 내각제를 채택하면 보다 진일보한 민주주의를 누릴 수 있으리라는 것이 그 친구의 생각이었다. 그러나 독일 의회가 바람직하게 기능하는 것이 내각제 때문이라고 말할 수는 없다. 독일의 내각제에도 여러 가지 문제가 있다.

예를 들어 기독교민주연합과 사회민주당, 두 거대 정당이 팽팽하게 대립하며 비슷하게 표를 나눠 가지는 상황에서 제3당이 상대적으로 적은 득표율로도 캐스팅보터로서 이익을 누리는 문제가 있다. 실제로 기독교민주연합과 사회민주당이 팽팽하게 대립하던 1980~1990년대에 자유민주당은 불과 10퍼센트 안팎의 지지율로도 캐스팅보터로서 일종의 특권적 지위를 누렸다. 심지어 누가 집권할 것인가를 결정하는 것은 자유민주당이라는 농담을 할 정도였다. 독일 같은 내각제를 도입할 경우 현재처럼 두 당이 팽팽하게 대립하는 한국의 정치 지형에서도 똑같은 일이 일어날 수 있다. 제3당이 내각의 고위직을 두고 제1당이나 제2당과 거래하는 일을 말한다. 대치가 심한 한국의 정치 상황에서는 충분히 가능한 일이다.

사실 정치체제의 안정을 선거제도나 정부 구성 같은 제도의 문제로 돌리는 것은 큰 설득력이 없다. 이탈리아 같은 나라에서는 내각제가 오히려 포퓰리즘을 부추기는 온상이 되기도 한다.

독일의 경우 제도의 건강성을 담보하는 가장 중요한 기반은 독일 유권자들이다. 흔히 한국 정치에 실망한 사람들은 독일의 정치가를 수입해야 한다고 말한다. 그러나 내가 보기에 독일의 정치가들을 훌륭하게 만드는 것은 유권자들이다. 독일의 유권자들은 무능하거나 신뢰가 없는 당에게 투표로서 징벌을 가하는 경향이 두드러진다. 따라서 당리당략에 의한 야합에 대해 매우 비판적이다. 제도 자체로만 본다면 독일 의회제 역시 거대 양당의 나눠먹기가 불가능한 제도는 아니다. 1998년 집권한 슈뢰더가 당시 여전히 32퍼센트가 넘는 지지를 얻고 있던 기독교민주연합과 연정을 했다면 두 당을 합쳐 70퍼센트가 넘는 지지율을 확보한 거대정부를 구성할 수 있었을 것이다. 그러나 슈뢰더는 그런 연정을 통해 쉽게 통치하는 것보다 녹색당과의 연합을 통해 진보정치의 어젠다를 밀어붙이는 쪽을 택했다. 여기서 슈뢰더가 얼마나 원칙주의자이고 이상주의자인가를 따지는 것은 별 의미가 없다. 다만 슈뢰더의 선택은 독일의 정치 지형에서 분명히 예상할 수 있는 것이었다. 만일 슈뢰더가 기독교민주연합과 연정을 추진했다면 적지 않은 지지자들이 실망하여 등을 돌렸을 것이며, 당 내부로부터 폭풍 같은 비난에 직면했을 것이다. 지지와 견제가 명확한 유권자들의 힘이 오늘날의 독일 의회를 만든 것이라 할 수 있다.

6

리더의 권모술수에
속을 준비가 되어 있는 국민들

흑백에 갇힌 진영논리

의회주의가 우리가 생각한 대로 작동한다면 좋겠지만, 아쉽게도 많은 경우 그렇지 못하다. 앞서 두 당이 사이좋게 봐주기 식으로 의회를 운영하는 과두제의 위험을 이야기했지만, 그 못지않게 문제를 일으키는 것이 진영논리에 의해 의회가 지배되는 것이다. 일반화하기는 힘들지만, 진영논리는 흑 아니면 백을 요구하며 내 편과 네 편을 가른다. 이것은 특히 국민의 선택을 받아야 하는 선거 국면에서 두드러진다. 참신한 어젠다나 뛰어난 아이디어로 사람들의 선택을 받는 것은 시간과 에너지가 많이 드는 일이다. 그래서 짧은 기간에 존재감을 드러내기 위해 나와 상대방이 어떻게 다른지, 나를 선택하는 것과 상대방을 선택하는 것이 얼마나 다른 결과를 가져오는지 선명하게 보여주려 한다. 나를 선택하는 것이 민주주의와 사회적 안정, 보다 정의롭고 공정하고 풍요로운 사회에 도달하는 바른 길이라고 강변한다. 이는 모든 선거에서 공통적인 전략이다.

그러나 진영논리는 여기에서 더 나아가 경쟁자를 깎아내리기 위해 사실을 왜곡하고 심지어 날조하기를 서슴지 않는다. 진영논리가 가장 좋아하는 것은 폭발력이 강한 소재이다. 정치에서 시민들이 서로 다른 생각들로 나뉘어져 반목하는 일이 많은데, 이때 잘못된 정보나 상황에 대한 부정확한 파악 때문에 일어나는 대립과 반목도 적지 않다. 가장 이상적인 정치인이라면 '이 문제는 이렇게 다루고, 저 문제는 현재 해결책이 없으니 좀더 시간을 갖고 논의하자'라는 식으로 접근하여 견해 차이를 좁히고 불필요한 분쟁의 소지는 줄이며, 이모저모 따져보아야 할 일은 충분한 시간을 갖고 해결 방법을 찾아갈 것이다. 그러나 진영논리를 무기로 삼는 정치인들에게 사람들 사이의 반목은 자신의 잘못을 덮고 지지자를 끌어모으는 좋은 기회일 따름이다. 진영논리를 무기로 삼아 정치를 진흙구덩이로 만들고 그 안에서 뒹굴며 볼썽사나운 장면을 연출하더라도 일단 승리만 할 수 있다면 상관하지 않는다.

'막말과 선동만 있고, 숙의와 타협은 사라졌다'

진영논리가 어떻게 정치를 망가뜨리는지 알고 싶다면 굳이 다른 나라의 예를 찾아 도서관을 헤매고 신문을 뒤질 필요가 없다. 우리가 바로 그런 정치를 매일 보고 겪고 있기 때문이다. 진영논리는 우리나라 의회정치 전반에 깊이 자리 잡고 있다. 특정 정치인, 정치세력을 지목해서 책임을 묻기 어려울 정도다. 20대 국회에서 일했던 한 국회의원은 차기 국회의원 불출마를 선언하며 "상대에 대한 막말과 선동만 있고, 숙의와 타협은 사라졌다"라고 말하면서 "제 눈의 들보는 외면하고 다른 이의 티끌엔 저승사자처럼 달려든다"라고 한탄했다. 한국 정치에 팽배한 진영논리를 잘 보여주는 말이다.

한국 정치는 진영논리에 관한 한 그 어느 나라 못지않은 화려한 레퍼토리를 자랑한다. 한국 사회에서 발화성이 높은 주제 중 단연 으뜸은 북한과의 관계 문제이다. 수백만의 인명을 앗아간 큰 전쟁을 3년 가까이 치른 데다 이후에도 오랫동안 군사적 대치상태가 지속되어온 탓에 사람들은 북한 문제에 유독 예민하다. 북한이 핵무기 실험을 시작하고 대륙간 탄도탄 기술을 개발하면서 문제는 더 복잡해졌다. 어떻게 북한과의 긴장을 완화할 것인가? 북한으로 하여금 핵무기를 내려놓게 할 수 있을 것인가? 중국처럼 개방의 길로 이끌 수 있을까? 통일은 가능할까? 가능하다면 그 수단은 평화적일 수 있을까?

모든 국제관계가 그렇지만 북한과의 관계에서도 상대방의 행동에 영향을 끼칠 수 있는 수단이 제한적이다 보니 현실적인 방안을 마련하는 것이 쉽지 않다. 사안이 복잡할수록, 그리고 휘발성이 클수록 신중하게 접근해야 한다. 어떤 정책도 단숨에 성과가 날 수 없다는 것을 인정해야 하며, 가장 믿을 만하다고 생각한 해결책에도 착오가 있을 수 있음을 받아들여야 한다. 그러나 진영논리를 통해 이익을 얻으려는 정치인은 이러한 사실을 잘 알면서도 상대의 정책에 무조건 색깔을 입혀서 반대하는 데 몰두한다. 그러나 북한과 긴장을 완화하고 화해를 추진한다고 해서 소위 '빨갱이'로 낙인찍혀서는 안 된다. 마찬가지로 북한에 대한 인도적 지원이 곧 북한 퍼주기라고 몰아세워서도 안 된다. 이것은 북한과의 관계 개선에 신중론이나 회의론을 편다는 이유로 특정 정치인이나 집단을 반통일 세력으로 몰아서는 안 되는 것과 같다.

한국의 진영논리에서 가장 악질적인 형태는 민주주의를 요구하는 사람들에게 공산주의자로 몰아세우며, 적을 이롭게 하려 한다는 누명을 씌우는 것이다. 이런 행태는 이승만, 박정희, 전두환으로 이어지는 권위주의 정권에서 반복적으로 나타났다. 그로 인해 오늘날에는 설득력을 많이 잃어버렸다. 그럼에도 불구하고 실제로 그렇게 믿어서든 혹은 극우 지지층의 결집을 위해서든 여전히 이런 주장을 하는 사람들이 적지 않다.

일본의 36년간 한반도 식민 지배를 어떻게 볼 것인가, 이승만과 박정희의 권위주의 통치를 어떻게 평가할 것인가와 같은 문제들 역시 사회적으로 논쟁이 뜨거운 주제들이다. 이 자리에서 상세하게 논의할 수는 없지만 한국 사회는 이런 사안들에 대해 이미 상당 부분 합의에 도달했다고 생각한다. 그렇다고 해서 이런 주제들에 대해 이견을 표명해서는 안 된다는 것은 아니다. 역사적 인물과 사건에 대한 평가는 시간이 흐르면서 조금씩 때로는 급격하게 변화하기도 한다. 이러한 가능성을 완전히 닫는 것은 경직된 사고일 것이다. 그러나 문제는 한국 사회에서 이런 주제들이 정치적 편가르기를 위한 수단이 되어버렸다는 것이다.

진영논리는 모든 사안을 내 편 아니면 적의 입장에서 접근한다. 당연히 내 편은 선이고 반대편은 악이 된다. 이런 이분법적 태도는 사안에 대한 합리적 토론과 실효성 있는 대책 수립을 가로막는다. 특히 국제 외교 관계에서 이런 시각이 만연하면 심각한 문제가 발생할 수 있다. 뒤에서 더 자세히 다루겠지만, 수출 의존도가 높은 한국은 주변국, 특히 미국, 중국, 일본과 같은 정치·경제적으로 영향력이 큰 나라들과의 관계에서 신중한 접근이 필요하다. 이분법적 시각은 합리적인 논의를 어렵게 만들고, 국가 이익을 고려한 전략적 접근을 저해할 위험이 있다. 또한 외교적 관점에서 볼 때, 내부적으로 심하게 갈라진 국가는 다른 나라에게 다루기 쉬운 상대가 될 수 있다.

이런 관점에서 보면 한국의 현실은 커다란 우려를 불러일으킨다. 2019년 7월 일본은 한국을 '화이트리스트'에서 제외했다. 이 조치는 한국의 주력 산업 중 하나인 반도체 핵심 소재의 공급에 상당한 지장을 줄 수 있었다. 이에 따라 치솟는 반일 여론 속에서 '토착왜구' 같은 공격적 표현이 등장했다. 물론 일본과의 정치, 경제, 군사적 관계 개선을 위해 일본 측 정치인들의 잘못된 주장이나 정책도 무조건 용인해야 한다는 식의 주장은 비판받아 마땅하다. 그러나 '토착왜구'처럼 근거 없이 출신이나 혈통을 문제 삼는 것은 바람직하지 않다. 이런 태도는 앞서 언급한 이분법적 사고에서 비롯된 것이기 때문이다.

최근 문제되고 있는 극우 혐중론도 마찬가지이다. 가짜 뉴스까지 동원한 이러한 반중 주장의 문제는 중국에 대한 비판을 넘어, 반대 입장을 가진 사람들까지 악마화하는 데 있다. 만약 중국의 위협이 현실적으로 우려된다면 '중국을 적대하지 않으면 당신도 반역자'라는 식의 이분법적인 접근은 피해야 한다. 오히려 그런 태도가 국가 이익을 심각하게 해칠 위험이 있기 때문이다.

속았다. 그러나 속을 준비가 되어 있었다

진영논리가 정치에서 판을 치는 데에는 시민들의 책임도 크다. 박근혜 정권이 탄핵되었을 때 사람들은 '이토록 무능하고 무책임한 정치인이 어떻게 대통령이 되어 대한민국을 이끌었을까' 의아해했다. 주변 인물들이 줄줄이 검찰과 법원을 거쳐 결국 교도소에 수감되었고, 마침내 대통령 본인까지 투옥되는 신세가 되었다. 잘못에 대해서는 지위 고하를 막론하고 책임을 지는 것이 민주주의와 법치국가의 원리에 맞는다. 그러나 그런 잘못된 인물을 권좌에 올린 시민들에게도 책임이 있다. 정치공동체의 미래보다는 개인의 부나 권력욕을 충족시키는 데에만 혈안이 되어 규칙이나 합의는 아랑곳하지 않는 인물들, 자신이 하는 일이 국민에게 어떤 영향을 미칠지 고려하지 않는 인물들을 의회로 보내고 행정부의 요직에 앉힌 이들은 결국 시민들이다. 민주주의의 기본 정신과 운영원리에 대해 별 관심이 없거나 이를 이해하지 못한 사람들, 심지어 권위주의적 정치관을 신봉하는 사람이 지도자의 자리에 앉는 것도 결국은 시민들이 그런 사람들을 뽑았거나 그런 사람들이 속한 정당 혹은 파당을 지지했기 때문이다.

왜 그들을 밀어주었는가 물으면, 사람들은 흔히 속았다고 말한다. 아돌프 히틀러를 지지하고 심지어 그를 독일의 지도자로 신봉했던 사람들 상당수도 전쟁에서 패배하고 나치의 죄목이 밝혀지면서 똑같은 변명을 늘어놓았다. 그러나 독일인들이 히틀러에게 속았다는 것은 진실의 일부일 뿐이다. 또 다른 진실은 적잖은 독일인들이 속을 준비가 되어 있었다는 것이다.

"독일이 패배한 것이 아니다. 독일군은 전선에서 프랑스군과 영국군을 상대로 용감히 싸우며 승리를 위해 전진하고 있었다. 사회주의자와 유대인들이 뒤에서 배신하고 사보타지를 일삼으며 제국 정부를 헐뜯고 심지어 반란을 획책하지 않았다면 독일군은 승리했을 것이다." 이는 제1차 세계대전에서 패배한 많은 독일인들이 믿었던 소위 '돌히레겐데(Dolchlegende)', 즉 사회주의자와 유대인들이 등 뒤에서 단검(Dolch)을 꽂은 바람에 거인 독일이 쓰러졌다는 스토리이다.

물론 거짓말이다. 개전과 동시에 전력을 서부전선에 총집결하여 프랑스를 최단기간에 유린하고 다시 군대를 동부전선으로 돌려 러시아까지 제압하겠다는 독일 총참모부의 야심은 개전 초기부터 불가능한 것으로 드러났다. 신속하게 서부전선에서 승부를 낸다는 계획은 당시 프랑스와 영국의 전력이나 살상 기술의 발달 수준을 볼 때 현실성이 없었다. 그 해가 가기 전에 끝내겠다고 시작한 전쟁은 겨울을 넘겨 수년간 이어졌고, 독일은 점점 더 물량 부족에 허덕이기 시작했다. 1918년 독일의 군 지휘부는 승리할 수 없다는 사실을 잘 알고 있었다. 그러나 전쟁이 끝난 후 패전의 책임을 지고 싶지 않았던 독일의 군 지도부는 서슴지 않고 '돌히레겐데(Dolchlegende)'와 같은 거짓말을 했다. 그리고 패배의 현실에 망연자실한 독일 시민들 상당수가 이런 거짓말에 현혹되었다. 무너진 경제, 폐허가 되어버린 제국이라는 비극 속에서 적어도 자존심만은 건질 수 있게 해주었기 때문이다.

히틀러와 그의 추종자들은 독일인들의 이런 심리를 파고들었다. 그들은 독일의 영광을 재현하겠다고 큰소리를 쳤다. 더불어 '사회주의자와 유대인 같은 독일인의 적들이 다시는 준동하지 못하도록 제대로 손을 보겠다'고 공언했다. 그리고 그들은 제2차 세계대전이 일어나기 몇 년 전부터 사회주의자와 유대인을 대상으로 백색 테러를 서슴지 않았다. 그들이 전쟁 동안 사회주의자와 유대인을 상대로 벌인 반인륜적 범죄는 이미 상당 부분 예견되어 있었다.

진영논리는 어떻게 우리를 세뇌하는가?

히틀러와 독일인들의 사례는 사람들이 잘못된 정치 지도자를 뽑는 이유를 온전히 거짓 지도자의 프로파간다에 세뇌된 탓으로 돌릴 수 없음을 보여준다. 히틀러는 무에서 유를 창조한 것이 아니라 사람들의 의심과 무지를 파고든 것이다. 따지고 보면 어떤 정치가도 자신의 정체를 완벽히 감출 수는 없다. 그가 걸어온 길, 지금까지 해온 말, 무엇보다 그 곁을 지켜온 사람들이 모든 것을 말해주기 때문이다. 옆에 있는 사람들의 면면만으로도 그 정치가가 어떤 인물인지는 어느 정도 가늠이 된다는 뜻이다. 국회의원 선거는 물론이고 대통령 선거쯤 되면 한 정치가에 대한 정보가 차고도 넘친다. 만일 모두가 이런 정보들을 어느 정도라도 참고한다면 적어도 잘못된 선택을 할 가능성은 훨씬 줄어든다. 그러나 현실에서 이렇게 합리적으로 판단하는 사람들은 생각보다 많지 않다.

특히 스스로 진영논리에 빠진 시민들에게 합리성을 기대하기란 정말 어렵다. 물론 모든 인간은 인식상의 편향을 가지고 있다. 정보를 선택하고 해석하는 데에는 자신의 이해관계부터 개인의 경험까지 온갖 요소가 작용한다는 것은 인식론의 상식이다. 가장 선진적인 민주주의 국가의 시민이라도 정보를 그야말로 아무 편향 없이 해석하고 그에 따라 행동을 결정한다고 말할 수 없다. 그러나 진영논리의 포로가 된 시민들은 정보를 지나치게 선택적으로 받아들인다. 그들은 자신이 지지하는 후보나 정당에 불리한 정보를 대수롭지 않은 것으로 넘기거나 다른 증거를 들어 깎아내린다. 심지어 그런 정보에 신빙성이 있다는 것을 알면서도 거짓말로 몰아붙인다. 그 어느 경우든 이런 정신 상태에 빠지면 정상적인 정치적 판단은 어려워진다.

《넛지(Nudge)》로 잘 알려진 캐스 선스타인은 《우리는 왜 극단에 끌리는가(Going to Extremes)》에서 비슷한 생각을 가진 사람들을 모아놓으면 더 극단적으로 흐르는 경향이 있다고 주장했다. 오늘날 세계 곳곳에서 판치는 진영논리를 단순히 심리적 메커니즘으로 돌릴 수는 없겠지만 (선스타인도 그럴 의도는 없다고 말한다), 선스타인의 주장은 왜 유난히 선거 기간이면 진영논리가 기승을 부리는가를 이해할 수 있는 한 가지 단초를 제공한다. 선거는 사람들을 동원하는 장이다. 선거 기간 동안 국가의 비전이나 업무를 둘러싼 온갖 주장들이 유세 연설을 통해, 혹은 뉴스나 토론회를 통해 사람들 앞에 펼쳐진다. 사람들은 더 자주 만나게 되고, 더 자주 이야기를 나누게 된다. 평소 같으면 정치 이야기를 한 마디도 하지 않을 사람들이 정치를 이슈로 삼아 대화하는 일이 늘어난다. 이것은 정치 공동체의 현재와 미래에 대한 합리적인 토론을 벌일 수 있는 기회이기도 하지만, 더불어 진영논리가 자라날 이상적 환경이기도 하다.

진영논리가 지배하는 한국의 의회정치는 앞서 본 독일의 의회정치와는 정반대의 길을 걷는다. 정치·사회적 비전이나 정책에서 독일의 정당들이 보여주는 스펙트럼은 한국의 정당들에 비해 훨씬 넓다. 국민의힘과 더불어민주당 사이의 차이보다 기독교민주연합과 사회민주당 사이의 차이가 더 크다는 것이다. 기독교민주연합과 녹색당 간의 간극은 더크다. 그럼에도 불구하고 고함소리는 한국이 훨씬 더 크다. 그 이유는 간단하다. 독일의 정당들은 시민들 사이에 존재하는 차이를 인정하고 받아들이면서도 그 안에서 최대한 공통분모를 찾아내고 타협을 이루어 함께 행동하려 한다. 반대로 한국의 정당들은 서로 간의 차이를 실제 비전과 정책의 차이보다 과장한다. 차이를 갈등으로, 작은 갈등을 더 큰 갈등으로 키우는 것이다. 그 소용돌이 속에서 사람들은 점점 더 정치에 염증을 느낄 수밖에 없다. (나는 여기서 상호이해와 관용, 상생의 문화를 키우라는 식의 설교를 할 생각은 없다. 한국에 진영논리가 판을 치는 이유는 그런 성숙한 정치문화 함양의 수준에서 해결하기 힘든 구조적인 문제이다. 그런 구조적 제약을 알아야 비로소 성숙한 정치 문화에 대한 강론도 효과를 발휘할 수 있다. 이에 대해서는 11장에서 더 이야기한다.)

유튜브, 진영논리 위에 피어나는 썩은 꽃

진영논리가 판치는 곳에서는 이를 따르거나 심지어 조장하는 언론도 있다. 미디어가 객관적인 정치 판단을 돕는 것이 아니라 노골적으로 한쪽 편을 들어 왜곡되거나 과장된 정보를 퍼뜨린다. 미디어가 정치색을 갖는 것을 비난할 생각은 없다. 세계 유명 레거시 미디어들, 특히 일간지과 주간지들은 다양한 정치색을 띤다. 〈뉴욕 타임스(New York Times)〉는 자유주의 내지 자유주의 좌파 성향을 띠고, 독일의 〈프랑크푸르터 알게마이네 차이퉁(Frankfurter Allgemeine Zeitung)〉은 중도 보수이고, 〈슈피겔(Der Spiegel)〉은 중도 좌파 성향을 보인다. 주요 언론이 정치색을 띠는 데는 그럴만한 이유가 있다. 어차피 정보는 취사선택 할 수밖에 없고, 사설에는 일정한 관점이 실릴 수밖에 없다. 오히려 그런 관점이 신문과 일간지를 읽을 만한 것으로 만든다. 독자는 정보만이 아니라 정보를 어떻게 해석해야 하는가에도 관심이 있고 때로는 유명 논설위원이나 기고자들의 관점을 배우고 싶어 한다. 문제는 미디어들이 이런 정상적인 범위를 벗어나 팩트 체크도 제대로 하지 않은 채 편파적인 주장을 할 때 발생한다.

한국의 정치 지형은 극단적으로 양극화되어 있고, 그 안에서 진영논리가 활개치고 있다. "한국의 언론이 공정성을 바탕으로 독자적인 색깔을 입혀 자기 브랜드를 만들어왔는가"라는 질문에 대해 많은 사람들이 회의적으로 대답할 것이다. 이에 대해 많은 언론인들은 억울해 할 수 있다. 지나치게 진영논리가 작용해 언론에 불공정, 편파의 이미지가 덧씌워지는 경우도 적지 않을 것이다. 그러나 일부 일간지, 인터넷 뉴스매체, 종편채널의 경우 자신만의 색깔이 강조되다 보니 기사의 편성이나 논평에서 누가 보아도 공정하다고 말하기 힘든 편향을 보여왔다. 마치 축구 경기의 아나운서와 해설자가 직접 한쪽 편의 선수가 되어 뛰는 것과 같다. 영화 〈내부자들〉을 본 사람들은 배우 백윤식이 연기한 타락한 언론인이 현실과 거리가 먼, 완전히 창작된 인물이라고는 여기지 않았을 것이다. 그만큼 한국 언론에 대한 불신이 크다.

최근에는 여기에 새로운 세력이 등장했다. 그것은 우후죽순처럼 생겨난 정치 유튜브이다. 이들 방송 중 일부는 조회수를 올리고 후원금을 챙기는 데 혈안이 되어, 확인되지 않은 가십성 정보를 올리거나 부정확하고 과장된 정보를 바탕으로 패널들과 그야말로 객관성은 찾아볼 수 없는 이야기들로 시간을 보낸다.

이런 방송들은 진영논리 위에 피어나는 썩은 꽃이다. 이들은 아예 내놓고 '적 아니면 동지', '동지 아니면 적'이라는 논리에 따라 움직인다. 처음부터 객관성은 중요하지 않다. 증오를 함께 소비하고 더 키우고 확산하는 것이 목적이다. 물론 여기에 호응할 사람들은 많다. 정치적으로 사람들이 갈라질수록 파급력은 더 커진다. 이러한 상황에서 방송사들은 비즈니스 기회를 더욱 많이 얻게 된다.

알고리즘은 비슷한 방송을 계속 연결해주고, 사람들은 하루 종일 비슷한 이야기에 노출된다. 진영논리에 완벽하게 갇히는 것이다. 그렇게 포로가 된 사람들은 마치 독립군 군자금이라도 대는 사람처럼 지갑을 연다. 미디어들은 더 자극적인 소재와 더 공격적인 언사로 사람들을 묶어둠으로써 더 많이 더 빨리 돈을 빨아들이려 한다. 이렇게 해서 21세기형 증오의 인더스트리가 우리 주변에서 작동하고 있다.

진영논리와 상업주의가 결합할 때 얼마나 위험한 무기가 되는지를 가장 분명하게 보여주는 사건으로, 21세기 역사는 얼마 전 윤석열이 벌인 계엄소동을 손꼽을 것이다. 헌법재판소의 재판과정에서 윤석열의 변론을 들으며, 사람들은 민주주의에 대한 몰이해와 자아도취적이며 전근대적인 권력관을 지닌 인물이 진영논리와 알고리즘이 만들어낸 허상의 세계에 빠져서 허우적대는 모습을 보고 경악했을 것이다. 대한민국에서 권력의 정점에 있는 인물이 언론의 보도와 국가의 정보기관 및 보좌진들이 올리는 보고를 무시하고 별 증거도 제시하지 않는 음모론에 빠져 헌정 질서를 무너뜨리려 했다는 사실은 정치학자와 사회학자, 언론학자, 심리학자, 역사학자들에게 두고두고 연구거리를 제공할 것이다. 더 충격적인 것은 같은 음모론에 빠져 윤석열이 기도한 헌정 질서 전복 행위를 옹호하기 위해 거리에 나서고, 평화로운 의사 표명의 기회가 주어졌음에도 공공질서를 교란하고 심지어 법원을 습격하는 사람들이 등장했다는 것이다. 이것은 충격을 넘어 심각한 위기감을 불러온다. 한국 사회가 이러한 진영논리와 정치 상업주의를 넘어서지 못한다면, 한국 민주주의의 앞날은 매우 불행할 것이다.

팬덤정치, 맹목적인 사랑은 사람을 타락시킨다

극단의 진영논리와 함께 자주 언급되는 것이 팬덤정치다. 정치인에게 열성적인 지지자가 많다고 해서 이를 단순히 팬덤정치로 비난하는 것은 적절하지 않다. 현대 민주주의에서 정치인에게 지지층이 형성되는 것은 자연스러운 현상이다. 특히 정치인의 인격과 비전이 탁월해서 생겨나는 팬들이라면 긍정적으로 평가할 만하다. 이런 건강한 팬덤은 오히려 장

려될 필요가 있다.

　팬덤이 문제가 되는 것은 이것이 앞서 말한 인지적 왜곡을 심화시킬 때이다. 인지적 왜곡은 다양한 방식으로 일어난다. 대부분의 사람들은 정치인을 직접 접할 기회가 거의 없다. 대개는 공적인 장소에서 포장된 모습만을 보게 된다. 특히 대통령 선거 등 중요한 선거가 다가오면 수십 명의 참모들과 전문가들이 동원되어 자기 편 후보자에게 긍정적 이미지를 씌우기 위해 애를 쓴다.

　미국 레이건 전 대통령은 백악관 기자회견을 마치거나 주요 행사에 참석한 뒤 보좌관들에 둘러싸여 행사장소를 떠날 때, 종종 뒷걸음질하며 기자들에게 말을 건넸다. 따라가는 기자들의 카메라를 통해 이 모습을 바라보는 유권자들은 마치 '레이건이 국민들과 더 소통하고 싶어 하지만, 바쁜 스케줄에 쫓겨 보좌관들에게 떠밀려 어쩔 수 없이 자리를 떠나는 것'처럼 느끼게 된다. 전직 배우 레이건의 연기력과 어울려 이런 연출 전략은 레이건의 인기를 높이는데 꽤 기여를 했다.

　다시 말하지만 팬 자체는 아무 문제가 아니다. 오히려 팬을 거느린 정치인이 많은 것이 민주주의에도 좋다. 문제는 그 정치가의 행위나 비전을 법과 원칙, 상식이 아니라 팬의 입장에서 판단하려 할 때 일어난다.

　오늘날 한국에서도 팬덤정치가 문제가 된다. 특정 정치인에게 쏟아지는 문자폭탄은 그 자체가 문제는 아니다. 비난과 항의가 없는 민주주의는 이미 죽은 민주주의다. 물론 다른 사람을 모욕하고 괴롭히는 것은 분명히 민주주의가 지향하는 의사소통 방법은 아니지만, 역사적으로 욕설과 비난이 없는 민주주의는 존재하지 않았다. 다만 예전에는 그런 비난과 욕설을 퍼부으려면 정치인의 집 앞에 모여야 했지만 지금은 단지 휴대폰을 꺼내 몇 자 쓴 후 보내는 것만으로도 충분해졌다는 것이 문제이다. 덧붙여 과거에는 집회나 시위가 소음 문제 등으로 통제될 수 있었지만, SNS를 통한 메시지 폭탄은 핸드폰을 끄거나 전화번호를 바꾸지 않는 이상 막을 도리가 없다는 문제도 있다. 21세기의 정치인은 눈 감고 귀 닫고 무시하든 다른 기술적 수단을 동원하든 이를 감내하는 법을 배워야 한다. 민주주의 사회에서 시민들의 의사표현을 막을 수는 없는 노릇이기 때문이다.

한국의 팬덤정치를 우려하는 진짜 이유는 맹목적인 지지, 다시 말해 '묻지 마' 식의 지지를 하기 때문이다. 스스로 왜곡된 판단을 하는 것만이 문제가 아니다. 팬덤정치는 다른 사람들로 하여금 눈살을 찌푸리게 만들고, 심지어 정치에 거리를 두게 한다. 지하철에서 누군가 소란을 부리면 주위 사람들이 다른 칸으로 피하는 것과 마찬가지이다.

팬덤정치가 문제가 되는 가장 큰 이유는 자격이 미달되는 정치인들이 이를 이용해 자신의 치부를 가리거나 정치적 야심을 달성하려 하기 때문이다. 그들은 자신의 견해에 반대하는 사람, 혹은 경쟁자들을 공격하도록 자신들의 팬들을 부추긴다.

흔히 "××를 찍은 내 손가락을 ××하고 싶다"라는 말을 한다. 그런 말을 하는 사람들은 자신이 왜 그런 선택을 했는지를 심각하게 돌아보아야 한다. 만일 자신이 스스로도 의식하지 못한 채 팬덤정치의 장기말이 되었다면 깊이 반성해야 한다.

팬덤정치를 지탱하는 특정 정치인에 대한 맹목적 사랑은 처음부터 민주주의가 전제하는, 책임 있는 시민의 기본 사고원칙과 위배된다. 민주주의에서 시민은 어떤 정치인도 100퍼센트 신뢰해서는 안 된다. 불신하라는 뜻이 아니라 경계하라는 뜻이다. 권력은 톨킨의 〈반지의 제왕〉에 나오는 절대 반지처럼 사람을 타락시키고 결국에는 노예로 만드는 힘이 있다. 이러한 권력을 추구하다보면 사람은 변질될 수 있다는 걸 늘 경계해야 한다는 것이다.

권력자를 불신하라! 그러나 현명하게!

서양사상의 전통에서는 권력의 폭주를 막기 위해 다양한 사상들이 제시되어왔다. 특히 여러 정치세력을 권력에 참여시켜 서로 견제하도록 만드는 방식이 인기가 있었다. 이런 맥락에서 제안된 것이 혼합정체이론이다. 로마의 정치가 키케로는 저서《국가론(De republica)》에서 역사가 폴리비오스를 따라 모든 정치체제는 성장, 타락, 전복의 악무한 사이클에 갇혀 있다고 주장했다. 이를 극복하기 위해 그는 정치체제 안에 군주정, 귀족정, 인민정의 요소를 각각 대표하는 기관들이 권력을 나누어 갖고 서로를 견제하도록 해야 한다고 제안했다. 그에 의하면 로마의 정치체제에서는 집정관이 군주의 권력을, 원로원이 귀족의 권력을, 호민관이 인민정의 권력을 대표하며 이 안에서 각 세력이 다른 두 세력의 견제를 받게 됨으로써 권력의 균형과 긴장감을 유지한다.

권력을 분산시켜 각 세력에 나누어줌으로써 마치 군주정, 귀족정, 인민정이 혼합된 형태로 국가 발전을 이룰 수 있다는 생각은 니콜로 마키아벨리에게 큰 환영을 받았다. 그 역시 폴리비오스의 역사순환론을 따라 모든 정치체제는 성장과 타락, 몰락을 반복한다고 주장했다. 그도 키케로와 마찬가지로 이러한 끝없는 순환에서 벗어나 탄탄하고 안정적인 정치체제를 갖추기 위해 군주정, 귀족정, 인민 정부의 요소를 하나의 정치체제 안에 결합시켜 상호 견제하도록 해야 한다고 주장했다. 로마가 위대해진 것은 우연적인 요소도 있지만, 집정관, 원로원, 호민관이 세력 균형을 이루는 정치체제를 만들었기 때문이라고 그는 믿었다.

현대 민주주의는 권력에 대한 불신을 바탕으로 이를 견제하기 위한 장치로서 권력 분립 제도를 완성시켰다. 이미 존 로크는《통치론》에서 개인의 권리와 자유가 권력자의 자의에 의해 침해받지 않도록 하기 위해 입법권을 분리시켜 이를 최고 권력으로 삼아야 한다고 제안했다. 군주 역시 특별한 상황을 제외하고 법을 따라야 한다는 생각은 로크 이전에도 오랫동안 존재해왔다. 그러나 로크는 한발 더 나아가 아예 법을 통치권에서 분리시켜 독립적인 기관에 맡겨야 한다고 주장함으로써 입헌주의의 기틀을 마련했다. 비슷한 맥락에서 몽테스키외는 1748년 출간한《법의 정신(De l'esprit des lois)》에서 "권력을 가진 자는 누구나 그것을 남용하게 되고 한계에 이를 때까지 멈추지 않는다는 것을 늘 경험하게 된다."라고 주장했다. 그는 이런 권력의 남용을 막기 위해 권력을 입법, 사법, 행정의 세 부분으로 나눠야 한다고 강조했다. 이런 생각은 미국의 연방주의자들을 통해 제도로 만들어졌다. 그들은 1787년 헌법에 어느 한 정치가나 정치 집단이 권력을 독점하지 못하도록 못박았다. 매디슨은《교서》51번에서 "만일 인간이 천사라면, 어떤 정부도 필요하지 않을 것이다. 만일 천사가 인간을 통치한다면, 정부에 대한 그 어떤 외부적 또는 내부적 통제도 필요하지 않을 것이다"라고 말했다. 그러나 현실에서는 인간이 인간을 통치해야 하는 문제가 발생한다. 이 경우 정부는 시민을 통치하는 것뿐 아니라 스스로를 통제할 수 있어야 한다. 매디슨은 이를 위해 권력을 분산시키고, 서로를 견제하게 하는 것이 필요하다고 주장했다.

사실 권력과 권력자에 대한 경계심은 민주주의의 트레이드마크 같은 것이다. 민주주의가 피어나던 무렵 아테네에서는 권력자에 대한 경계심이 도편추방제도로 나타났다. 원래 이 제도는 클레이스테네스가 페이시스트라토스 가문의 전제정치를 무너뜨린 후 이들이 다시 세력을 얻지 못하도록 하기 위해 도입한 것이다. 도편추방이란 시민들이 도자기 파편에 혹시라도 도시의 권력을 독점하려 한다고 의심되는 사람의 이름을 적은 후 그 중 6,000명 이상이 지목한 사람을 10년 동안 추방하는 제도이다. 돈과 힘이 있고, 혈통 좋은 소위 엘리트에 대한 강력한 경계심이 시민들 사이에 퍼져 있지 않았다면 성립하기 힘든 제도였다.

도편추방제에 대한 평가는 학자마다 다를 수 있다. 기원전 5세기 도편추방된 인물들의 리스트에는 제2차 페르시아 전쟁에서 살라미스 해전의 승리를 이끌어 아테네를 해상강국으로 만든 테미스토클레스와 대 페르시아 전쟁의 영웅으로서 에우리메돈 전투의 주인공이었던 키몬의 이름이 등장한다. 그런 인물들을 추방하는 것이 정당하고 필요했는지, 그럼으로써 아테네가 어떤 손해를 입었는지에 대해서는 여러 가지 추측과 해석이 가능할 것이다. 원래 권력을 독점하여 국가를 사유화하려는 엘리트들에 대한 경계심에서 출발한 이 제도가 정적을 제거하기 위한 수단으로 변질되었다는 것을 부정하기는 어렵다.

구체적 성과에 대한 평가가 어떻든 도편추방제는 민주주의가 엘리트들에 대한 경계심에서 출발했고 발전했음을 보여준다. 그리고 앞서 삼권분립에서 보았듯 이는 현대 민주주의로도 이어지고 있다.

물론 모든 엘리트, 모든 정치인을 불신하라는 뜻은 아니다. 그런 냉소는 민주주의 발전에 도움이 되지 않는다. 역사 속에는 공동체 전체나 어떤 대의를 위해 사심 없이 모든 것을 바친 엘리트들도 많다. 그러나 지도자에 대한 믿음과 존경에는 반드시 경계심도 따라야 한다. 팬덤정치 이야기로 돌아가 보면, 그것이 문제가 되는 경우는 당연히 있어야 할 경계심을 아예 해체해버리는 데 있다. 그러나 정치인에 대한 사랑에 눈이 멀정도가 된다면 그 사랑은 멈춰야 한다. 자신만 망치는 것이 아니라 전체공동체를 위험에 빠뜨리기 때문이다.

—— 위험한 국가의 위대한 민주주의

7

일본 총리도 통제할 수 없었던
최강 권력의 실체는?

관료의 무능과 부패

현대 국가는 점점 더 거대해지면서 우리 삶의 더 많은 영역에 개입하고 있다. 단순히 국가가 쓰는 예산만 증가한 것이 아니라, 수행해야 할 업무도 더욱 다양하고 복잡해졌다. 어떤 정책은 5년, 10년 혹은 그 이상을 내다보며 설계되고, 국가 운영은 점점 복잡한 시스템을 갖춘 기계와 같아지고 있다. 이제는 전문가가 아니면 함부로 손대기 어려워진 것이다.

　그러다보니 점점 국가의 업무는 전문 행정관료와 전문가들의 손에 의해 움직이고 있다. 그리스에서는 시민들이 아주 전문적인 일이 아니면 추첨으로 대부분의 관직을 결정했다. 일부 엘리트가 권력을 장악하는 것을 두려워했기 때문이다. 물론 예외는 있었다. 바로 전쟁과 재정이었다. 이 두 가지는 당시에도 전문가가 다루어야 할 영역으로 여겼다. 자칫 아마추어가 손을 댔다가는 큰 일이 날 수도 있기 때문이었다. 그러나 다른 관직의 경우는 철저히 추첨 원칙을 지켰다.

오늘날은 관료집단이 사회 각 분야에 포진한 전문가들의 도움을 받아 행정 업무를 처리한다. 관료조직은 주요 정보와 행정의 노하우를 축적하고 있으며, 나라마다 차이는 있지만 전반적으로 잘 조직되어 있다.

현대 국가를 약화시키는 중요한 요인 중 하나는 관료조직이 제 역할을 하지 못하는 것과 관련이 있다. 때로는 관료조직이 정치인들에게 휘둘려 억압적이고 시민들의 이해에 반하는 정책의 도구가 된다. 또는 정치인들이 관료들에게 압도되어 국가 정책이 관료집단의 이해관계와 관성에 의해 좌우되기도 한다. 전자는 권위주의 정권에서 흔히 일어나고, 후자는 정상적인 민주주의 국가에서 의회주의가 제대로 자리 잡지 못할 때 자주 발생한다. 그 어느 경우이든 국가의 안전이나 발전, 시민들의 행복에 큰 위협이 된다.

관료조직의 협소한 시각과 보수성

서양에서 근대 관료제가 확립되기 전에는 주요 관직을 왕이나 귀족 등 유력 가문과 그들의 추종자들, 혹은 돈을 주고 관직을 사들일 수 있었던 일부 계층이 독점했다. 혈통과 매관매직으로 관직을 얻은 이들이 사심 없이 유능한 행정을 펴기를 기대하기는 어려웠다. 더욱이 조세와 재정 관리부터 병력 운영, 시민의 안녕과 복지에 관련된 사업들까지 규모

——— 위험한 국가의 위대한 민주주의

가 커지고 업무도 복잡해지는 상황에서, 경험과 전문성이 부족한 아마추어들이 행정을 맡을 경우 문제가 발생할 가능성이 더욱 커질 수밖에 없었다.

행정에 필요한 전문지식을 갖추고 조직 질서와 업무 규칙을 따르는 것을 모토로 한 근대 관료제는 이런 점에서 본다면 진보이기도 했다. 관료들은 주어진 업무 영역에서 법과 정책의 방향을 이해하고, 매뉴얼에 따라 이를 실현하는 방법을 찾도록 훈련된 사람들이다. 잘 발달된 관료조직일수록 체계적으로 정리된 매뉴얼을 갖고 있으며, 관료들은 이 매뉴얼 안에서 움직인다.

일반적으로 관료조직은 상당한 효율성을 발휘한다. 만일 최소의 비용으로(여기서 비용에는 정책이 초래하는 사회적 갈등, 정책에 대한 저항에서 비롯된 인적·물적·시간적 손실 등이 포함된다) 목표를 달성하라는 미션이 떨어지면, 관료조직은 그 길을 찾을 것이다. 만일 최단시간에 목표를 달성하라는 미션이 떨어지면, 관료조직은 그 방법을 찾으려 할 것이다. 이런 관료조직을 잘 활용하면 세금을 빠르게 많이 거두거나 특정 지역의 주민들을 손쉽게 통제할 수 있으며, 강한 군대를 구축할 수도 있다. 18세기 이후 재력 있는 군주와 영주들, 도시들이 앞다투어 관료조직을 키운 것이나, 근현대를 주름잡은 강국들이 모두 잘 발달된 관료조직을 갖추고 있었다는 사실은 우연이 아니다.

물론 관료제가 처음부터 완벽한 체계를 갖추고 기계처럼 정교하게 움직인 것은 아니었다. 그러나 19세기와 20세기를 거치면서 행정의 역할이 커지고 국가들이 명실상부한 법치국가로 발전하면서, 근대 관료조직은 잘 조직된 전문가 집단으로 변모하게 되었다.

역사적으로 관료제는 여러 가지 문제를 낳았다. 관료조직이 한 가지 목표를 가지고 움직이면 엄청난 힘을 발휘할 수 있다. 이는 대량의 인적, 물적 자원을 매우 효율적으로 동원할 수 있기 때문이다. 그러나 만약 그런 조직이 잘못된 정치적 신념과 결합하면, 단숨에 국가를 위험하게 만들어버릴 수 있다.

도덕적으로나 법적으로 명백히 잘못된 지시에도 불구하고 관료들이 이를 충실히 따름으로써 전제정권의 손발이 된 사례는 무수히 많다. 이것이 나중에 문제가 되면 대개 "나는 상부의 지시를 매뉴얼대로 이행했을 뿐"이라고 변명한다. 대표적인 사례가 아돌프 아이히만이다. 그는 나치 정권 밑에서 유대인 검거와 수용소로의 송출을 담당했다. 독일이 패전하자 아르헨티나로 도망쳐 신분을 숨기고 살았으나, 나중에 검거되어 이스라엘에서 재판을 받게 되었다. 법정에서 아이히만은 자신의 범죄 사실을 추궁하는 재판관들에게, 송출된 유대인들에게 무슨 일이 일어나는지 몰랐다고 주장했다. 자신이 한 일은 마치 배달부처럼 직무를 수행한 것일 뿐이라고 변명을 늘어놓았다. 아이히만뿐 아니라 현대 권위주의 체제의 역사에는 적극적이든 소극적이든 하수인 역할을 한 많은 관료들이 등장한다. 문제가 발생하면, 그들은 거의 예외 없이 아이히만처럼 모든 잘못을 잘못된 명령을 내린 상부에 돌린다. 마치 자신들은 아무런 판단력이 없고 판단할 권한도 없었던 것처럼 이야기하는 것이다. 그러나 대부분의 경우, 그 속내에는 개인의 잘못된 신념이나 출세욕이 자리잡고 있다. 아이히만의 경우도 재판과정에서 그가 유대인 절멸에 일종의 신념을 가지고 임했다는 것이 밝혀졌다. 여기에 나치 정권에서 앞장서 유대인 학살을 기획함으로써 그가 누릴 수 있었던 권력과 영예가 또 한 역할을 했음은 말할 필요도 없다.

관료조직이 무서운 것은 심지어 개인적인 신념 없이도 공포스러운 폭압정권의 도구가 될 수 있기 때문이다. 2006년 개봉하여 제79회 아카데미 영화상 외국어 부문상을 수상한 플로리안 헨켈 폰 도너스마르크 감독의 영화 〈타인의 삶(Das Leben der Anderen)〉에는 동독의 비밀경찰 슈타지의 요원 게르트 비즐러 대위가 등장한다. 그는 인권 따위는 아랑곳하지 않고, 마치 자판기에서 커피를 뽑듯 기계적으로 움직이며 동독 체제를 반대한다고 의심되는 사람들을 감시하고, 도청하고, 심문한다.

이런 일이 가능한 것은 관료조직에 내재한 시야의 협소함과 보수성 때문이다. 이들에게 중요한 것은 법과 업무 매뉴얼이 정한 범위 안에서 맡겨진 문제를 해결하고 상황을 개선하는 것이다. 그 과정에서 어떤 문제가 발생하더라도 (심지어 민주주의나 인권 같은 가치가 침해되거나 국가 재정에 심각한 누수가 일어나더라도) 자신들의 업무와 직접 연관이 없다면 이를 부차적인 문제로 치부하기 십상이다. '다 잘 돌아가는데 뭐가 불만인가' 식으로 문제를 인식하지 못하거나 가볍게 여기는 것이다. 때로는 뭔가가 삐걱거린다는 것을 알면서도 '내가 할 수 있는 것은 없다'라는 식의 태도를 취하기도 한다. 어차피 연공 서열에 따르게 되어 있고 법과 지시, 규정에만 따른다면 특별한 개인적 과오가 없는 한 해고되지도 않기 때문에 공연히 나서서 반발할 필요도 없다고 여긴다.

〈타인의 삶〉에서 그려지는 비즐러는 이런 관료주의의 전형이다. 그가 동독 정부의 지시를 기계처럼 따르는 것은 무슨 대단한 정치적 신념이 있어서가 아니다. 그에게 감시, 도청과 심문은 일일 뿐이다. 영화의 후반부에서 그는 정부의 지시를 어기며 원래 감시 대상이었던 반체제 문필가 드라이만을 돕는다. 이는 그가 감시 활동을 하는 과정에서 자신의 행동이 근본적인 인간적 가치를 짓밟고 있다는 사실을 서서히 깨닫기 때문이다.

효율적인 관료제로 무장한 권위주의 국가는 한동안은 큰 힘을 발휘하는 것처럼 보인다. 그러나 이렇게 괴물이 되어버린 국가를 기다리는 것은 결국 쇠락이다. 이것을 소비에트 연방과 그 위성국가들만큼 잘 보여주는 예는 없다. 같은 이야기를 과거 한국의 권위주의 정권에 대입해본다면 더 선명하게 이해될 것이다. 시민들의 자발적 동의를 이끌어내지 못하는 국가는 더욱 더 억압적인 수단에 의존할 수밖에 없게 된다. 이런 체제가 오랜 시간 버티기를 기대하기는 어렵다. 현재 중국의 미래에 대해 비관적인 전망이 제시되는 것도 그 때문이다.

그들이 변화에 저항하는 이유

관료조직이 권위주의 정권의 손발이 되어 일으킬 수 있는 문제들은 상대적으로 잘 알려져 있지만, 관료조직이 권위주의가 아닌 매우 정상적인 민주주의 국가에서도 문제를 일으킬 수 있다는 사실은 간과되는 경향이 있다. 그러나 앞서 언급한 시야의 협소함과 보수성 때문에, 관료들의 손에서 국정이 시민의 의지나 이해와 다른 방향으로 흘러가는 일은 생각보다 자주 발생한다. 앞서 본 무사안일주의, 여기에 더해 개혁에 저항하는 관료조직의 자기보전 논리도 문제가 된다. 자기 조직에 유리하지 않다고 여겨지는 변화에 행정적 자원을 사용하여 저항할 가능성이 커지기 때문이다.

정부 부처와 일해본 경험이 있는 사람들은 종종 이런 농담을 한다. 말도 안 되는 규제가 있어서 시정을 요청하러 차관을 만나면, 당장 내일이라도 바뀔 것 같은 느낌을 받는다. 국장을 만나면 좀 늦어지기는 하지만 다음 달쯤에는 바뀔 것 같은 기대를 가진다. 과장을 만나면 내년에는 바뀔 수도 있을 것 같다는 희망을 품게 된다. 그러나 사무관의 손을 거치고 나면 아무것도 바뀌지 않는다는 것이다.

물론 농담이지만 이러한 관료조직의 협소함과 보수성을 이기지 못한다면 아무리 국회의원을 잘 뽑아서 시민의 의사를 잘 반영한 법을 만들고 훌륭한 인물을 장관이나 주요 직책에 임명하더라도 성공적인 국정 운영은 어려워진다.

일반적으로 정치에 대한 불신이 강한 사회에서는 관료조직에 대한 기대가 높아지는 경향이 있다. 한국도 마찬가지다. '무능하고 권력만 추구하는 정치가들에게 국가를 맡기기보다는 이데올로기나 개인의 이해에 휘둘리지 않고 상황을 정확히 판단하여 필요한 정책을 생산해내는 행정가들, 전문가들에게 국정을 맡기는 것이 더 낫지 않을까?'라고 생각하는 것이다. 이런 생각은 종종 관료들 자신들의 입에서 나오기도 한다. 그들은 자신들이야말로 가장 국정을 합리적으로 이끌어갈 적임자들이라고 여긴다.

그러나 이것은 상당 부분 착각이다. 원래부터 관료조직은 시스템이 돌아가도록 하기 위해 만들어진 것이지 바꾸기 위해 만들어진 것이 아니다. 따라서 국정 전반을 두루 살피고 큰 비전을 세우고 모험을 해서라도 무언가 바꾸기를 관료들로부터 기대해서는 안 된다. 관료들에게는 책임질 각오를 하고 불확실성을 걸머지며 커다란 변화를 시도할 인센티브가 별로 없기 때문이다.

물론 모든 관료들이 현상 유지에만 매달린다고 말하는 것은 아니다. 관료들도 사명감을 갖고 자신의 일이 공동체에 도움이 되기를 바라는 사람도 많다. 그러나 시민들을 위해 정말 열심히 해보려는 사람들로 조직을 채우더라도 관료조직은 시야가 협소하고 보수적인 조직이라는 사실은 변하지 않는다.

국가의 업무를 관료조직이 지나치게 좌우하게 되면 시민들이 소외되기 쉽다. 시민들의 생각과 필요와 이해가 제대로 반영되지 못하는 일이 일어나기 때문이다. 무엇보다 시민들의 생각과 필요와 이해 자체가 변하기 때문에 문제는 더 심각하다. 이런 변화를 따라잡지 못하는 국가는 시민들의 마음을 얻을 수 없다. 이때 국가는 나의 삶과 상관없이 세금만 걷어가는 차가운 기계처럼 느껴지기 때문이다.

관료조직이 쥐고 흔드는 나라에는 미래가 없다

관료조직에 국가 운영을 맡길 때 우려되는 또 다른 부정적인 결과 중 하나는 국가에 필요한 시스템 개혁에 실패할 가능성이 높아진다는 것이다.

인간 사회는 끊임없이 변화한다. 그래서 시대의 변화를 잘 읽고 이를 따라잡는 것은 국가의 흥망성쇠에 결정적이다. 이는 기업과 마찬가지다. 어떤 기업은 성장하고 어떤 기업은 쇠퇴한다. 또한 성공의 정점에 있던 기업이 시장에서 경쟁력을 잃고 다른 기업에 매각되는 경우도 종종 있다. 2024년 11월 1일 스탠더드앤드푸어스(S&P) 다우존스 지수는 엔비디아가 11월 8일자로 다우존스 산업평균지수(DJIA)에 편입될 것이라고 발표했다. 동시에 전 세계 컴퓨터 사용자라면 모르는 사람이 없는 인텔은 1999년 다우존스 지수에 포함된 지 25년 만에 제외되는 수모를 겪었다. 이에 대해 매체들은 인텔이 2005년 엔비디아를 인수할 기회를 놓쳤고, 챗GPT를 개발한 오픈AI에 투자할 기회도 놓쳤으며, GPU의 중요성을 간과함으로써 결국 쇠퇴의 길로 빠져들었다고 분석한다.

한때 전 세계 백색 가전시장을 휩쓸며 혁신의 대명사로 통하던 일본 기업들도 시장의 미래를 내다보고 대비하지 못할 때 몰락하고 만다는 것을 보여주는 예로서 자주 등장한다. 104년의 역사를 가진 일본 전자제품 기업의 대명사 샤프가 2016년 대만 폭스콘에 매각되었을 때, 사람들은 미래의 변화를 예측하지 못하는 조직이 얼마나 빠르게 도태되는지를 실감했다. 이외에도 휴대폰 시장의 강자였지만 스마트폰으로의 변화에 적응하지 못해 몰락한 노키아, 워드프로세서와 컴퓨터의 보급으로 무너져버린 타자기의 명가 올리베티도 시장 변화에 대한 통찰과 합리적 발전 전략 수립이 얼마나 중요한지 보여주는 예로서 자주 언급된다.

기업의 성공과 실패가 주는 교훈은 국가 운영에도 중요한 통찰을 줄 수 있다. 그것은 바로 국가조직이 관여하는 모든 분야에서 대내외적인 환경 변화를 예측하고, 이에 맞는 발전 전략을 세워야 한다는 것이다. 중장기적인 외교 전략, 국가의 R&D 투자 계획, 인프라 건설 계획은 물론이고, 교육과 주거환경 개선, 연금제도 개선, 복지 투자 등 모든 분야에 해당한다.

그러나 관료조직은 태생적으로 이런 변화를 읽어내는 데 느리다. 관료 개개인이 머리가 나빠서가 아니라, 관료조직이 갖는 좁은 시야와 보수성, 여기에 끼어드는 조직 이기주의 때문이다.

단지 몇 개의 법령을 고치고 제도를 바꾸는 것을 넘어 새로운 정치·사회적 비전을 세울 때 관료조직은 특히 심각한 문제를 드러낸다. 오늘날 선진국은 금융, 조세 등 다양한 분야에서 사회적 약자를 보호하고 빈부 격차를 줄이기 위해 노력한다. 한국도 마찬가지다. 비록 각 정당이 추진하는 정책에 따라 대기업과 부자에게만 이익이 돌아간다거나 지나치게 부자 증세를 하여 성장 동력을 잃을 수 있다는 비판이 있지만, '사회적 약자 보호와 빈부 격차 해소'라는 대명제에 근본적인 이의를 제기하는 사람은 없다. 그러나 한국 사회가 늘 그래왔던 것은 아니다. 빠른 현대화 속에서 한국은 '수출만이 살 길'이라는 구호 아래, 수출액과 경제 성장률을 높이는 것을 최우선 과제로 삼았다. 이런 성장 제일주의에 익숙해져 있던 관료조직이 자발적으로 분배 정의와 복지를 중시하는 사회·경제적 비전으로의 패러다임 전환을 제안했다고 믿을 사람은 거의 없을 것이다. 즉 관료조직은 가치의 변화를 주도할 수 없다. 앞서 언급한 대로 처음부터 그런 목적을 가지고 만들어진 조직이 아니기 때문이다.

1980년대 말 노태우 정권은 기존의 외교정책 기조에서 크게 벗어난 정책을 펴기 시작했다. 당시 소련과 중국은 개방과 개혁정책을 추진하고 있었고, 한국은 이들과의 관계 정상화와 교류 확대에 나섰다. 이에 따라 한국전쟁 이후 적대적인 관계를 유지하던 사회주의 국가들과의 관계 개선을 적극적으로 추진했다. 이것은 북한을 고립시키려는 목적에서 기존의 대북 적대정책의 연장선에 있었지만, 사회주의권과 새로운 관계를 설정하고, 한국 외교의 다원화를 시도했다는 점에서 이전과 비교하여 획기적인 변화를 의미했다. 그러나 과연 이런 과감한 정책 전환을 외교 관료들이 자발적으로 제안하고 주도적으로 실행에 옮길 수 있었을까? 나는 그럴 가능성은 매우 적다고 생각한다. 이것은 외교 관료들의 식견이나 애국심이 없어서가 아니다. 그들은 매우 어려운 시험을 통과하고 외교 업무에서 오랫동안 훈련받은 전문가들이다. 다만 거시적으로 국제 정책을 평가하고 때로는 자신(혹은 자신의 조직)의 책임하에 정책을 결정하며, 필요하다면 불확실성과 위험성을 감수하고 필요한 변화를 이끌어내는 것을 자신의 임무로 삼지 않을 뿐이다.

많은 경우 관료는 단지 관리에 특화된 전문가일 뿐이라는 사실을 이해해야 한다. 회사 재무팀은 위에서 주어진 가이드라인에 따라 정해진 매뉴얼대로 자금을 관리한다. 예를 들어 회사의 경영 전략에 따라 자금 수요를 예측하고 자금 시장의 흐름을 읽어 구체적인 지출 계획을 세운다. 그러나 회사 경영진이 세운 경영 전략이 옳은지를 판단하지는 않는다. 그런 경영 전략이 재정상에 어떤 변화를 가져오는지를 예측하고, 회사의 경영 방침이 재정 형편상 문제를 일으킬 소지가 크다면 여기에 대해 보고할 뿐이다. 회사의 전반적인 경영 가치와 발전 방향은 회사의 경영진이 결정한다.

관료도 마찬가지이다. 가끔 한 정부 부처에서 오랫동안 일했기 때문에 자신이 그 분야의 전문가라고 주장하는 사람들이 있다. 그런 경력을 발판 삼아 정치에 뛰어들기도 한다. 그러나 한 부처에서 오래 일했다고 해서 그 사람이 정책을 가장 잘 세우고 운용할 것이라고 장담할 수는 없다. 좋은 정책은 좋은 방향성을 전제로 한다. 그러나 방향성을 정하는 것은 관료의 일이 아니다.

물론 위의 주장이 관료를 무시하라는 것으로 오해되어서는 안 된다. 국가 재정의 관리자로서 기재부의 관리자 경험과 지식은 한 국가의 경제정책을 세우는 데 귀 기울여 들어야 할 중요한 자원이다. 다만 그런 경험이나 지식은 올바른 방향과 결합할 때 빛을 발휘할 수 있다는 사실을 잊어서는 안 된다.

IMF 금융위기 직전,
왜 경제관료들은 유동성 위기가 없다고 했을까?

따라서 관료조직의 전문성을 너무 과신해서는 안 된다. 1997년 한국을 극심한 혼란에 빠트린 경제위기는 이런 문제를 보여주는 대표적인 예이다. 단기적으로는 단기 차입금 증가에 의한 부채 상환 압박, 미국 금리 인상에 따른 자본 유출을 주요 원인으로 꼽지만, 좀더 거시적으로 보면 한국 경제의 구조적 취약점에 문제가 있었다. 재벌들은 오랫동안 문어발식 경영으로 덩치를 부풀리는데 익숙해져 있었다. 많은 재벌들이 이익이 되거나 필요가 있다고 판단되면 자신의 사업 특성이나 능력을 고려하지 않고 닥치는 대로 기업 인수에 뛰어들었다.

재벌들이 이렇게 사업을 벌일 수 있었던 것은 돈을 빌리기가 쉽고, 빌린 돈에 대한 책임은 별로 없었기 때문이다. 재벌들은 계열사들끼리 서로 보증을 서는 방식으로 정부로부터 돈을 빌리거나, 정부의 보증으로 해외에서 손쉽게 돈을 빌릴 수 있었다. 1997년 경제위기 이전에도 재벌들은 천문학적인 빚을 지고 있었다. 경제위기가 닥치자 여러 기업이 극심한 재정난에 빠졌으며, 한라그룹의 부채는 5년 평균 자기 자본의 22배, 진로그룹은 15배, 뉴코아는 11배, 삼미는 21배에 달했다. 그러나 정부는 이렇게 차입된 돈이 어떻게 쓰일 것인가에 대해 제대로 관리 감독하지 않았고, 특혜와 뇌물 시비가 끊이지 않았다. 해외에서는 한국 정부가 금융기업과 근친상간 관계에 있다고 비꼬기까지 했다.

흥미로운 것은 이런 부패의 고리에 깊이 얽히지 않았던 관료들 역시 이 문제를 해결하려 노력하지 않았다는 것이다. '모든 것이 잘 돌아가고 있고 잘 돌아갈 텐데 무엇이 문제인가' 하는 식이었다. 재벌 위주의 성장주의 패러다임 속에서 길러진 경제 관료들에게 이러한 취약성은 눈에 들어오지 않았다. 경제 관료 출신으로서 당시 재정경제부 차관 겸 부총리였던 강경식은 외환위기 가능성을 경고하는 사람들에게 대한민국은 펀더멘털이 견고하기 때문에 동남아시아 국가들처럼 유동성 위기를 겪을 일이 없다고 자신했다. 금융위기 가능성은 당시 외신들도 낮게 보았기 때문에 금융위기 가능성을 일축하는 호언장담 자체를 비난할 수는 없다. 문제는 한국 경제의 펀더멘털이 강하다는 평가이다. 실제의 사태는 한국 경제가 얼마나 허약한가를 여실히 드러냈다. 일단 유동성 경색이 시작되자 이미 과도한 부채로 막대한 이자 부담을 안고 있던 기업들은 도미노처럼 쓰러졌다. 그 결과 1996년 6월 AA-였던 무디스의 국가 신용등급은 불과 일년 반 만에 B-까지 급락했으며, 기업과 금융권의 도산이 줄을 이었다. 한국 경제의 과도한 재벌 의존과 정경유착은 이미 해외의 전문가들이 반복하여 지적하던 문제였다. 그러나 성장주의에 매몰된 한국 경제통들의 눈에 이러한 경고는 들어오지 않았다.

만일 이런 관료조직이 국가정책의 전반을 지배하게 되면 어떤 일이 일어날까? 물론 당장은 그럭저럭 굴러가겠지만 국가는 장기적으로 큰 어려움을 겪게 된다. 필요한 변화를 가져오지 못하거나 때를 놓치기 때문이다. 더 무서운 것은 이런 관료조직이 조직 이기주의와 부패에 빠질 때이다.

일본의 잃어버린 30년…
관료는 어떻게 기업가와 정치인을 움직였는가?

조직 이기주의에 빠진 관료조직이 정치를 손아귀에 쥐면 국가가 어떤 어려움을 겪게 되는지를 잘 보여주는 사례가 다름 아닌 오늘날의 일본이다. 일본의 학자 요시미 순야는 일본의 '잃어버린 30년'을 분석하면서 그 원인 중 하나를 정치가 관료에 의해 좌우되었다는 것에서 찾는다. 그는 잃어버린 30년 초기에 해당되는 1990년대, 미·일 경제 갈등에서부터 글로벌화까지 국제환경이 급격히 변하는 가운데 일본의 관료들이

── 위험한 국가의 위대한 민주주의

얼마나 미숙하게 대응했는지, 어떻게 기득권 집단과 하나가 되어 변화에 저항했는지를 이렇게 요약한다.

> 미·일 경제 마찰에서 글로벌화로 향하는 흐름 속에서, 다양한 진입
> 장벽으로 업계를 보호해온 일본 사회의 시스템은 파탄했다. 그러
> 나 막상 규제철폐에 나서면 관료와 업계, 정치권의 족(族) 등 삼위
> 일체의 기득권 수호 장벽에 부딪히게 되는 것이었다.

일본의 관료들은 당시까지도 정치인들로부터 상당히 독립적이었다. 얼핏 보면 정치 논리가 개입하지 않으므로 더 효율적이고 무사공평한 행정을 펼 수 있다고 생각할 수도 있지만, 연공 서열에 따라 움직이는 일본의 관료집단은 변화를 따라잡는 데 매우 느렸다. 관료주의를 특징짓는, 정확히 자신의 권한 범위 안에서만 움직이려는 보수적 직업관은 여기에서도 예외없이 관철되었다. 특히 일본의 경우에는 상명하복의 전통이 남아 있었기 때문에 현실의 문제를 해결하기 위한 혁신보다는 위의 명령과 규정에 의존하려는 경향이 더 컸다.

여기에 더해 일본 관료들에게는 다른 나라의 관료들이 갖고 있지 않은 힘이 있었다. 일본 정치인들이 제안한 상당한 법안들은 관료들이 입안한 것이었다. 이를 두고 순야는 "무대에서 드라마를 연기한 것은 정치인들이지만, 그 연출은 관료들이 하는 것이 일반적이었다"고 적었다. 뿐만 아니라 관료들은 각종 사업에 대한 인허가권을 쥐고 있었으며, 행정지도라는 명목하에 사실상 자의에 따라 기업인들에게 '이것을 해라, 저

것은 하지 말라'고 명령할 힘이 있었다.

행정지도의 위력은 최근 라인-야후 사태를 통해 한국에서도 주목받았다. 일본 총무성은 개인정보 유출 문제를 이유로 라인-야후에 네이버와의 자본관계를 재검토하라는 지시를 내렸던 것이다. 당시 이를 두고 한국에서는 부당하다는 비판이 일었다. 과연 정말 그랬는가는 당장 판단하기는 어렵다. 다만 문제는 관료들이 행정지시를 내리면, 법적 구속력도 없는 행정지시가 법에 준하는 위력을 갖는다는 것이다. 이는 민주주의와 법치의 근간을 잠식할 위험을 내포하고 있다.

이런 힘을 가지고도 관료들은 별로 견제 받지 않았다. 당시에는 수상과 내각이 관료를 통제할 방법이 별로 없었다. 인사를 좌지우지하는 것은 각 정부 부처(일본에서는 성이라고 부른다)의 관료로서 뼈가 굵은 사무차관들이었다. 일본의 수상은 종종 계파 간의 합종연횡 가운데서 탄생하는 얼굴마담에 지나지 않는 경우도 있었다. 따라서 관료들이 총리를 눈치 볼 일도 없었다. 오히려 각 의원들이 당선되기 위해서는 정치자금이 필요했고 지역구민의 관심을 끌 정책이나 업적이 필요했다. 당연히 이들은 기업들에게 손을 벌렸으며 각종 인허가권을 지니고 있던 관료들에게 기대었다. (이들이 족族의원이다.)

견제받지 않는 권력은 결국 부패하기 마련이다. 관료들은 은퇴하고 나면 한 자리 보장받을 것을 기대하며 특정 산업 분야나 기업에 유리하도록 자신의 권력을 행사하는 일이 비일비재했다. 한때 세계 경제를 집어삼킬 듯 성장하던 일본이 주저앉아 힘을 잃은 데는 여러 가지 이유가 있지만, 이렇게 비효율적이고 배타적이며 경직된 관료제도가 큰 역할을

── 위험한 국가의 위대한 민주주의

했다. 물론 이런 관료제를 혁신해야 한다는 주장이 꼬리를 물었다. 하시모토 정권은 아예 관료제의 개혁을 일본 재생의 핵심 과제로 삼았다. 관료들이 여기에 조직적으로 저항한 것은 놀랍지 않다.

일본의 관료들이 고개를 숙이게 된 것은 자민당 출신 수상 고이즈미 준이치로 이후 일련의 행정개혁을 통해서다. 일본의 구조개혁을 내세우며 80퍼센트에 달하는 놀라운 지지를 얻어 수상에 오른 고이즈미는 경제재정자문회의를 설치하여 그때까지 예산 편성을 주도해온 대장성의 권한을 약화시켰다. 이후 개혁은 여러 우여곡절을 겪으면서도 진행되었고, 2014년 중앙 행정기관의 고위 간부에 대한 인사권이 수상에게 넘어오면서 일단락되었다. 물론 이것으로 일본의 관료조직이 갖고 있는 모든 문제가 사라졌다고는 할 수 없다. 정치에 무릎 꿇은 관료들은 다른 문제를 일으키기 시작했기 때문이다.

일단 콧대가 꺾이고 목줄을 정치인들에게 잡히게 되자 이번에는 '손타쿠(忖度: 다른 사람의 마음을 미리 헤아린다는 뜻)'라는 문제가 발생했다. 간단히 말해 알아서 기기 시작한 것이다. 이것은 아베 신조가 두 번째로 수상에 오르고 얼마 지나지 않아 터진 모리토모(森友) 학원 스캔들에서 드러났다. 이 사건은 아베 총리와 그의 아내 아베 아키에가 정치적 후원 관계로 얽힌 모리토모 학원재단에 파격적인 특혜를 줌으로써 발생했다. 2017년 오사카 부 도요나카 시의 국유지가 시중 가격보다 자그마치 85퍼센트나 낮은 터무니없는 가격에 매각되었으며, 그 중 15퍼센트는 국비에서 지원을 받았다는 사실이 밝혀지면서 논란이 일었다. 콧대 높던 일본의 관료들은 이런 부패 행위에 아무런 휘슬을 불지 않았으며 심지어 문제가 발생하자 재무국은 이미 결제된 문서를 조작하기까지 했다.

일본의 사례는 관료조직을 제대로 통제하는 것이 얼마나 힘들며, 얼마나 중요한가를 보여준다. 관료조직은 현대 국가에서 필수불가결한 요소이다. 자신이 맡은 분야와 업무에 대한 전문적 지식을 갖춘 잘 훈련된 관료조직은 국가의 성공적 발전을 위한 중요한 전제조건이다. 그러나 관료조직이 정책 입안과 결정 과정에서 지나치게 권한을 행사하게 되면 문제가 발생하기 쉽다. 이는 부패와 비효율을 초래할 수 있으며, 필요한 시스템 변화를 이끌어내지 못할 위험도 크다. 따라서 관료조직이라는 위험한 말을 제대로 부리고 싶다면 민주주의의 고삐를 단단히 잡을 필요가 있다.

3부

괴물이 된 국가들

절대권력을 쥔 리더는
어떻게 국가를 쓰러트리는가?

베네수엘라의 사례

국가, 특히 현대 사회에서는 다양한 관심과 의견, 이해를 가진 사람들이 존재한다. 국가의 정치와 행정을 담당하는 사람들은 이런 다양한 목소리에 고르게 관심을 기울여야 할 의무가 있다. 그렇지 않으면 국가 공동체는 분열되고, 궁극적으로는 붕괴에 이를 수 있다.

바로 이런 점에서 국가는 기업 조직과 다르며, 기업처럼 운영될 수 없다. 앞서 변화에 적응할 필요를 지적하기 위해 기업의 예를 들었지만, 국가와 기업의 유사점을 지나치게 강조해서는 안 된다. 기업은 이윤 창출이라는 한 가지 목표에만 집중하여 성과를 낼 수 있지만, 국가를 그렇게 운영한다면 전체 공동체는 크고 작은 혼란에 빠지기 쉽다. 국가는 모든 사람들이 부당하게 억압받거나 차별받지 않고, 자신들의 의사를 표현하고 이해를 추구할 수 있도록 도와야 한다. 자유, 공정, 연대는 단지 있으면 좋은 것이 아니라, 국가를 국가답게 만드는 핵심 가치이다.

민주주의가 권력의 폭주를 막고 억압과 독점을 대신하여 세우려는 것은 자유와 공정이다. 여기서 자유와 공정은 단지 정치적 공동체의 운명을 결정하는 과정에 차별 없이 참여할 권리만을 의미하는 것이 아니다. 이런 정치적 권리를 통해 사회 내 특정 개인이나 집단이 부당하게 이익을 얻거나 불이익을 당하거나, 혹은 서로 속박하는 일이 발생하지 않도록 막을 수 있다.

강한 리더십의 환상

때로 민주주의 없이도 사회·경제적인 공정을 이룰 수 있다고 주장하는 사람들이 있다. 이들은 변덕스러운 대중보다 선택받고 훈련된 엘리트들이 훨씬 더 공정하고 살기 좋은 사회를 만들어낼 수 있다고 믿는다. 그러나 민주주의 없이 공정하고 그래서 살 만한 사회를 만들겠다는 호언장담은 역사적으로 한 번도 현실이 되어본 일이 없다.

박정희 정권의 과오는 이를 잘 보여준다. 박정희 정권의 문제점이 민주주의를 무너뜨린 데 있다는 사실을 모르는 사람은 거의 없다. 그러나 박정희 정권의 경제 발전 업적을 높이 평가하는 사람들은 비록 권위주의적이었지만 강한 리더십을 발휘해 과감한 인프라 투자와 공업화를 추진함으로써 국가 발전의 기반을 마련했다고 주장한다. 이런 입장 차이는 결국 추상적인 민주주의적 가치와 손에 잡히는 경제 발전 성과(여기에는 과장되거나 잘못 알려진 부분도 꽤 있다) 중 어느 것이 더 중요한가에 대한 매우 황당한 논쟁으로 귀결된다. 그러나 우리가 이미 이야기했듯, 박정희가 무너뜨린 민주주의의 가치는 결코 추상적이지 않다.

박정희의 권위주의는 수출과 산업화 그리고 극단적인 반공을 추진하는 과정에서 시민들이 다른 의견이나 이해를 표현하고 실현할 기회를 차단했다. 그 결과 한국 사회의 자유와 공정이 크게 침해되었고, 심각한 부조화와 불균형이 자리 잡았다. 역사는 어떤 국가도 그런 부조화와 불균형을 장기적으로 버텨낼 수 없다는 사실을 보여준다. 즉 박정희 정권은 한국 사회를 심각하게 분열시켰고, 그 후유증은 그가 사망한 지 40년이 넘은 지금까지도 곳곳에 남아 있다. 흔히 전두환의 신군부가 벌인 잔혹한 진압에 가려 잘 이야기되지 않지만, 1980년 5월 광주에서 발생한 비극의 원인은 정권 유지를 위해 광범위한 시민들의 정치적 권리를 박탈하고 지역 간 대립을 부추긴 박정희 정권에도 있다. 만약 박정희 정권의 철권통치가 10년만 더 지속되었다면, 한국 사회는 총을 든 내전까지는 아니더라도 심각한 대립과 충돌에 빠져들었을 가능성이 매우 컸다. 이는 그나마 이룩한 경제 발전의 성과마저 갉아먹었을 가능성이 컸다.

반세기 전 박정희가 꿈꾸었던 발전 모델을 오늘날 다시 추진하는 나라가 중국이다. 과거 중국의 정치체제를 옹호하는 사람들은 현재 중국 국민들의 상황을 다각적으로 고려할 때, 정치 참여의 문을 개방하면 오히려 혼란이 발생하고 국가 공동체가 위태로워질 수 있다는 '중국 특수론'을 내세우곤 했다. 이후 중국이 정치·경제적으로 크게 성장하는 한편, 우익 포퓰리즘의 득세로 미국과 유럽의 민주주의가 흔들리는 모습을 보이면서 중국을 '능력주의(Meritocracy)' 국가라고 평가하는 사람들이 많아졌다. 이들에 따르면, 중국 공산당은 엄격한 선발과정과 장기간의 교육 및 훈련과정을 통해 유능하고 책임감 있는 엘리트들을 양성하며, 이들이 중국의 사회·경제 시스템을 관리함으로써 서구와 같은 혼란을 줄이고, 보다 효율적이면서도 사회·경제적으로 공정한 체제를 구축해 나가고 있다는 것이다.

그러나 현대 중국 사회 전반에 걸친 극심한 불평등과 부패, 비효율에 대한 이야기를 접하면서, 나는 반세기 전 한국에서처럼 박정희식 발전 모델이 중국에서도 실패하고 있다는 인상을 받는다. 특권과 부패를 멀리하고 공동체의 사회적·경제적 자유와 공정을 위해 헌신하는 엘리트의 지배라는 이념은 한때 플라톤이 '수호자' 개념으로 구상했지만, 결국 자유주의 시대에 와서 포기되었고, 궁극적으로는 아래로부터의 참여와 통제라는 원칙으로 대체되었다. 나는 이러한 서구의 '지혜'가 중국을 포함한 어느 사회에서도 예외 없이 적용될 것이라고 생각한다. 민주주의는 단순히 성장의 열쇠일 뿐 아니라 공동체를 통합하는 근본적인 토대이기도 하다.

앞에서 우리는 이런 민주주의가 무너지는 요인들을 살펴보았다. 대의제의 붕괴, 진영논리의 확산, 관료조직의 과도한 영향력과 일탈 등이 그 주요 원인이다. 물론 이 외에도 민주주의가 흔들리는 다양한 요인들이 있으며, 이들은 때로 개별적으로, 때로는 상호작용 하며 영향을 미친다. 이제 실제로 민주주의가 마비되면서 국가가 쇠락의 길로 들어서는 사례들을 살펴보려 한다. 이러한 국가들의 쇠퇴와 몰락은 한국의 과거와 현재를 살펴보고, 미래를 전망하는 거울이 될 수 있다고 생각하기 때문이다.

군부 쿠데타에서 과두 지배까지, 부패 천국이 된 세계 최대 산유국

앞서 과두제에 따른 민주주의의 사실상 공동화, 그 뒤를 이은 좌파 권위주의의 등장, 그 안에서 여전히 뿌리를 내리고 있는 부패의 사슬로 인해 혼란에 빠진 나라, 베네수엘라를 짧게 언급했다. 그러나 이 나라가 어떻게 나락으로 떨어졌는지에 대해서는 좀더 자세히 살펴볼 필요가 있다. 신자유주의적 입장을 지지하는 언론이나 학자, 정치인들은 베네수엘라를 국유화와 퍼주기식 포퓰리즘이 국가를 망치는 대표적인 사례로 들지만, 사태는 그렇게 단순하지 않다. 지난 10여 년간 베네수엘라를 절망의 땅으로 만든 것은 단순한 정책 실패가 아니라 경제 시스템의 전면적 붕괴였다. 경제위기가 최고조에 이르렀던 2019년, 베네수엘라의 최저임금은 월 7달러에 불과해 겨우 4일을 버틸 수준이었다. 당시 370만 명이 영양실조를 겪었으며, 생필품은 물론 기본 의약품마저 부족해 시민들은 엄청난 고통을 겪어야 했다. 2024년에도 전체 인구의 82퍼센트가 빈곤 상태에 있고, 53퍼센트는 극빈층에 속한다. 이렇게 경제가 붕괴되면서 사회 인프라도 심각하게 붕괴되었다. 무엇보다 치안이 무너져서 갱단이 판을 치고 공권력은 이를 누르기는커녕 함께 공모하는 최악의 사태가 벌어졌다.

'세계 최대의 석유 매장량을 자랑하고 한때 남미에서 가장 번영하던 나라가 왜 이렇게 비참한 지경에 이르렀을까'라는 질문을 마주한 사람들은 다양한 설명을 내놓았다. 연구자들은 유가가 천정부지로 치솟던 시절에 벌어들인 돈으로 석유산업 인프라를 건설하고, 다른 산업을 육성하지 못한 경제적 근시안을 원인으로 지목한다. 21세기 사회주의를 내걸고 기간산업을 국유화하는 한편, 석유를 팔아 번 돈을 주로 빈민층을 원조하는 데 사용한 차베스 정부의 실책을 원인으로 지목하기도 한다. 고유가가 지속되는 동안에는 이런 정책이 빈곤을 해소하는데 도움이 되었지만, 유가가 주저앉기 시작하면서 취약한 경제가 주저앉은 것이다.

그러나 베네수엘라를 나락으로 밀어넣은 근본적인 원인은 따로 있었다. 바로 민주주의를 빈껍데기로 만든 소수의 권력독점, 부패, 그리고 내편 챙기기 식의 후견주의가 그것이다. 정치가들이 권력을 독점하면서 파생되는 부패는 정치적 변화를 겪으면서 눈덩이처럼 부풀었다. 문제의 첫 단계는 1948년 군부 쿠데타 시기이다. 쿠데타의 수장 마르코스 페레스 히메네스(재임 1952~1958)가 대통령으로 베네수엘라를 지배하는 동안 그의 측근들은 관급공사의 이권을 차지하며 부를 축적했다. 이 무렵 도로와 대학을 비롯한 다양한 인프라 확충사업을 벌이고 있었기 때문에 이들의 먹이는 사방에 널려 있는 셈이었다. 10년 만에 군부가 타도되었지만, 부패는 줄어들지 않았다. 앞서 거대 양당인 기독교사회당과 민주행동당이 푼토 피호 협약을 통해 과두제를 형성했다고 이야기했다. 그러나 두 당은 정치권력만을 나눠 가진 것이 아니었다. 그들은 국유화한 석유산업에서 나오는 이익도 나누어 가졌다.

부패가 급속히 확산된 두 번째 시기는 중동발 석유 파동과 더불어 석유 가격이 급상승하는 1973~1974년이었다. 베네수엘라가 석유를 팔아 벌어들이는 돈은 순식간에 3배로 증가했다. 당시 대통령인 카를로스 안드레스 페레스(재임 1974~1979, 1989~1993)는 석유산업을 국유화하고, '위대한 베네수엘라'라는 발전계획을 추진하며, 약 20조 달러에 달하는 자금을 남부지역의 산업개발에 쏟아부었다. 이를 통해 5년 내에 철강생산을 3배로 늘리고 새로운 알루미늄 생산공장을 짓겠다는 것이었다. 그러나 국가 주도의 공업 개발계획은 엄청난 비효율성을 낳았다. 어마어마한 규모의 부패가 여기에 끼어들었기 때문이다. 이권을 노리고 온갖 연줄과 뇌물을 동원해 낙하산을 타고 떨어진 인사들이 제대로 경영을 할 리가 없었다. 적자에 빠진 국영기업의 수는 한때 300개가 넘을 정도였다. 한 연구에 따르면 1984년부터 1994년까지 부패와 직간접적으로 연루되어 360억 달러나 되는 돈이 엉뚱한 곳으로 흘러들어가거나 낭비되었다.

이 무렵 베네수엘라에는 이미 포퓰리즘이 뿌리를 깊이 내리고 있었다. 대통령과 정치가들은 국가 성장을 위한 장기적 전망을 내놓는 대신에 국민들에게 무계획적으로 오일머니를 뿌렸다. 절대로 이들이 근시안적이거나 어리석었기 때문에 이런 짓을 한 것이 아니었다. 이들은 국민들을 매수하려고 했던 것이다. 이 돈은 어차피 정부 돈이므로 국민들에게 나눠줘도 상관없다는 식의 태도를 취했다. 그 돈을 받은 국민들은 마찬가지로 정부 돈에 손을 대는 정치가들을 용인해주었다. 한마디로 국가의 돈은 보는 사람, 손대는 사람이 임자인 상황이 펼쳐진 것이다.

이는 베네수엘라의 비극을 잉태했다. 1979년 이후 10년 만에 두 번째 대권을 잡은 페레스 대통령은 국가의 재정이 삐걱거린다는 사실을 인정하고, 긴축정책을 통해 상황을 역전시키려 했다. 그러나 이는 시민들의 저항에 부딪혔다. 시민들의 생활은 이미 국가의 보조에 크게 의존해 있었다. 정부의 긴축정책은 시민들이 누려온 삶의 수준과 안정을 포기하는 것을 의미했기 때문이다. 당장 페레스의 긴축정책 덕택에 포퓰리즘적 시혜를 더 이상 받지 못하게 된 시민들은 정부의 적으로 돌아섰다.

여기서 우리는 포퓰리즘이 추구하는 복지가 건전한 복지와 어떻게 다른지를 알 수 있다. 포퓰리즘이 추구하는 복지는 앞에서 말한 대로 매수이다. 1997년 베네수엘라의 한 NGO에 따르면, 부패와 매수의 악순환 고리에 빨려들어 사라진 돈의 규모가 이전 25년 동안 약 1,000억 달러에 달한다.

부패의 사슬이 행정부를 넘어 입법부와 사법부를 아우르는 국가체제 전체에 미쳤으리라는 점은 쉽게 상상할 수 있다. 당시 의회를 장악했던 기독교사회당과 민주행동당, 두 당은 적당한 지점에서 눈을 찡긋하며 서로의 잘못을 눈감아주었다. 사법부 역시 부패에 동참했다. 1982년 농업부에서 일어난 부패 사건에 대해 재판부가 내린 판결은 사법부가 행정부의 잘못을 견제하는 역할을 하지 않고 오히려 한통속이 되어 부패의 한 고리가 되었음을 보여준다. 당시 재판부는 문제가 되는 금액이 '겨우' 2만 달러 정도이고 이는 전체 예산에서 극히 일부라는 이유로 공소를 기각한다는 결정을 내렸다. 이는 부패 문제에 대해 사법부가 얼마나 무관심한지를 드러낸다.

마찬가지로 베네수엘라가 석유로 벌어들인 돈을 합리적인 경제발전 계획을 세우고 추진하는데 실패한 것은 전문적 지식이나 경험의 부족에서 오는 근시안 때문이 아니다. 과두세력이 그런 합리적 계획안에 관심이 없었기 때문이다.

차베스, 또 다른 절대권력의 등장

1999년 차베스가 집권할 수 있었던 것은 이런 현상에 넌더리를 내는 시민들이 늘어갔기 때문이다. 그는 과두제를 해체하고 부패를 일소하며 정치, 사회, 경제체제를 일신하여 시민들에게 부의 열매가 돌아가도록 하겠다고 약속함으로써 지지를 얻었다. 그러나 패거리 정치를 혁파하겠다는 명목으로 정권을 잡았지만, 결국 차베스 아래에 또 다른 패거리 정치가 형성되었고, 부패의 고리는 계속 이어졌다.

예를 들어 국영 전력회사의 사장을 역임한 후 대통령직 인수위원회 위원장을 거쳐 2017년 6월 바라나스 주 주지사에 오른 아르헤니스 차베스는 차베스 대통령의 친동생이다. 아르헤니스 차베스가 주지사로 취임하기 전, 주지사는 차베스의 형 아단 차베스였는데, 그는 쿠바 주재 대사와 교육부 장관을 역임한 바 있었다. 이후 아단 차베스는 대통령 대변인의 역할도 수행했다. 더욱이 이들 형제들의 아버지인 우고 데 로스 레이예스 차베스는 2012년 바라나스 주 주지사직을 퇴임하고, 이후 아르헤니스 차베스가 주지사로 취임하기 전까지 주 정부의 총리까지 맡았다.

이렇게 소수가 권력을 독점할 때 당연히 발생하는 것이 부패이다. 국제투명성기구에 따르면, 차베스가 사망한 2013년 당시 베네수엘라의 부패인식지수는 175개국 중 160위라는 처참한 수준이었다. 이 수치는 차기 대통령인 마두로가 집권한 이후에도 전혀 개선되지 않았다. 차베스로부터 마두로를 거치며 베네수엘라의 부패가 얼마나 만연했는지를 보여주는 예로, 차베스의 측근 알레한드로 안드라데가 있다. 그는 2007년부터 2011년 1월까지 베네수엘라 재무장관으로 재직했으며, 2018년 베네수엘라 국영 경제사회발전은행의 은행장직을 맡아 베네수엘라 경제 분야에서 최고 실력자로 통했다. 알려진 바에 따르면, 그는 1998년부터 2007년까지 HSBC 스위스 계좌에 148억 달러를 예치해두었으며, 이외에도 여러 개의 계좌를 관리해오고 있었다고 한다.

부패는 지방정부와 소규모 정부기관까지 깊숙이 침투했다. 차베스의 집권 기간 동안 정부사업에서 수의계약의 비율이 95퍼센트에 달했다. 카라보보 주 한 곳에서만 800건이 넘는 관급 계약이 입찰이 아닌 수의계약 형식으로 체결되었으며, 이를 돈으로 환산하면 수천만 달러에 달한다.

차베스의 패거리 정치가 가져온 또 한 가지 부작용은 전혀 자격 없는 사람들이 차베스의 측근이라는 이유로 정관계와 경제의 요직을 차지했다는 사실이다. 앞서 말한 안드라데와 같은 경우다. 그는 원래 차베스의 경호원이었다. 즉 한 나라의 경제를 이끌 지식도 경륜도 전혀 갖추지 못한 인물이었던 것이다. 이처럼 부패하고 자격을 갖추지 못한 사람들이 이끄는 정부에서는 합리적인 논의와 정책 결정을 기대하기 어렵다.

2000년 10월 쿠바의 수도 아바나에서 체결된 석유공급협정은 이런 폐해의 한 예이다. 이 협정을 통해 베네수엘라는 쿠바에 석유를 수출하면서 전체 물량의 25퍼센트에 대해 연 2퍼센트의 낮은 이자율로 15년 동안 상환하도록 하는 특혜를 주었다. 뿐만 아니라 쿠바가 제때 대금을 지불하지 않아도 차베스 정부는 별 조치를 취하지 않았다. 알려진 바에 따르면 쿠바는 이렇게 제공받은 석유를 국제시장에 되팔아 이득을 챙겼으며, 이는 석유 수출로 주요 수입을 충당하는 베네수엘라에게는 큰 손실로 작용했다. 이런 손실을 금전으로 환산하면 매년 20억 달러 이상에 달했다.

차베스가 개혁을 추진하기 위해 국가의 주요 재정자원을 몇몇 기관에 집중시켜 직접 통제하려 했기 때문에 문제는 더욱 심각해졌다. 차베스는 국영 석유회사의 수입과 베네수엘라 중앙은행의 자금 중 상당액을 그가 각각 2001년과 2005년에 설립한 개발은행(BANDES)과 개발펀드(FONDEN)로 보내게 했다. 이 두 조직은 오로지 차베스에 의해 독점적으로 통제되었다. 여기에 더해 차베스 정부는 국채를 발행하여 가용자금을 늘렸다. (이는 1998년 210억 달러였던 국채 규모가 2005년 410억 달러까지 가파르게 치솟는 결과를 낳았다.) 이렇게 해서 차베스 정부는 2006년 3/4 분기까지 최소 1,750억~2,250억 달러를 직접 운용하게 되었다.

이런 정책을 무의미한 퍼주기였다고 무작정 비난할 수만은 없다. 차베스는 국가의 주력 산업인 석유산업의 열매를 시민들에게 골고루 나눠주겠다고 약속한 만큼, 이 부문을 독점해온 이전 정부의 엘리트들로부터 통제권을 빼앗을 필요성을 느꼈을 것이다. 베네수엘라 국영 석유회사는 국가 내의 또 다른 국가라고 불릴 정도로 강력한 세력을 형성하고 있었다. 국영 석유회사의 경영진과 고위 기술직 엘리트들은 정부 요직

인사와 국가의 투자정책에까지 개입해왔다.

뿐만 아니라 정치, 경제, 사회 개혁을 위해서도 재원이 필요했다. 흔히 차베스가 돈을 걷어 그냥 쓰라고 나누어준 것처럼 말하지만 이것은 사실이 아니다. 차베스 집권 이전 베네수엘라의 빈곤율은 50퍼센트를 넘었다. 그러나 차베스는 이 수치를 10년 만에 28퍼센트대로 떨어뜨렸다. 1,000명당 25명에 달했던 영아 사망률도 같은 기간 절반 수준으로 줄었으며, 저소득층의 가계소비지출도 크게 증가했다. GDP 성장률 역시 2004년 18퍼센트, 2005년 9퍼센트, 심지어 세계적인 경제위기의 여파가 미치던 2012년에도 5.5퍼센트의 준수한 성장률을 보였다. 이러한 결과를 고려하면, 차베스식 포퓰리즘으로 비난받는 무상교육과 무상의료는 단순한 인기영합성 퍼주기 정책만은 아니었다고 평가할 수 있다.

정말 중요한 문제는 차베스 정부는 이런 막대한 자금을 합리적이고 투명하게 관리할 준비가 되어 있지 않았다는 사실이다. 그 결과, 엄청난 액수의 돈이 흔적 없이 사라졌다. 실제로 2004년 이후 약 2년 동안 22억 달러 이상이 해외로 빠져나갔지만, 그 중 절반에 해당하는 자금이 어디로, 어떤 이유로 흘러갔는지조차 명확히 밝혀지지 않았다. 부패와 무능이 어떤 결과를 낳는지를 이보다 잘 보여주는 예는 없다.

'내 편 정치', 국민의 생명을 담보로 사익을 챙기다

이 못지않게 큰 문제는 차베스가 자신을 견제할 제도적 장치를 하나씩 제거했다는 것이다. 정상적인 민주주의에서는 행정부와 의회, 사법부가

—— 위험한 국가의 위대한 민주주의

상호 견제함으로써 반헌법적이거나 비합리적인 정책, 혹은 부패의 소지를 줄인다. 차베스가 국가의 개혁을 외치며 등장했을 때 베네수엘라의 민주주의는 이미 심각하게 손상된 상태였다. 정부, 의회, 사법부 내 엘리트들은 일종의 카르텔을 형성하고 있었다. 국영 석유회사의 경영진과 기술진, 귀족화된 노조가 힘을 모아 벌인 파업과 태업은 그에 대한 저항의 예이다. 국가 수입의 절반을 차지하던 석유산업이 멈추면서, 2002년부터 2003년 사이 베네수엘라의 GDP는 18.5퍼센트나 급락했다. 화폐가치가 폭락했으며, 외환보유고가 감소하는 가운데, 인플레이션은 31.2퍼센트까지 치솟았다. 차베스를 반대하는 세력은 2002년 쿠데타를 시도했으며, 2004년에는 대통령 국민소환 투표를 추진했다. 또한 2005년 총선 거부 등의 행동을 통해 차베스를 권좌에서 끌어내리려 했다.

차베스가 재정자원을 직접 손에 쥐고 정관계와 경제계 주요 포스트에 자신이 신뢰할 수 있는 측근들을 내려 보낸 것은 이러한 사정 탓이 있었다. 그러나 차베스는 패거리 정치를 분쇄하기 위해 또 다른 '내 편 정치'를 만드는 우를 범했다. 비록 차베스의 측근은 아니지만 책임감 있고 공정한 판단을 내릴 수 있는 사람이 없었던 것은 아니다. 차베스가 이들에게도 적절한 역할과 자리를 보장했다면, 정부 내에서 견제와 균형을 담당하는 일종의 레드팀 역할을 하도록 할 수도 있었을 것이다. 그러나 차베스는 그렇게 하지 않았다. 차베스가 견제와 균형이라는 민주주의의 기본 제도를 무시한 증거는 곳곳에 존재한다. 예를 들어 자신의 세력이 의회 다수를 차지하자 그는 대법관 수를 20명에서 32명으로 늘려 측근을 대법원에 포진시켰다. 이로써 사법부는 차베스에 의해 장악되었다.

그는 선거관리위원회를 장악하여 민주주의의 요체인 선거의 투명성마저 훼손했다. 이런 상황에서 2005년 12월에 실시된 의회선거에서 야당이 투표 불참을 호소하자, 유권자의 75퍼센트가 호응하는 일까지 벌어졌다. 차베스 하에서 언론인들은 '지나치게' 대통령이나 정부를 비난했다는 이유로 사법 처리를 받을 위험에 처하기도 했다.

'내 편 아니면 적'이라는 논리에 휘둘리면서 차베스 정권은 더더욱 부패에 취약해졌다. 환율을 안정시키기 위해 외환 통제를 담당한 외환통제위원회는 고위관료와 일부 수입기업의 주머니를 채워주는 수단으로 변질되었다. 당시 공식 환율과 비공식 환율은 약 30배의 차이가 있었고, 외환통제위원회의 고위관료들은 이 기회를 이용해 막대한 이익을 챙겼다. 그들은 원유결제대금을 빼돌려 암시장에 유통시켰다. 수입업자들은 해외에서 물자를 수입한다는 명목으로 달러를 손에 넣은 후 이를 암시장에 내다 파는 방식으로 2013년에는 1,000퍼센트의 수익을 올리기도 했다. 그 뒤에 고위관료들과의 비밀 거래가 있었음은 물론이다. 이런 식으로 매년 외환통제위원회가 보유한 달러의 약 3분의 1이 시장으로 흘러들어갔다. 그 결과 물자가 제대로 수입되지 않으면서 식량, 의약품, 생필품 품귀현상이 일어났다. 한편 외환이 국내시장에 풀리면서 인플레이션도 더 악화되었다.

정책적 합리성 또한 희생되었다. 차베스는 2003년에 국영 석유회사의 저항을 억누르는 과정에서 무려 1만 8,000명을 해고했다. 이로 인해 상당수의 기술 인력이 회사를 떠났다. 이는 베네수엘라산 석유의 품질을 떨어뜨렸고 생산비용을 올려 국제시장에서 경쟁력을 약화시켰다. 석유판매 수익에 절대적으로 의존하고 있던 베네수엘라에게는 커다란 손해를 불러온 셈이다.

이러한 비효율과 정책적 실수는 차베스가 국유화한 철강, 전력 등 다른 산업 분야에서도 벌어졌다. 단지 차베스(후에는 마두로)의 친구라는 이유로 아무런 경험과 지식도 없는 인사들이 국유화된 주요 산업 분야의 책임자가 되면서 경영 실적은 악화일로를 걸었다. 그 결과 가뜩이나 취약한 베네수엘라의 산업 기반은 그야말로 붕괴되는 사태가 벌어졌다.

이런 정권이 결국 시민들로부터 신뢰를 잃고 권위주의로 변질되는 것은 필연적이다. 차베스에서 마두로로 이어지는 20여 년 동안 인권 탄압과 정치적 반대파에 대한 살인이 일상이 되었다.

베네수엘라를 절망의 구렁텅이로 몰아넣은 것은 결국 권력 독점과 부패였다. 한 전문가는 이렇게 단언한다. "베네수엘라 사태의 중심에는 포퓰리즘이 있는 것이 아니라 족벌체제, 정실자본주의 그리고 부정부패가 있는 것이다. 이들은 민중의 생명을 담보로 사익을 챙긴 것이다."

한국의 독자들은 베네수엘라가 겪은 비극이 아마도 상당히 먼 일처럼 느껴질 것이다. 우리 국가가 그 정도로 부패하지 않고 시민사회가 무능하지 않다고 말할 수도 있다. 한국은 베네수엘라와 달리 선진기술 국가이며 정치, 행정, 경제 분야의 투명도도 과거에 비해 비약적으로 향상되었다고 믿는 사람들이 많다. 그러나 과연 한국은 안심할 수 있을까?

이에 대해 대답하기 위해 부패가 나라를 망치는 또 다른 예를 다음 장에서 살펴본다. 이 나라는 남미가 아닌 유럽에 있으며, EU와 OECD의 중심국가이고 국민총생산이나 일인당 국민소득에서도 한국보다 앞서 있다. 그러나 현재와 같은 추세가 계속된다면 얼마 지나지 않아 한국에 따라잡힐 가능성이 크다. (한국이 앞으로 바람직한 길을 간다는 전제하에 그렇다.) 그 나라는 바로 이탈리아다.

이탈리아 청년들이
엑소더스를 감행하는 이유는?

이탈리아의 사례

앞 장에서 한 집단의 권력독점과 부패가 국가를 어떻게 나락으로 빠뜨리는가를 베네수엘라의 예를 통해 보았다. 이번 장에서는 부패가 선진국으로 여겨지는 나라조차 어떻게 무너뜨리는지, 이탈리아를 통해 살펴보려 한다. 이번에는 정당이나 예산 같은 거창한 주제가 아니라 아주 사소하고 일상적인 문제, 대중교통에서 출발한다.

로마에서 겪은 황당한 일상

2012년 한여름 나는 로마에 있었다. 마키아벨리 전공자이고 서양 중세와 르네상스사 연구자에게 로마는 지나칠 수 없는 도시다. 로마의 더위는 악명이 높다. 땀이 흘러 옷에 소금이 맺힐 정도이다. 그런 더위에 그늘도 없는 버스 정류장에서 20분째 서 있었다. 버스는 코빼기도 보이지 않았다. 도착 시간을 알리는 전광판은커녕, 시간표도 붙어 있지 않았다. 고대에는 로마제국을 건설하여 유럽을 지배했으며, 15세기 르네상스의 중심이었고, 현재는 유럽연합의 주축 중 하나이자 OECD의 오랜 회원국인 이 나라가 지금 뭔가 잘못되어 있지 않은가 하는 의문이 들었다.

며칠을 보내고 로마를 떠나 피렌체 역에 내렸을 때는 이른 오후였다. 나는 안내대에서 키오스크나 버스 운전사에게서 버스 티켓을 사라는 이야기를 들었다. 그러나 알려준 대로 찾아간 역 앞의 키오스크는 닫혀 있었다. 물어 물어가며 어렵사리 찾아낸 다른 키오스크에서 들은 대답은 황당하게도 (강한 이탈리아어 액센트가 섞인) "위 해브 노 티켓!"이었다. 마침 정류장에 서 있던 버스에 올라탔다. 그리고 운전사에게 "티켓 플리즈" 하고 이야기했다. 그러나 대답은 같았다. "노 티켓!" 어쩔 수 없이 버스에서 내렸다. 그런데 차장 같은 복장을 한 사람이 버스에서 따라 내리는 게 아닌가! 그는 나에게 다가오더니 "티켓?" 하고 물었다. 나는 고개를 끄덕였다. 그는 옆에 맨 가방에서 티켓을 몇 장 꺼내서 액수를 말했다. 그렇게 티켓을 산 뒤 버스 안에서 갑자기 이상한 생각이 들었다. 그 사람은 왜 버스 안에서 나에게 티켓을 팔지 않았을까? 왜 굳이 따라 내려서 티켓을 팔았을까? 정말 제대로 된 티켓을 산 것일까? 그러나 나는 이런 생각을 더 이어가지 못했다. 갑자기 운전사가 정류장에 차를 세우더니 모두 내리도록 했기 때문이다. 무슨 일이 일어났는지 궁금해하며 짐을 들고 굼뜨게 버스 밖으로 나왔다. 운전사가 어디선가 커피를 가져와 한 손에 들고 담배를 꺼내 피우기 시작했다. 나는 운전사에게 다가가서 물었다. "차가 고장 났나요?" 나보다 젊어 보이는 운전사는 나를 흘깃 쳐다보더니 "아니, 그건 아니고… 그냥 바로 뒤에 다른 차가 오니까 그것 타고 가요"라고 말하며 귀찮다는 식으로 고개를 돌려버렸다. 기가 막혔다. 여기는 유럽의 선진국인 이탈리아 아닌가!

고생은 여기서 끝이 아니었다. 매일 아침 나는 호텔에서 버스를 타고 피렌체 시내로 들어가야 했는데 문제는 한 시간에 두세 번 다니는 버스가 종종 감감무소식이라는 것이었다. 결국 마지막에 피렌체를 떠나 밀라노로 가는 날은 아예 30분 먼저 정류장에 나갔다. 혹시라도 버스가 오지 않아 기차를 놓칠까봐 걱정이 되었기 때문이다. 그런 걱정을 하는 사람은 나만이 아니었다. 내 옆방에 머물던 학생들도, 아이를 데리고 여행하던 영국인 부부도 나와 똑같이 30분 일찍 정류장에 나갔다. 그 30분이 그리 중요하지 않을 수도 있다. 우리 인생에서 30분 정도 빈둥거리는 건 충분히 허용될 수 있다. 어쩌면 그것이 오히려 생산적인 시간일지도 모른다.

그러나 사회 전체의 효율성과 생산성의 차원에서 문제를 바라본다면 이야기는 달라진다. 이렇게 계산해보자. 10명이 그렇게 30분을 일찍 나가 정류장에서 시간을 보낸다고 치면 순식간에 총 300분, 즉 5시간이 낭비된다. 이는 하루 노동시간의 절반이 넘는 시간이다. 만약 100명이 같은 행동을 한다면? 당연히 낭비된 시간도 50시간으로 늘어난다. 이를 노동시간으로 환산하면 하루 8시간 기준으로 6명이 아무 일도 하지 않은 채 시간을 허비하는 것과 같다. 더군다나 그 시간 동안 제대로 쉬지도 못한 채 길거리에서 우두커니 서 있는 셈이다.

인구가 1,000만 명이고 모두가 하루에 30분씩을 이렇게 보낸다고 가정해보자. 그러면 총 3억 분, 즉 500만 시간이 낭비된다. 만일 인구가 2,000만 명이라면 하루에 낭비되는 시간은 무려 1,000만 시간에 이른다. 이를 노동시간으로 환산하면, 하루 8시간 기준으로 125만 노동일에 해당되는 시간이 낭비되는 셈이다. 다시 말해 125만 명이 아무 일도 하지 않으면서도 제대로 쉬지도 못한 채 그냥 시간을 흘려보낸 것과 같다. 만일 이런 일이 아침저녁으로 반복된다면? 하루에 낭비되는 시간은 250만 노동일, 혹은 250만 명이 의미 없이 시간을 허비하는 것과 같다. 개인으로서도, 사회적으로도 엄청난 낭비가 아닐 수 없다.

이탈리아를 뒤흔든 '마니 풀리테 사건'

피렌체를 떠나 밀라노를 경유하여 파리로, 다시 파리에서 쾰른을 거쳐 베를린으로 돌아오면서 내가 겪은 일을 곰곰이 생각했다. 무엇이 문제일까? 답은 분명했다. 여러 가지 원인이 복합적으로 작용했겠지만 궁극적인 문제는 부패하고 무능하며 비효율적인 정부와 정치인, 관료집단, 이를 묵인하고 조장하는 사법과 언론이었다. 여기 이탈리아의 부패상을 보여주는 사건이 하나 있다.

1992년 2월 17일 월요일, 청소용역회사 사장 루카 마니는 밀라노에 위치한 한 요양원의 책임자 마리오 키에자의 사무실에 들어간다. 그는 키에자에게 700만 리라(당시 기준 약 400만 원 상당)의 돈을 건넨다. 그의 재킷에는 펜으로 위장한 마이크가 있었고, 손에 든 가방에는 카메라가 숨겨져 있었다. 이 돈은 키에자의 도움으로 수주한 공사에 대한 사례금 중 절반에 해당되는 첫 번째 지급분이었다.

마니가 떠나고 수사관들이 들이닥쳤다. 그들은 키에자에게 이 돈이 누구 것인지를 물었다. 키에자는 함정에 빠진 것을 알았지만 최후의 발악처럼 자기 돈이라고 대답했다. 수사관들은 대답한다. "아뇨, 그 돈은 우리 돈입니다."

체포된 키에자는 완강히 버텼다. 그에게는 든든한 뒷줄이 있었기 때문이다. 그는 이탈리아 사회당 밀라노 시당의 유력한 인물이었으며, 두 차례 총리를 역임한 당수 베티노 크락시의 측근이었다. 이러한 정치적 기반을 바탕으로 그는 차기 선거에서 밀라노 시장직을 노리고 있었다.

그러나 상황이 심각해지자 그가 믿었던 크락시는 오히려 키에자를 당에 해를 끼친 인물이라고 비난하며 발을 뺐다. 키에자는 자신이 버려졌음을 알았다. 굳게 닫혀 있던 키에자의 입에서 그동안 증거를 찾지 못했던 놀라운 사실들이 유명 기업과 유력 정치인들의 명단과 함께 줄줄 흘러나오기 시작했다.

이탈리아 정치를 근본부터 뒤흔들어 놓은 '마니 풀리테(mani pulite)' 수사 사건의 시작이다. 마니 풀리테는 '깨끗한 손'이라는 뜻을 가진 작전명으로, 부패 수사를 진행하는 수사팀에 붙여진 이름이다. 1992년 9월 부패 혐의로 기소된 사회당의 유력 정치인 세르지오 모로니가 자살하는 사건이 발생했다. 1993년 2월 크락시는 사회당 당서기 직에서 물러났다. 기독교민주당의 유력 정치인 세베리노 치타리스티도 수사망에서 벗어나지 못했다. 이 수사는 이탈리아 전역으로 확대되었다. 1993년 3월까지 1,356명이 체포되었고 기소 건수도 1,000건이 넘었다. 너무나 많은 정치인, 현역 장관이 연루된 탓에 내각이 소멸할 지경이었고, 결국 수사팀은 대통령과 총리, 상하원 의장, 헌법재판소 소장 다섯 사람은 수사 대상에서 제외된다고 공식 발표를 해야 할 정도였다.

수사 결과는 생각보다 더 참담했다. 중앙정부와 지방정부가 발주하는 공사나 공공사업의 상당 부분이 공고조차 되지 않은 채 유력 정치인의 친척이나 주변인들의 손에 넘어갔고, 공사대금의 약 10퍼센트가 다시 이들 정치인의 손에 들어갔다. 이런 돈을 '탄젠티(tangenti)'라고 불렀고 이렇게 탄젠티를 통해 형성된 정치인과 기업을 비롯한 이익집단의 카르텔을 '탄젠토폴리(Tangentopoli)'라고 불렀다. 더 놀라운 것은 탄젠토폴리에 참여하지 않은 정치집단이 거의 없었다는 것이다. 뇌물로 받은 10퍼센트가 특정 정당이나 정치인의 주머니로만 들어간 것은 아니다. 검은 돈은 정치적 영향력에 따라 여당부터 야당, 군소정당까지 일정 비율로 골고루 뿌려졌다.

유권자들은 분노했고, 이탈리아의 정치 지형은 통째로 변했다. 1992년 12월 지방선거에서 40년 동안 이탈리아를 집권해 온 최대 정당 기독교민주당은 과반수 확보에 실패했다. 1993년 내각이 붕괴되었고, 그해 6월 지자체 선거에서 기독교민주당은 다시 한 번 과반수를 확보하는 데 실패했다. 이후 기독교민주당은 사회당과 함께 존재 자체가 사라졌다. 이 혼란 속에서 로마 중앙정부를 부패한 집단으로 몰아세우며 세몰이에 나선 분리주의 정당인 북부동맹과 군소 좌파당들이 득세했다. 그러나 진정한 승자는 따로 있었다.

패거리 정치, 이탈리아를 뒤덮다

이탈리아의 정치가 이렇게 해서 바른 길로 갔더라면 이야기는 해피엔딩 이겠지만 실제로는 새드엔딩에 더 가깝다. 이탈리아는 정치적 양극화가 심한 나라이다. 진영논리가 판을 친다. 이탈리아는 파시즘의 원죄를 갖고 있는 나라다. 전쟁이 끝나고 정치경제적으로 과거와 결별해야 한다는 여론이 들끓었다. 그러나 냉전의 초입에서 이탈리아의 미래에 결정적 영향력을 지니고 있던 미국은 반파시즘 투쟁의 주역이었던 좌파들을 달가워하지 않았다. 파시즘에 부역한 정치인, 관료, 경제인 중 상당수가 별다른 책임을 지지 않고 권력을 유지했다. 토지개혁이라는 과제 역시 마찬가지였다.

그 핵심에는 사법부와 검찰이 있었다. 당장 사법부와 검찰의 고위층에는 파시즘과 협력한 사람들이 적지 않았다. 이탈리아 사회는 사법부를 개혁하는데 실패했다. 심지어 당시 이탈리아 공산당을 이끌면서 법무부 장관을 맡은 톨리아티조차 사법부의 구성부터 충원방식까지 모든 것이 이전처럼 돌아가도록 내버려두었다. 그 결과는 이탈리아의 미래에 파멸적이었다. 저명한 이탈리아사 연구가 폴 긴스버그는 이렇게 적었다.

실패로 귀결된 숙정은 파국을 낳았다. 숙정을 면한 사법부는 되도

록 많은 소송을 제대로 된 행정절차에 따라 기각시켰다. (……) 주
도적인 파시스트들이 터무니없는 근거로 무죄 선고를 받았다. 무
솔리니가 로마로 진군할 때 수석참모였고 파시스트 대평의회 구성
원이었고 내무차관을 역임한 파올로 오라노가 석방된 것은, 법정
이 그가 자행한 행위와 민주주의 파괴의 인과적 연관성을 확인할
수 없다고 보았기 때문이다. 레나토 리치가 무죄 판결을 받은 것은,
그가 사령관으로 있던 살로 국가경비대가 경찰병력과 다름없다고
정의되었기 때문이다.

　1946년 6월 톨리아티는 숙정이 끝났음을 공표하고 대대적인 사면 작
업을 시작했다. 이 과정에서 심지어 고문을 자행한 파시스트들도 재판을
면제받았다. 또한 사법부는 '보통 고문'과 '특별히 잔학한 고문'을 구분함
으로써 파시즘에 저항했던 좌파운동가들에게 가해진 범죄, 예를 들어 윤
간, 집단구타와 같은 극악한 폭력 행위를 묵인했다. 상식을 벗어나는 판
결들이 잇따랐다. 그 중 백미는, 당시 이탈리아 최상급 법원이 야전 전화
기를 이용한 생식기 고문을 가한 인물들에 대해 '잔인함이 아닌, 단순히
겁을 주려는 목적'이었다는 황당한 이유로 사면을 결정한 것이었다.
　이렇게 사면된 사람들은 극단적인 반공주의에서 살 길을 찾았다. 냉
전 마인드가 판을 치는 곳에서 그만큼 편한 것이 없었다. 이탈리아 사회
에 강한 영향력을 행사하던 가톨릭 세력을 비롯해 과거 파시즘과 협력
했던 사람들은 알치데 데 가스페리가 이끄는 기독교민주당에 미래를 걸
었다. 1948년 총선에서 미국의 지원을 받은 기독교민주당은 이 선거에

　　　　　　　　　　　　── 위험한 국가의 위대한 민주주의

서 패배하게 되면 스탈린의 소비에트 공산주의가 이탈리아를 지배하게 될 것이라고 주장하며 강력한 반공 캠페인을 펼쳤다.

결국 기독교민주당 정부는 선거에서 승리했고, 그들은 행정부와 사법부에서 과거 파르티잔 활동을 벌였던 사람들을 포함하여 좌파들을 하나씩 제거하기 시작했다. 책임을 져야 할 사람들이 오히려 활개를 치는 상황이었다. 어두운 과거에 투쟁을 이끌었던 사람들은 이 어이없는 상황에 분노했다.

이것 말고도 이탈리아 정치판을 갈라놓을 요인들은 도처에 널려 있었다. 공업이 발달하고 생활 수준이 상대적으로 높은 데다 행정체계가 비교적 원활하게 운영되는 북부와, 농업이 주를 이루고 도시 문화가 덜 발달한 남부 사이의 반목과 불신도 그중 하나였다. 또한 빈부 격차는 줄어들 기미조차 보이지 않았다. 온 천지가 갈등과 분쟁의 뇌관이었다.

물론 일치하는 지점도 있었다. 모든 우파와 좌파에게까지 일반화시키기는 어렵지만, 앞서 본 대로 패거리 정치와 부패만큼은 이탈리아 정치판을 하나로 단결시키는 문화적 코드였다. 그러나 이를 제외한다면 이탈리아 정치는 처음부터 쉼없는 분열과 분화를 특징으로 하고 있었다.

유럽의 조롱거리가 된 총리

마니 풀리테 사건으로 기독교민주당부터 사회당, 공산당에 이르는 모든 기성 정치세력이 몰락해버린 상황에서 선거는 합리적 토론의 장이 되기보다는 다시 한번 진영논리가 판을 치는 대결의 장으로 변해버렸다. 혼란 속에서 정권을 잡은 것은 각종 부패와 스캔들 논란에 휘말렸던 실비오 베를루스코니와 그가 이끈 전진 이탈리아당이었다. 그는 북부동맹, 극우정당인 국민연맹 등을 아우르는 연정을 구성하여 1994년 5월 총리직에 올랐다. 베를루스코니는 다양한 경력을 지닌 인물이다. 젊은 시절 유람선에서 노래를 하기도 했고, 이후 부동산 사업으로 큰 부를 쌓았다. 1974년 케이블 방송 사업에 진출하고, 1980년 이탈리아 최초의 민영방송 네트워크 '카날레 5'를 설립했다. 그가 세운 메디아셋 언론그룹은 공영방송 RAI와 함께 이탈리아 방송 시장을 양분하며 강력한 영향력을 행사했다. 또 그는 AC 밀란의 구단주이기도 했다. 더불어 핀인베스트 홀딩을 통해 출판업에서 백화점 등 150개가 넘는 사업 분야에 진출하며 세계적인 부호들의 명단에 이름을 올렸다.

베를루스코니를 비판하는 사람들은 그가 최초에 자금을 조성할 때부터 마피아와 관련이 있었다고 말한다. 실제로 그가 사망할 때까지도 부동산 사업에 필요한 자금을 어떻게 조달했는지 명확히 해명되지 않은 곳이 많았다. 그가 뇌물을 통해 각종 이권을 손에 쥐었으리라는 의심은 오래 전부터 퍼져 있었다. 1994년 총리직에 오른 지 얼마 되지 않아 물러난 것도 그의 사업방식에 대한 조사가 시작된 것과 밀접한 관련이 있다. 결국 그는 1995년 1월 총리직에서 물러난다. 함께 정권을 장악했던 북부동맹이 그와 그의 당 전진 이탈리아에 등을 돌리면서 불신임의 위기에 처하게 되자 스스로 사임한 것이었다.

베를루스코니는 방송을 장악하여 자기 입맛에 맞게 여론을 주물렀다. 베를루스코니가 총리로 재직하던 시절 그가 장악한 방송들은 그의 정적을 깎아내리고 베를루스코니를 치켜세우기 위해 천재적 수단을 동원했다. 탈법을 자행하고도 이를 덮으려다 곤욕을 치른 일도 여러 번이다. 2009년 십대 모델이 연루된 섹스 스캔들에 이름이 등장했고, 2011년 2월에는 열일곱 살짜리 매춘부와 섹스 흥정을 벌인 것이 드러났으며 이것을 권력으로 덮으려 했던 것이 밝혀져 곤욕을 치렀다.

깨끗한 정치를 원했던 많은 이탈리아인들은 베를루스코니의 이런 행각에 기함을 했다. 베를루스코니가 부패에 연루되어 2011년 총리 자리를 내려놓고 관저를 떠날 때, 이를 환영하는 시민들이 줄을 지어 서서 파티를 벌였다. 제네바에 사는 예술가 지아니 모티는 2010년 베를루스코니가 지방흡입술을 받은 병원으로부터 그의 몸에서 빼낸 지방을 입수해 비누를 만들어 스위스 취리히의 박물관에 전시하기도 했다. 이는 평생을 부패 속에서 더럽게 살았으니 이렇게라도 세상을 깨끗이 하는 데 기여해보라는 조롱의 의미였다. 비누에 붙여진 이름은 앞서 본 과거 부패사건 수사에 붙여졌던 '마니 풀리테'였다.

베를루스코니가 1994년 이탈리아 유권자들에게 어필할 수 있었던 것은 기존 정치에 대한 실망이 컸기 때문에 그의 유능한 사업가 이미지가 잘 부각되었던 탓도 있다. 그러나 그가 자신의 치부를 감추기 위해 다시 한번 진영논리에 기대었다는 것도 잊어서는 안 된다. 베를루스코니와 그의 당은 자신의 부패 혐의를 수사하는 마니 풀리테 팀을 포함하여 모든 정적을 공산주의자로 몰았다. 또한 그는 세금 감면과 더 많은 일자리 창출이라는 보수우파의 단골 어젠다를 들고 나와서 삐걱거리는 이탈리아 사회를 개조할 확실한 방안이 있다고 주장했다. 그러나 그의 주장과는 달리 2011년 유로존에 부채 위기가 터졌을 때 신용평가회사 스탠다드 앤 푸어스(Standard & Poor's)는 이탈리아의 신용등급을 A+에서 A로 강등하며 추가적인 강등도 배제할 수 없다고 경고했다. 그 이유는 당시의 경제적 위기상황에 효과적으로 대응할 정치적 역량이 베를루스코니 정부에 있는지 의심스럽다는 것이었다.

이탈리아 정치를 들여다보는 사람들이 놀라는 것은 이런 정치인이 거듭하여 총리 자리에 올랐다는 것이다. 2001년 6월부터 2006년 5월, 그리고 다시 2008년 5월부터 2011년 11월까지 베를루스코니는 이탈리아의 총리로 재직했으며, 총리직에서 물러나 2023년 6월 12일 죽기 전까지 상원의원 자리를 지켰다. 국제적으로도 웃음거리인 이런 인물이 거듭하여 권좌를 차지한 것은 우파 내부에 진영논리가 작용한 덕택이 크다.

무려 54년 만에 완공된 A3 고속도로

이런 정치가가 득세하는 정치문화에서 부패 청산과 제도 혁신이라는 과제를 제대로 이행되기는 어렵다. 정치가가 부패와 비효율의 일부이기 때문이다. 2022년 국제투명성 기구가 발표한 세계 국가별 부패지수에 따르면 이탈리아는 전체 180개 국가 중 41위로, 일본(18위), 한국(31위) 등 비유럽지역 OECD 국가들보다도 한참 뒤쳐져 있다.

이탈리아의 부패에서 눈에 띄는 것은 소위 마피아라고 불리는 범죄집단과 정치인 및 관료, 경제계가 부패의 카르텔을 이루고 있다는 것이다. 독일의 경제지 〈한델스블랏(Handelsblatt)〉은 2016년 12월 12

일 발간편에 다음과 같은 제목의 기사를 실었다. "이탈리아는 준공 이래 54년 만에 마침내 고속도로를 완공했다(A3 von Salerno nach Reggio Calabria, Italien weiht Autobahn 54 Jahre nach Baubeginn ein)." 이탈리아 인뿐만 아니라 이탈리아를 방문하는 유럽인들이나 다른 외국인들에게도 악명 높았던 살레르노와 레지오 칼라브리아 사이 총 연장 443킬로미터의 A3 고속도로 이야기이다. 반세기가 넘어도 끝나지 않는 공사를 두고 이탈리아 사람들은 '끝나지 않는 도로(L'autostrada infinita)'라는 이름을 붙이며 자조 섞인 조롱을 하기도 했다. 나폴리의 한 정치가는 조롱삼아 "그래도 피라미드를 짓거나 달에 가는 시간보다는 적게 걸렸네"라고 말하기도 했다. 원래 계획으로는 1973년에 완공될 예정이었으므로, 실제로는 44년이 늦어진 셈이다. 아무리 난공사 구간이 많다고 해도 54년 만에 고속도로를 완공한다는 것은 상식적이지 않은 일이다. 기술 부족이나 재원 부족 때문이 아니다. 이유는 단 두 가지였다. 부패와 마피아.

A3 고속도로 건설에 마피아, 특히 은드랑게타(N'drangheta)라는 조직이 개입했다. 동네마다 행세깨나 한다는 세력가들이 마피아들과 결탁하여 사업 선정부터 시공까지 손 대지 않는 곳 없이 주물렀다. 사업비의 3~5퍼센트는 이들의 손으로 흘러들어갔다. 도로가 원래 계획에서 벗어나 마피아와 결탁한 유력 가문의 토지로 지나가는 일도 흔했다. 부실시공이 일상이다 보니 방금 간 도로를 다시 뜯어내고 보수해야 하는 일이 비일비재했고, 오늘은 가로등이 내일은 표지판이 망가질 정도였다. 여기에 뇌물이 왔다 갔다 했다는 것은 말할 필요도 없다. 수사가 거듭되고

도로도 깔리기 전에 수십 명이 교도소 신세를 졌다. 마피아들이 영화 〈대부〉에 나오듯 총 들고 난동을 부린 것은 아니다. (물론 수사검사들을 살해하는 것은 이탈리아 마피아에게 오늘 내일 일이 아니었고, A3 도로 건설과 관련해서도 똑같은 일이 벌어져, 수사검사들은 중무장한 보디가드들의 호위를 받아야 했다.) 마피아들은 지역 주민들에게는 해결사였다. 국가의 행정조직이 워낙 비효율적이고 편파적이다 보니 사람들의 불만이 커질 수밖에 없었다. 그럴 때 마피아에게 뭔가 찔러 넣어주면 행정관서와 관련된 일이건, 소송이건 순식간에 해결되었다. 마피아가 주민들의 호의를 얻을 수 있었던 이유이다. 물론 그 비용은 고스란히 국민에게 돌아간다. A3 도로를 완성하는데 대략 100억 유로, 2023년 10월 기준 우리 돈으로 14조 원이 들었다. 1킬로미터 당 5,600만 유로, 대략 800억 원이 넘는 돈을 퍼부은 셈이다. 일반적으로 유럽 기준 고속도로 1킬로미터 건설에 드는 비용을 정확히 계산하기는 어렵지만, 대략 6배 정도의 비용이 더 든 것으로 추산된다. 말하자면 12조 원이 훌쩍 넘는 돈이 낭비된 셈이고, 그 상당 액수는 범죄집단과 부패한 관료의 주머니로 들어갔다는 이야기이다. A3는 부패의 사슬이 이탈리아를 어떻게 좀먹고 납세자들을 등치고 있는가를 보여주는 전형적인 예일 뿐이다. 곳곳에 퍼진 부패의 사슬은 국가 전체를 망가뜨린다.

다시 2012년 여름의 로마로 돌아가 보면 거기서 내가 경험한 것은 바로 이 부패의 사슬의 한 가닥이다. 독일 제1방송에서 2018년 3월 5일에 방송한 "이탈리아: 로마의 교통행정-행정파탄의 모범?(Italien: Roms Verkehrsbetriebe-Musterfall für Misswirtschaft?)"이라는 영상은 로마의 도시교통을 담당하는 기관인 아탁(Atac: Azienda Tranvie ed Autobus del Comune di Roma)의 부패와 비효율성을 생생하게 보여준다. 영상에서는 한 버스 운전사가 등장해 대다수의 버스가 운행 연한을 초과했다고 언급하며, 이로 인해 자주 고장이 발생해 운행이 중단되는 문제를 지적한다. 2016년 한 해 동안 무려 100만 회의 버스운행이 취소되었고, 이로 인해 승객들이 운전사에게 분풀이를 하여 폭행 사건이 종종 발생하기도 했다. 통계에 따르면 승객들은 매번 버스를 탈 때마다 평균 5분씩 낭비하고 있으며, 이를 경제적 관점에서 보면 연간 약 1억 7천만 유로, 즉 2,300억 원 이상의 손실이 발생하는 셈이다.

감사 결과는 더 놀랍다. 밝혀진 것만으로도 약 2,000대에 달하는 버스가 장부상에만 존재한다. 대략 로마 시내버스의 4분의 1이 아예 실재하지 않는다는 의미다. 그 많은 버스가 어디로 사라졌는지는 아무도 알지 못한다. 아탁의 좋은 일자리는 특정 정당의 유력자와 친분관계가 있는 사람에게 돌아가는 경우가 많다. 사회민주당의 한 상원위원은 인터뷰에서 "아탁의 존재 목적은 교통행정이 아니라 정치세력 사이에 케이크를 나눠주는 일이다"라고 비꼬며 비판했다.

2017년 조사에 따르면 아탁 직원 열 명 중 한 명 이상이 일을 하지 않았다. 이런 몰상식에는 열한 개나 되는 노조들이 한몫을 한다. 특히 과도한 휴식시간이나 휴가를 줄이려는 모든 시도는 강력한 저항에 번번이 부딪힌다. 축구시합이라도 있으면 파업하기 딱 좋은 날이다. 물론 여기에는 정치권의 방조도 한몫을 한다. 마피아도 개입되어 있다는 것은 정설이다. 아예 열어보기조차 두려울 만큼 아탁에는 부패가 만연해 있다.

미래가 없는 청년들, 엑소더스를 감행하다

이렇게 비효율과 부패가 판을 치는 정치와 사회구조의 가장 큰 피해자 중 하나는 청년들이다. 2007년 훔볼트 대학교에서 강사생활을 할 때이다. 그 학기 마키아벨리 정치사상을 가르치는 수업에 몇 명의 이탈리아 학생이 있었다. 나는 물었다.

"어디에서 왔어요?"

"로마에서 왔어요."

"그런데 왜 이 날씨도 안 좋은 베를린까지 왔어요?"

"공부하려고요."

"로마에도 대학이 있잖아요? 여기 살면 그래도 생활비가 더 들 텐데."

"가보시면 알아요. 로마대학에서는 공부를 제대로 하기가 어려워요. 학생들은 차고 넘치는데 아무도 신경을 안 써주니까요."

돌이켜 생각하면 이 학생 역시도 구조화된 비효율, 그를 조장하는 부패의 피해자였다. 2021년 이탈리아의 싱크탱크인 FBK 재단이 매거진에 게재한 기사에 따르면, 이탈리아의 교육투자는 GDP 대비 3.9퍼센트 수준으로 유럽연합 평균인 4.6퍼센트에 비해 현저히 낮다. 또한 2018년 기준으로 30~34세 연령대에서 대학학위 취득자 비율은 26.9퍼센트밖에 안 되며, 이 역시 유럽연합 평균인 39.6퍼센트에 비해 크게 뒤처진 수치다. 이뿐이 아니다. 낮은 교육투자는 결국 학생들의 학비와 생활비 부담 증가로 이어진다. 이에 따라 학생들은 일을 하거나 부모의 지원에 의존하거나 그것도 아니면 빚을 져야 한다. 이는 학업에 지장을 주거나 부모의 노후생활을 어렵게 만든다.

　이탈리아는 뛰어난 학자들을 많이 배출해낸 나라이다. 나에게도 이탈리아 출신 동료들이 여럿 있다. 문제는 이들이 이탈리아에서 자리를 잡기가 너무 힘들다는 것이다. 전 세계 어디나 대학에서 자리 잡는 것이 힘들지만, 이탈리아의 경우에는 친구들이 아예 "불가능해!"라고 말할 정도다. 그러다 보니 집에서 지원받을 수 있는 형편이 아니라면 학자들은 단기 프로젝트나 펠로우십에 의존해야 한다. 내가 아는 이탈리아 동료들도 그런 이유로 유럽 이곳저곳을 떠돌던 학자들이었다. 베니스에서 지중해 역사로 박사학위를 받은 한 친구는 아예 공부를 그만두고 베를린에서 이탈리아 식당을 열었다(최근 소식에 따르면 지금은 돌아가서 다시 교수 생활을 하고 있다). 인문사회과학, 특히 인문학이 겪는 어려움은 오늘 내일의 일도 아니고 한 나라만의 일도 아니다. 그러나 이탈리아 학자들이 겪는 문제는 교육에 대한 투자 부족, 국가의 무관심과 분명히 관계가 있다. 교육으로 흘러가야 할 돈이 엉뚱한 곳으로 빠져나가지 않았더라면, 이탈리아 대학들이 지금처럼 낙후되지는 않았을 것이다.

　게다가 이탈리아는 상상하기 힘들 정도로 청년 실업률이 높다. 이탈리아의 청년 실업률은 2017년 6월 34.7퍼센트라는 놀라운 수치를 보였다. 그 이후 상황이 개선된 것이 2023년 9월 기준 청년 실업률 24.9퍼센트다. 남부 지역의 실업률은 여전히 심각해서 이탈리아 국가통계청에 따르면 나폴리의 생산가능 인구인 15~64세 실업률은 2021년 기준 37.4퍼센트이며, 이중 25~34세 청년 실업률은 38.4퍼센트에 달한다. 공식통계가 이 정도라면 실제 상황은 더 심각할 것이다.

결국 청년들은 살기 위해서라도 기회를 잡아 엑소더스를 감행할 수밖에 없다. 앞서 내가 이야기를 나눈 이탈리아 학생은 독일인 어머니를 둔 덕에 독일어가 능숙하고 독일 국적까지 가지고 있어서 베를린에서 공부할 수 있었다는 점에서 행운아인 셈이다. 이런 엑소더스는 고급인력으로 분류되는 직업군에서 특히 눈에 띤다. 앞에서도 이야기했지만 이탈리아의 고질적인 부패는 패거리 문화와 뗄래야 뗄 수 없는 관계다. 이해관계로 얽힌 사람들끼리 서로 끌어주고 밀어주다 보면 정작 실력 있는 사람은 설 자리를 잃고 좌절하게 된다. 결국 그들은 더 나은 기회를 찾아 이탈리아를 떠나는 것을 고민하게 된다.

이런 악조건에서 출산율이 감소하는 것은 당연하다. 가정을 꾸릴 만한 여유가 없어 부모와 지내야 하는 청년들이 늘어나다 보니(심지어 이탈리아 남부에서는 청년층 71.5퍼센트가 부모와 산다고 한다) 출산율이 줄고, 취직이 어렵다 보니 결혼이 늦어져 출산율이 줄기도 한다. 여기에 국가 차원에서 가족정책에 대한 투자가 부족한 것도 중요한 요인이다. 아이를 낳으면 여성은 경력에 큰 불이익을 받게 되고, 수입도 감소한다. 그런 손해를 피하려면 결국 부모의 도움에 의존할 수밖에 없다. 이탈리아의 출산율 저하는 국가 경제의 미래를 보더라도 매우 심각한 문제이지만, 해결의 기미는 보이지 않는다. 저출산이 점차 하나의 문화로 자리 잡아가고 있는 것이다.

출산율 저하는 이탈리아의 청년인구 감소로 이어진다. 이탈리아의 청년인구는 지난 20년간 23퍼센트나 감소했다. 전체인구의 약 17.5퍼센트가 청년으로 분류되는데 이는 유럽 평균 19.6퍼센트에 비해 상당히 낮은 수치다. 당연히 이는 경제적으로 상당한 악영향을 가져온다. 기대 수명은 늘어나는데 은퇴 이후 세대자를 부양할 세금은 아주 느리게 증가하거나 제자리걸음을 하고, 심지어 줄어들고 있다. 이러한 상황은 국가 재정에 큰 문제를 불러올 수밖에 없다. 출산율 저하와 청년세대 감소가 국가 재정에 더욱 큰 부담을 가중시키고 있다. 결국 이탈리아의 청년 문제는 국가 재정이 교육, 일자리 창출, 여성의 경제활동 참여 등 필요한 분야에 효과적으로 사용되지 않고 다른 곳으로 줄줄 새거나 비효율적으로 투자된다는 것과 깊은 관련이 있다. 두말 할 나위 없이 그 근원에는 고질적인 부패구조가 자리 잡고 있다. 이탈리아의 청년 문제와 저출산은 결국 이탈리아 사회의 현실을 집약적으로 보여주는 사례들이다.

이렇게 패거리 정치와 부패가 앙상블을 이루어 국가를 갉아먹는 현실에 대해서 국민들은 비판할 수밖에 없다. 2010년대 이후 이탈리아 정치는 포퓰리즘의 영향 속에서 표류중이다. 특히 우파 포퓰리즘이 큰 문제로 대두되고 있다.

한국의 미래, 이탈리아의 길은 아니다

이탈리아의 정치를 볼 때마다 나는 코미디를 보는 것 같은 느낌을 받는다. 연기자들은 굉장히 심각한 표정을 짓고 진지하게 싸우는데 전체 판은 허탈한 웃음을 짓게 만드는 그런 코미디 말이다. 이것은 나의 주관적인 느낌만은 아니다.

2018년 제18대 총선에서 창당한 지 불과 10년도 되지 않은 오성운동당(M5S)이 32.7퍼센트 득표율을 기록하며 제1당으로 떠올랐다. 오성운동당을 이끈 인물은 1980년대에 정치풍자쇼를 진행한 코미디언 베페 그릴로였다. 그는 마니 풀리테 수사 당시 부패 혐의에 걸려든 정치인들을 조롱했다는 이유로 공영방송 출연을 금지당하기도 했다. 이탈리아 정치판의 끊이지 않는 스캔들과 부정부패, 정치 지도자들의 부적절한 언사에 염증을 느낀 사람들은 이 코미디언의 풍자에 열광했다.

2005년 그릴로는 정치·사회 문제를 다루는 블로그를 열고 '그릴로의 친구들'이라는 온라인 네트워크를 통해 정치활동을 시작했다. 그는 마침내 2009년 컴퓨터 공학자 잔로베르토 카살레조와 함께 오성운동당을 창당했다. 오성운동당은 조직, 이데올로기, 구조에 이르기까지 좌우를 막론하고 기존 정당들과 선을 긋겠다고 공언했다. 이는 코미디 같은 정치 현실에 등을 돌린 유권자들의 주목과 지지를 끌어내었다.

그러나 오성운동당은 정치 혐오를 등에 업고 갑자기 떠오르는 정치 지도자와 정치세력이 일반적으로 겪는, 성공만큼이나 빠른 쇠퇴의 길로 접어든 것으로 보인다. 2018년 총선에서 32.7퍼센트의 득표율로 제1당이 되었던 오성운동당은 2022년 총선에서 지지율이 15.4퍼센트로 절반 이상 감소했다. 2024년 유럽의회에서는 심각할 정도의 지지율 하락을 경험했다. 오성운동당은 정치 혐오를 불식시키고 새로운 정치문화를 정착시키는 데 한계를 보였다. 1980년대 이후 지속적으로 하락추세에 있던 투표참여율은 오성운동당이 제1당으로 떠오른 2018년 73.1퍼센트에서 2022년 63.9퍼센트까지 떨어졌다.

2022년 총선에서 전체 판세는 극우로 분류되는 이탈리아 형제당에게

── 위험한 국가의 위대한 민주주의

기울었다. 특히 노동자 계층에서 지지가 높아, 노동자들의 약 3분의 1이 이 당을 지지했다. 이름에서부터 드러나듯 이 정당의 기본적인 방향은 배외주의이다. 형제당 출신으로서 이탈리아의 총리 자리에 오른 조르자 멜로니(재임 2022~)는 반이민자, 반이주자 정책을 주요 이념으로 삼고 있다.

지금 당장은 멜로니 정부에 대한 지지가 꽤 높다. 그러나 멜로니 정부는 이탈리아의 침체를 반전시키지 못할 것이다. 멜로니 정부 정책 어디에도 패거리 정치와 부패, 정치 양극화를 치유하기 위한 적극적인 정책은 없기 때문이다.

겉으로 보면 멀쩡해 보이는 민주주의 체제라 할지라도 그 안에 패거리 정치와 부패, 진영논리가 자리를 잡으면 어떤 일이 벌어지는가를 이탈리아 정치가 잘 보여준다. 나중에 우리는 이탈리아로부터 어떤 교훈을 이끌어낼지 보게 될 것이다. (이 글을 읽는 독자들은 이탈리아의 경험이 우리의 경험과 깜짝 놀랄 정도로 닮은 곳이 많다고 느낄 것이다) 그러나 한 가지는 분명하다. 이탈리아의 길을 따르면 우리에게는 미래가 없다. 1995년 독일의 역사가 옌스 페터슨은 마니 풀리테 이후 베를루스코니의 집권에 이르는 시기에 일어난 사건들을 개괄한 자신의 책에 '쿠오 바디스, 이탈리아(Quo vadis, Italia 이탈리아여, 어디로 가나이까)'라는 이름을 붙였다. 그로부터 20년이 흐른 지금 우리는 이탈리아가 어떤 길을 걸어왔는지를 확실히 말할 수 있다. 그것은 분열과 쇠퇴와 실망의 길이었다. 그리고 어떤 길을 걸어갈지를 대략적으로 그릴 수 있다. 이탈리아를 보면서 우리도 '쿠오 바디스, 코리아'라고 물어야 하지 않을까? 우리는 이탈리아로 가는 길 위에 서 있는 건 아닐까?

10

쿠데타가 민주주의를
몰락시키는 방식

칠레와 프랑스의 사례

2021년 1월 6일은 제46대 미국대통령 조 바이든(재임 2021~2025)의 당선을 의회가 공식 인준하는 날이었다. 그러나 그날 미국 민주주의 역사에 영원히 남을 비극적인 사건이 벌어졌다. 당시 대통령이었던 도널드 트럼프의 지지자들이 선거 결과에 반발하며 미국 의사당을 폭력적으로 점거한 것이다. 시위대는 경찰의 저지선을 뚫고 문과 유리창을 깨뜨리며 의사당 내부로 난입해 하원 의장실을 포함한 여러 장소를 점거했다.

이 폭동을 부추긴 것은 다름 아닌 트럼프 자신이었다. 그는 2020년 대선 패배 이후 끊임없이 자신이 부정선거의 희생자이며 선거 결과를 받아들일 수 없다고 선동했다. 폭동 당일에도 트럼프는 시위대 앞에서 부정선거론을 주장하며 분위기를 돋웠고 폭동이 진행 중일 때도 이들을 애국자라고 변호했다. 헌법기관에 대한 이와 같은 야만적인 공격이 다른 곳도 아닌 미국 한가운데서 일어나는 것을 보며 전 세계는 충격에 빠졌다. 민주주의와 법치는 국가가 괴물이 되지 않고 시민들의 삶에 봉사하도록 잡아두는 고삐와 같다. 이 두 원칙이 무너지면 국가는 그 위험한 발톱을 드러내어 시민들을 집어삼킬 수 있다. 트럼프 지지자들에 의한 미 의회 공격은 이런 악몽 같은 시나리오가 오늘날의 민주주의에서도 현실이 될 수 있음을 보여준다.

괴물 국가의 만행, 트라우마에 빠진 국민

사실 현대사에서 민주주의와 법치를 무너뜨려 국가를 괴물로 만든 사례는 수없이 많다. 불과 지난 50년의 역사만 돌아보더라도 그런 일은 여러 차례 발생했다. 그중 하나가 악명 높은 우간다의 대통령 이디 아민이 저지른 범죄이다. 아민은 1971년 쿠데타를 통해 정권을 잡았다. 그는 집권 후 자신의 반대 세력을 제거하기 시작하여 1979년 반대파와 탄자니아 군대에 쫓겨 사우디아라비아로 망명할 때까지 약 8년간 우간다를 지배하면서 지식인부터 종교 지도자들까지 약 30~50만 명에 이르는 사람들을 살해했다. 증언에 따르면 그는 반대자들의 사체를 나일강의 악어들에 먹이로 던져주었다고 한다.

대량학살 하면 캄푸치아의 독재자 폴 포트도 빠지지 않는다. 그는 내전을 통해 1975년 집권한 후 모든 과거 사회의 유산과 단절하고 새로운 사회주의를 건설한다는 구호를 내걸었다. 그는 화폐를 없애고 은행을 닫았으며 상업과 무역활동을 금지시켰다. 도시민들을 집단 농장으로 이주시키고 학교를 폐쇄하고 책을 불사르기도 했다. 불과 4년 만에 130만 명 이상의 사람들이 살해당했다. '킬링필드'라고 불리는 대량학살이었다.

국가가 독재자에 의해 얼마나 끔찍한 괴물이 될 수 있는가를 가장 잘 보여주는 예가 나치 독일이다. 히틀러와 그의 추종자들은 유대인뿐만 아니라 사회주의자, 정치적 반대파, 심지어 일반 시민에게까지 극심한 폭력을 자행했다. 이러한 폭력은 사람들의 판단을 마비시킬 정도였다. 나치가 지배한 12년 동안 600만 명의 유대인이 학살당했으며, 이들이 일으킨 범죄로 유럽 전역은 초토화되었다.

자유와 이성의 보루로서 자부해온 서구의 지식인들이 받은 충격은 이루 말할 수 없이 컸다. 단언컨대 히틀러와 그 일당이 저지른 홀로코스트가 없었다면 지금 우리가 알고 있는 20세기 후반 정치철학도 절반은 존재하지 않았을 것이다. 한나 아렌트의《예루살렘의 아이히만(Eichmann in Jerusalem)》이나 조르지오 아감벤의《호모 사케르(Homo Sacer)》같은 작품들은 홀로코스트의 악몽을 반추하는 가운데 탄생했다. 그 이외에도 수많은 정치사회 이론가들이 홀로코스트의 그림자 아래에서 어떻게 국가가 이런 괴물로 변해 엄청난 폭력을 휘두르게 되었는가를 물었다.

괴물이 되어버린 국가의 예를 하나하나 드는 것은 불가능할 것이다. 스탈린 치하의 러시아나 김일성부터 김정은까지 이어지는 북한의 지배체제는 정치학자들이 가장 많이 떠올리는 국가 폭력의 사례들이다.

대한민국은 가장 가깝게는 이승만 독재, 박정희의 유신체제, 그리고 전두환을 위시한 신군부의 독재체제에서 살벌한 국가 폭력을 경험했다. 박정희가 죽기 전에 열린 궁정동 연회에서 당시 유신정권에 반대해 일어난 부산과 마산 시위를 두고 차지철이 "백 만이나 이백만 명 정도 없애면 조용해질 것"이라고 한 이야기나 1980년 5월 18일부터 28일까지 광주에서 일어난 항쟁 기간 동안 시민에게 실제로 가해진 잔학행위, 그리고 그 뒤로 이어진 고문과 탄압의 사례들은 '괴물로 변해버린 국가'라는 것이 결코 남의 이야기가 아니라는 사실을 보여준다. 최정운은《오월의 사회과학》에서 5월 18일 공수부대의 잔혹함에 내던져진 광주 시민들이 겪은 당혹감을 다음과 같이 그렸다.

> 광주 시민들은 공수부대의 그런 행위를 도저히 이해할 수 없었다. 대한민국 국군 병사들이 대도시 중심가에서 남녀노소를 가리지 않고 그 끔찍한 진압봉으로 패고, 대검으로 찌르고, 발가벗긴 채 비인간적인 기합을 주고, 트럭에 짐짝처럼 실어가는 것은 도저히 이해할 수 없는 일이었다. 당시에 사건이 비화되는데 큰 요소로 작용했다고 하는 '경상도 군인들이 전라도 사람들 씨를 말리러 왔다', '경상도 병력만 차출해서 온 경상도 부대다' 하는 이른바 '유언비어'는 이런 상황에서 설득력을 얻었을지 모른다. '말도 안 되는' 상황에서 '말도 안 되는' 말이 말처럼 들렸을 것이다.

세상이 거꾸로 서는 것과 같은 이러한 국가 폭력의 경험은 한국인들에게 트라우마를 남겼다. 2024년 12월 3일 윤석열이 느닷없이 계엄을 선포했을 때 계엄이라는 단어만으로도 사람들은 엄청난 공포와 분노에 휩싸였다. 어느 아버지가 계엄 소식을 텔레비전에서 접하자마자 군에 가 있는 아들에게 전화를 걸어, 몸을 잘 지키고 민간인을 절대 죽여서는 안 된다고 흐느끼며 당부한 이야기는 그 트라우마가 얼마나 거대한 것인지를 보여준다.

칠레의 피노체트, 전투기로 대통령궁을 폭격하다

우리는 권위주의 인물과 세력에 의해 국가가 어떻게 잠식되는지를 다양한 경로를 통해 살펴볼 필요가 있다. 한국인에게 어떤 일은 이미 과거의 역사이고, 어떤 일들은 아직 경험하지 않았거나, 영원히 겪지 않아야 할 일들일 수도 있다.

　민주주의와 법치질서가 무너지는 가장 흔한 방식은 과거에도 지금도 폭력에 의한 쿠데타이며, 특히 군부에 의한 쿠데타가 대표적이다. 앞서 국가를 독재와 탄압의 도구로 만든 인물들 중 상당수는 군의 힘을 이용해 기존 정부를 무너뜨리고 권력을 장악했다. 역사가 기록한 가장 악명 높은 쿠데타 중의 하나는 칠레에서 일어난 아우구스토 피노체트(재임 1973~1990)의 군사 쿠데타이다.

　1970년 칠레 대통령 선거에서 36.3퍼센트를 득표한 인민연합의 살바도르 아옌데가 국가수반의 자리에 올랐다. 당시 칠레는 만성적인 인플레이션, 국제수지 적자, 잇따른 경제정책의 실패로 상당히 혼란스러운 상황이었다. 정치적으로도 좌우파의 대립이 매우 심각했다. 34.9퍼센트

　　　　　　　　　　　── 위험한 국가의 위대한 민주주의

를 득표하고도 근소한 차이로 집권에 실패한 우파들은 사회주의적 성향의 아옌데 정부를 매우 못마땅하게 여겼다. 그들은 이전 1964년 아옌데가 인민행동전선의 후보로 대통령 선거에 출마했을 때 그와 그의 지지자들을 소련의 앞잡이이자 칠레를 제2의 쿠바로 만들려는 세력이라고 비난한 바 있었다.

아옌데는 집권하자 법적 테두리 내에서 사회주의 이행이라는 기조를 세웠다. 그는 인플레이션을 잡기 위해 물가를 동결하고 임금을 인상하여 소득 재분배를 시도했다. 또한 칠레의 주력 산업인 구리산업을 국유화했다. 이 조치가 매우 급진적으로 보일 수도 있지만, 당시 아옌데와 다른 당파에 속하던 정당 소속의 의원들도 이를 찬성했다는 점에서 상당한 공감대가 형성되었다고 볼 수 있다. 이후 아옌데 정부는 다른 경제 부문으로도 국유화 조치를 확대했다. 민간은행의 60퍼센트, 석탄산업과 철강산업이 국유화되었으며, 농업 분야에서는 토지를 수용했다.

물론 이 모든 정책이 문제없이 진행된 것은 아니다. 물가를 동결하자 생산자들은 물건을 잘 생산하지 않으려 했다. 토지 수용에 반대한 지주들 역시 아옌데 정부에 협력하기를 거부했다. 예산 적자는 다시 인플레이션으로 이어졌고, 구리 가격이 하락하면서 수출 소득도 감소했다. 환율이 지나치게 고평가된 탓에 수입은 늘고 있었다. 국가는 친정부파와 반정부파로 찢어졌다. 아옌데 정부는 노동자와 농업노동자로부터 지지를 얻었지만 자영업자와 중소상공인, 기타 중간층들은 아옌데 정부에 등을 돌렸다. 미국은 반 아옌데 정파들을 광범위하게 지원했다. 뿐만 아니라 경제봉쇄로 아옌데 정부를 질식시키려 했다. 아옌데 정부가 미국 소유의 기업을 국유화하면서 이에 대해 만족할 만한 보상을 하기를 거부하자 닉슨 행정부는 모든 경제 원조를 중단하고 민간투자 금지와 세계 구리시장 교란 등의 조치를 취했다. 야당은 아옌데 정부와 협조하기를 거부했다. 반감 때문이기도 하지만 혼란한 상황에서 공동 책임을 지고 싶지 않은 탓도 있었다.

엄청난 인플레이션 속에서 파업과 맞불 시위가 이어지는 가운데 군부가 움직였다. 1973년 9월 11일 육군총사령관 피노체트가 이끄는 군이 칠레의 수도 산티아고를 점령했다. 대통령궁은 전투기에 의해 폭격을 당했으며, 아옌데는 마지막까지 몇몇 지지자들과 무기를 들고 저항하다가 목숨을 끊었다. 쿠데타 이후 몇 달 동안 칠레 전역에는 친 아옌데 인사에 대한 무자비한 탄압이 벌어졌다. 정치반대파들은 적법 절차 없이 구금, 처형되었다. 헬리콥터를 탄 부대가 칠레 전역을 날아다니며 97명의 정치범을 재판 없이 처형한 사건은 매우 악명이 높다. 산티아고의 월드컵 경기장에 사람들을 모아놓고 약 3개월간 칠레인, 외국인을 가리지 않고 1만 2,000명 이상을 감금하고 고문했다. 공식적으로 여기서 사망한 사람만 41명이다.

무자비한 테러는 피노체트의 집권 기간 동안 계속되었다. 공식적인 조사에 따르면 집권 17년 동안 2,095명의 시민이 사망했고, 1,102명이 실종되었다. 또한 27,255명(일부 보고서에 따르면, 체포된 사람 수는 1만 명 이상 더 많을 수 있다고 한다)이 정치적 이유로 체포되고 감금되었으며, 그들 가운데 대부분이 고문을 받았다.

루이 나폴레옹의 친위 쿠데타, 절대권력을 꿈꾸다

피노체트의 쿠데타를 떠올리면 많은 한국인은 박정희나 전두환의 군사 쿠데타를 연상하게 된다. 군부에 의해 합법적인 정부가 전복되는 사건들은 한국인의 역사 속에서 악몽처럼 기억되고 있다.

그러나 모든 쿠데타가 같은 방식으로 이뤄지는 것은 아니다. 때로는 이미 권력을 쥔 지도자가 자신의 권력을 더욱 강화하기 위해 반대세력을 탄압하고, 사법질서와 제도를 무력으로 정지시키고 파괴하는 경우도 있다. 이런 형태의 쿠데타를 친위 쿠데타라고 부른다.

1851년 12월 2일은 프랑스인들에게 잊을 수 없는 날이었다. 그날은 1804년 나폴레옹 보나파르트가 파리에서 대관식을 올린 지 정확히 47년 되는 날이었다. 더불어 그날은 나폴레옹의 군대가 아우스테를리츠 전투(1805년)에서 오스트리아, 프러시아 및 러시아 연합군에 대승을 거둔 지 46년 되는 날이기도 했다. 그날 새벽 파리의 관공서와 주요 군사 및 방위시설에 군대가 들이닥쳤다. 소수의 경비병들이 막아내기에는 역부족이었다. 동시에 주요 정치인들이 경찰과 군대에 의해 체포되었다. 그 명단에는 티에르와 카베냑 같은 보수파뿐만 아니라 발랑텡과 미모 같은 좌파까지 의회의 주요 인사들이 포함되어 있었다. 군대는 의회가 소집될 수 없도록 건물을 철저히 봉쇄했다.

이것은 대통령 루이 나폴레옹 보나파르트가 치밀하게 준비한 쿠데타의 서막이었다. 그는 1821년 세인트헬레나 섬에서 유배 중 사망한 나폴레옹 보나파르트의 조카였다. '보나파르트'라는 이름을 자신의 이름 뒤에 붙여, 프랑스 인들의 나폴레옹에 대한 향수를 자극했다. 사실 그가 1848년 2월 혁명 후 수립된 공화정부에서 대통령 자리에 오를 수 있었던 것은 이런 정치적 기억을 활용한 전략이 큰 역할을 했다. 그러나 이제 그는 공화국을 거추장스럽게 여겼고, 삼촌처럼 황제로 군림하려는 야망을 품었다.

루이는 의회와 국무위원회를 해산하고 계엄령을 선포했다. 이미 거의 11만에 달하는 군대와 약 120문의 대포가 파리의 주요도로와 외곽지역에 배치되어 있었다. 루이는 '소위 국민에게 보내는 호소문'에서 의회를 맹비난했다. 그는 의회가 음모가들의 소굴로 전락했으며, 내란을 획책하고 국민이 자신에게 부여한 권력을 훼손하고 공격하며, 공공안녕을 교란한다고 주장했다. 또한 헌법은 대통령이 국민으로부터 부여받은 권력을 약화시키고 전복하기 위해 만든 도구에 불과하다고 비판했다. 이어서 그는 자신이 유일한 주권자인 국민만을 바라보며, 공화국을 지키고 국가를 위기에서 구하기 위해 의회를 해산한다고 선언했다. 그는 속빈 강정 같은 권력에 집착할 마음이 없으며, 대통령으로서 자신을 믿고, 국민이 자신에게 부여한 임무를 완수할 수 있도록 실질적인 권력을 달라고 주장했다. 그는 국가의 기틀을 바로 세우고 안정을 가져올 것이라고 약속했다.

사실 이 모든 것은 사탕발림이었다. 그가 원래 원했던 것은 헌법을 개정하여 1852년에 끝나는 대통령직을 연장하는 것이었다. 당시 프랑스 헌법에서는 대통령직의 연임이 금지되어 있었기 때문이다. 그러나 이러한 시도가 좌절되자, 그는 무력으로 자신의 주장을 관철하기로 결심했다.

1851년 12월 2일의 조치는 처음부터 끝까지 헌법에 위배된 것이었다. 프랑스 헌법에 따르면, 대통령에게 의회를 해산할 권한은 없었다. 기존 법률을 폐지할 권한도 대통령에게 부여되지 않았다. 이것이 루이의 행위가 쿠데타로 간주되는 이유이다.

저항이 없을 수 없었다. 218명의 보수파 의원들은 회합을 갖고, 헌법 제36조(의원 불체포 특권) 조항 및 제68조(대통령의 의회 해산 금지) 조항 위반을 이유로 대통령을 즉각 탄핵했다. 그러나 이들은 곧 체포되었다. 의회의 탄핵에 따라 고등법원 판사들은 헌법 제91조에 의거해 대통령의 위법성을 심의하려 했지만, 이들 역시 군대에 의해 쫓겨났다. 파리 곳곳에는 헌정질서의 전복에 반대하는 공화파와 시민들의 저항이 일어났다. 지방에서도 70,000명이 봉기했다.

루이는 이에 대항해 보수파를 규합했다. 그와 보수파 정치인들은 저항하는 시민들과 정치인들을 부자에 대한 질투와 탐욕에 눈이 먼 폭도들, 강간과 방화를 일삼는 악당들로 낙인찍었다. 진압 과정에서 수백 명이 사망했으며, 수만 명이 체포되어 추방되거나, 알제리로 유형되었고, 투옥 등의 처벌을 받았다. 검거를 피한 사람들은 해외로 도망쳤다. 지방의회는 줄줄이 해산되었고 언론은 탄압을 받았다. 수많은 공화파 공무원과 교사들이 해임되었다.

권위주의적 리더가 권력을 손에 넣는 법

국가 폭력을 연구하는 학자들이 가장 의아하게 여기는 것은 괴물 같은 지도자들이 국가를 괴물로 만들어버리는 것을 종종 시민들이 지지한다는 사실이다. 앞서 살펴본 피노체트의 쿠데타와 마찬가지로, 특히 루이의 쿠데타에서도 많은 시민들이 헌정질서의 전복을 지지했다. 1851년 12월 20일과 21일 사이에 열린 국민투표에서, 프랑스인들은 743만 대 64만 표라는 압도적인 차이로 쿠데타를 지지함으로써 공화국을 대신해 루이 나폴레옹이 황제로서 지배하는 제정으로의 길을 열었다. 루이는 자신이 법으로 돌아가기 위해 법이 허용하지 않은 길을 걸었으며, 이 선거로서 자신의 행동을 용서받았다고 뻔뻔스러운 변명을 늘어놓았다.

이렇게 권위주의적인 인물이 대중의 지지를 얻어 헌정 질서를 뒤바꾸는 일은 대개 정치사회적 분열이 극심한 경우에 일어난다. 한쪽이 다른 쪽을 제압하기 위해 앞뒤 생각하지 않고 절대권력을 미는 것이다. 프랑스도 그랬다.

프랑스는 1848년 2월 혁명을 통해 7월 왕정이 무너졌다. 여기에는 노동자세력의 역할도 큰 몫을 차지했다. 그러나 불과 몇 달 지나지 않아 공화파는 왕당파와 연합하여 급진적인 노동자 세력을 밀어내었다. 노동자 세력은 공화파가 자신들이 내세운 급진적 정치사회 개혁을 좌절시키려 하자 6월에 봉기했다. 공화파는 군대를 동원하여 이를 혹독하게 진압했다. 이후 정치상황은 급진공화파, 온건공화파, 왕당파 간의 대립에 의해 지배되었다. 온건공화파와 왕당파는 질서파를 형성하여 급진공화파를 의회에서 밀어내려 하고 있었다. 1849년 6월에 급진공화파에 의한 봉기가 있었고, 이 역시 군대에 의해 진압되었다. 두 번째 봉기는 보통선거를 폐지함으로써 급진파의 성장을 저지하려는 질서파의 시도에 맞서 일어난 것이었다. 이 역시 군대의 총검과 군화발에 의해 진압되었다.

이렇게 권력에서 배제당한 노동자들은 루이가 친위 쿠데타를 일으켰을 때 공화파와 함께 맞서려 하지 않았다. 오히려 루이가 보통선거권을 되살려줄 것이라는 기대를 걸기도 했다. 루이는 대립하는 질서파에게는 자신이 나폴레옹의 후예라는 점을 내세우며, 강한 프랑스에 대한 민족주의적 향수를 자극하면서 어필했으며, 급진파에는 특권에 대한 반대와 인민의 주권을 내세워 접근했다. 노동자들은 루이의 수에 넘어갔다. 공화파가 거리에 바리케이드를 구축할 때 노동자들은 팔짱을 끼고 지켜보는 쪽을 택했다. 따라서 쿠데타에 맞선 공화파의 대중적 기반은 과거에 비해 크게 약화될 수밖에 없었다.

루이의 쿠데타처럼 시민들의 분열로 독재자가 권좌에 오르는 일은 역사에서 생각보다 흔하다. 마키아벨리는《군주론(Il principe)》제9장 '시민 군주국에 대하여'에서 이런 상황을 다룬다. 그는 도시가 부유한 시민과 일반 시민으로 나뉘어 대립하고 있는 상황에서, 한 측이 다른 측을 제압하기 위해 한 사람에게 힘을 몰아주어 군주로 세우는 일이 일어날 수 있다고 설명한다. 피렌체 공화국의 외교관으로서 마키아벨리는 당시 이탈리아의 도시들이 어떻게 파벌싸움에 빠져 갈팡질팡하다가 결국에는 전제군주[이들을 시뇨레(signore)라고 불렀다]의 손아귀로 들어가는지를 잘 알고 있었다. 그는 자신의 다른 저작《피렌체 역사(Istorie fiorentine)》에서 피렌체 역시 이러한 길을 걸어가고 있다고 경고했다.

반드시 내부적 분열 때문이 아니더라도 시민들이 권위주의적 정치가를 지지하는 일은 오늘날에도 빈번히 일어나고 있다. 앞서 폭동이 진압된 이후 트럼프는 폭력을 행사하는 것을 반대한다는 입장으로 말을 바

꿨다. 1월 21일 하원은 탄핵안을 가결했지만, 상원 인준 전에 트럼프의 임기가 끝나기 때문에 실효는 없었다. 2023년 8월 31일 연방 대배심은 트럼프를 투표권 방해를 비롯한 여러 혐의로 기소했다. 트럼프는 법리 다툼을 벌이며 시간을 끌었고, 놀랍게도 그 사이에 미국 시민들은 트럼프를 다시 한 번 대통령으로 선출했다. 이에 따라 현직 대통령에 대한 기소는 불가능해졌고, 특검은 공소를 취하했다. 트럼프는 폭동과 관련하여 기소된 1,500명을 사면했으며, 형을 언도받고 교도소에서 복역중이던 사람들도 석방되었다.

한국이 권위주의로 회귀하지 않으려면

앞서 살펴본 사례들은 오늘날 한국에도 시사하는 바가 매우 크다. 1987년 6월 항쟁과 뒤이은 군부통치 청산작업을 통해 대한민국 사회는 권위주의가 지배했던 과거와 단절하기 위해 애썼다. 그러나 2024년 12월 3일의 계엄령 선포는 여전히 권위주의가 우리 주변을 어슬렁거리고 있다는 것을 드러내는 사건이었다.

　사람들은 이 계엄령을 뜬금없이 민주주의 한가운데 뛰어든 과거의 망령처럼 여길지 모른다. 진상이 밝혀지고 책임자가 처벌을 받고 사후처리가 이루어지고 나면 모든 것이 정상으로 돌아가리라고 기대할지도 모른다. 그러나 이번 계엄령과 그 뒤에 이어진 일련의 사태는 이런 기대가 사뭇 잘못된 것임을 보여준다. 계엄령 자체도 심각한 우려를 낳지만 이런 계엄령을 변호하고 정당화하는 사람들이 적지 않기 때문이다.

우리는 쿠데타와 권위주의로 국가를 몰락으로 이끈 사람들이 오로지 총칼로 사람들을 위협하지만은 않았음을 기억해야 한다. 그들이 오랫동안 권력을 움켜쥐고 국가를 무너뜨릴 수 있었던 것은 그들을 지지하는 사람들이 적지 않았기 때문이다. 자신들이 믿는 바를 얻기 위해서라면 헌정 질서와 민주주의의 원칙 따위는 무너뜨려도 상관없다고 생각하는 사람들의 어깨 위에 서서 권위주의는 승리를 구가했다. 단지 권위주의를 옹호할 뿐 아니라 법원에 난입하고 재판관을 위협하는 사람들까지 등장한 상황에서 한국 사회의 민주주의가 단지 계엄령의 책임자만 처벌하면 앞으로 무사하게 갈 것이라고 생각하는 사람은 없을 것이다.

앞에서도 여러 번 이야기했지만, 개인의 자유와 권리의 존중, 다원성이 중요해진 세계사의 흐름에서 권위주의는 더 이상 통하지 않는 가치이다. 우리에게 필요한 것은 권위주의가 아니라 민주주의이다. 민주주의를 올바로 세우기 위해서는 리더십에서 정치제도까지 골고루 살펴야 할 필요가 있다. 민주주의를 고의적으로 교란하려는 것을 보고만 있어도 안 되지만, 금지와 처벌만으로는 한계가 분명하기 때문이다.

4부

한국, 어떤 국가를
꿈꿀 것인가?

11

시대적 과제에 대한 비전으로 승부하라

자유주의와 보수주의 세력의 역할

앞에서 살펴보았듯 국가의 성공은 민주주의의 발전과 깊은 관계가 있다. 민주주의는 제대로만 운용되면 공정한 법과 제도를 바탕으로 시민 간의 갈등을 최소화하면서 성장의 에너지를 최대로 끌어낼 수 있는 체제이다. 그에 비해 소수가 권력을 독점하거나 권위주의적으로 지배할 경우 국가는 부패와 쇠락의 길로 빠져든다.

그런데 민주주의가 제대로 작동하려면 모두가 공존의 정치문화를 함께 발전시켜야 한다. 하나의 사안을 두고 입장이 나누어지는 것은 현대 민주주의 국가에서 일상으로 벌어지는 일이다. 그럴수록 현대 정치에서는 자신의 의견을 주장하는 것 못지않게 대화하고 타협하며 공동의 해결책과 미래 비전을 만들어내는 것이 필요하다.

만일 그렇지 않고 대립과 진영논리에 빠져들게 되면 민주주의는 마비가 되고, 마지막에 이익을 얻는 것은 자신의 권력을 극대화하고 나아가 부조리와 부패를 감추려는 정치인과 그의 추종자들뿐이다. 그런 사회는 당연히 개혁과 변화를 이룰 수도 없게 된다. 무의미한 비방과 설전이 넘쳐나고 사회 발전은 더디거나 심하면 퇴행할 수밖에 없다. 무한대립과 진영논리가 지배하는 나라의 미래가 어두울 수밖에 없는 이유이다.

한국 사회에서 공존의 문제는 여전히 해결되지 않는 이슈이다. 한국의 정치를 특징짓는 단어는 갈등과 대립이다. 지난 박근혜의 탄핵과 최근 윤석열의 실패한 계엄을 거치면서 갈등과 대립은 위험한 수위에 도달했다. 이런 상황을 우려하는 사람들은 상호이해와 화해의 문화를 길러야 한다고 주장한다. 맞는 이야기다. 그러나 현재의 갈등이 한 발 물러서 각자의 입장을 이해해보려는 개인적 품성이나 집단적 문화의 진작을 통해 해결되리라고 생각하는 것은 순진하다. 한국인이나 한국의 정치인들이 유난히 갈등과 대립을 좋아한다는 증거는 어디에도 없다. 문제는 좀 더 구조적인 데 있다. 개인이나 집단의 품성을 이야기하기에 앞서 이 구조적 요인을 이해해야 한다.

길 잃은 공동의 가치와 비전

여기서 잠시 독일의 예를 보자. 앞서 2부에서 현 독일의 정당들은 치열하게 경쟁하면서도 유연하게 타협하고 충실하게 협력하고 있다고 이야기했다. 그리고 그 밑바탕에는 이런 합의정치를 지지하는 독일의 유권자들이 있다는 점도 지적했다.

문제는 이런 정치문화가 어떻게 자리 잡았는가 하는 것이다. 그 답은 제2차 세계대전 이후 형성된 민주주의에 대한 강력한 합의에 있다. 제2차 세계대전의 패배는 단지 나치의 몰락을 의미하는 것만이 아니었다. 이는 보수주의 전반에 걸쳐 깊은 영향을 미쳤다. 이전까지 영미의 개인주의와 자유주의를 장사치의 이기주의로, 영미의 평등사상과 민주주의를 금전 이외 어떤 권위도 인정하지 않는 국가관쯤으로 폄하하던 태도는 전쟁 이후 국가의 존립이 미국과 연합국 측에 달려 있는 상황에서 지탱하기 어려웠다. 히틀러에게 제대로 저항하지 못하고 전쟁 범죄에 휘말려 들어간 것에 대해 독일 보수주의 내에서 자성의 목소리가 높아졌다. 그 결과 독일은 영미식의 자유주의적 정치 가치와 민주주의 제도를 적극 수용하는 쪽으로 방향을 바꾸었으며, 구 독일을 연상시키는 위계적 정치관이나 민족주의에 대해서도 지나치다 싶을 정도로 선을 그었다. 뿐만 아니라 지금의 독일의 정치적 모태인 서독은 소련의 지원을 받는 동독과 대치하고 있었기 때문에 이런 경향은 더욱 강해졌다.

동독을 비롯한 사회주의권과의 대립은 서독의 사회민주당에도 영향을 끼쳤다. 사실 독일 사회민주당의 주류는 이미 제2차 세계대전 이전부터 소비에트식 국가체제와 경제사회 모델에 강한 의구심을 갖고 있었다. 제1차 세계대전 이후 수립된 바이마르 공화국을 주도한 것은 사회민주당이었다. 이 과정에서 사회민주당은 칼 리프크네히트와 로자 룩셈부르크 같은 친 소련, 친 레닌주의적 강경파 사회주의자들을 배제했다.

이들이 봉기하자 이를 진압하고 주동자들을 제대로 된 재판도 없이 처형했다. 제2차 세계대전 패배 이후 서독이 안보와 사회발전을 위해 미국에 의지하게 되면서 사회민주당은 점차 자유주의적 정치 가치와 의회민주주의 쪽으로 기울었다. 오늘날 독일의 사회민주당은 세계의 사회민주당 중 가장 친미적인 성향을 보인다.

이런 이유로 제2차 세계대전 이후 독일에서는 기독교민주연합을 중심으로 한 우파 보수주의와 사회민주당을 중심으로 한 좌파 진보주의 사이에 이데올로기적 수렴현상이 나타났다. 즉 자유주의의 정치적 가치에 기반을 둔 의회민주주의가 자리 잡은 것이다.

물론 이 모든 것이 단숨에 이루어졌다고 말할 수는 없다. 나치가 지배하던 권위주의적 과거와 단절하는 데 모두가 아무 이의 없이 동의했다고 말할 수도 없다. 과거와 단절하려는 노력은 68세대의 저항을 거쳐 지금까지 계속되고 있다. 그러나 권위주의에 대한 거부는 독일 정치의 분명한 합의이다.

민주주의에 대한 합의는 사회경제적 발전 방향에 대해 이미 광범위하게 자리 잡은 합의와 연결되어 강력한 힘을 발휘했다. 전후 서독은 정파를 초월하여 계급 계층 간 사회경제적 격차를 줄이고 복지를 확대하는 쪽으로 방향을 잡았다. 독일은 역사적으로 정치적, 경제적, 사회적 불평등이 초래하는 다양한 갈등을 뼈저리게 체험했다. 여기에 더해 동독을 비롯한 사회주의권과의 대립은 서독 정부로 하여금 불평등이 가져오는 악영향을 적극적인 복지정책을 통해 상쇄하는 쪽으로 사회 경제 체제를 전환하도록 했다.

보수정당인 기독교민주연합이 추구하는 사회적 시장경제 체제는 사적 소유를 인정하고 경쟁에 기반한 시장경제를 기본 원칙으로 삼는다. 다만, 소득과 부의 집중, 경제적 독점을 완화하고 공평한 경쟁을 보장하기 위해 정부가 필요한 곳에서 적극적으로 개입할 것을 강조한다.

구체적으로 기독교민주연합은 경제적, 사회적 약자를 위한 정책을 펼친다. 노동조합 활동을 보장하고 해고나 기타 노동자의 삶에 직접적이고 중대한 영향을 끼칠 수 있는 경영 현안에 대해 노동조합의 발언권을 인정한다. 뿐만 아니라 카르텔 금지 등을 통해 기업 소유주나 자본가의 힘이 비대해지고 집중되어 공정을 해치는 것을 차단한다. 이런 정책들 때문에 독일의 기독교민주연합은 보수정당임에도 오늘날 대한민국의 정당 스펙트럼에서 본다면 상당히 진보적이고 심지어 좌익 정당처럼 보이기까지 한다.

이와 같은 이유로 독일에서 진보와 보수는 방향성에서 일치하는 점이 많다. 쉽게 말해 타협과 협업의 여지가 크다는 것이다. 앞서 말한 제1당과 제2당의 연정에 해당되는 기독교민주연합과 사회민주당 간의 연정 (역사적으로 1966~1969년, 2005~2009년, 2013~2017년, 2018~2021년 네 차례 있었으며 2025년 3월 8일 두 당간 합의에 따라 다섯번째가 펼쳐질 예정이다.)이 큰 잡음 없이 지속된 것에는 이런 배경이 있다.

한국 사회에는 이 둘 모두가 없다. 우선 가치의 통일성이 약하다. 이 말은 자유주의적 대의민주주의의 기본 제도와 가치에 대한 동의가 여전히 견고하지 못하다는 것을 말한다. 앞서 보았던 독일의 경우 나치주의의 과거에 대한 반성과 소비에트 사회주의의 위협 사이에서 모든 정치

세력이 좌우 극단에 대해 확실히 선을 그었던 것과는 대조적이다.

　더욱이 한국에는 사회경제적 발전 방향에 대한 합의도 없다. 한국의 정당들이 대단한 사회경제적 비전을 가져서가 아니다. 정확히 말하면 한국의 정당들은 사회경제적 발전 비전을 설득력 있게 제시해본 일이 별로 없다. 그나마 제시된 사회경제적 비전은 우쪽에 치우쳐 있다. 그럼에도 불구하고 파편적이고 임시방편으로 제시되는 정책 비전들은 이내 당파 간 대립의 빌미가 된다. 다시 말하지만 이는 한국의 정당들이 별 대단한 우파적 혹은 좌파적 사회발전의 상상력을 발휘해왔기 때문이 아니다. 오히려 우파에 몰려 있음에도 이렇게 싸울 수 있다는 것이 신기할 정도이다. 싸움의 원인은 '정치의 과잉'이다. 모든 것을 정치적 당리당략으로 돌리기 때문이다. 정책이 올바르다고 해도 그 때문에 상대 당의 인기가 올라간다면 일단 반대하고 비판하는 태도를 취한다. 그 과정에서 실제로 필요한 사회경제적 개혁 논의는 방기되거나 테크노크라트와 관료들에게 맡겨진다.

　왜 이렇게 전혀 바람직하지 못한 방향으로 정치가 발전해왔는가? 아래에서는 여기에 대해 좀더 이야기해 본다.

'다른 기억'을 가진 사람들과 '오래' 살아간다는 것

흔히 한국 사회는 정치, 경제, 사회 모든 면에서 초고속으로 성장했다고 말한다. 그러나 이런 초고속 성장이 사회심리적으로 어떤 영향을 끼칠지에 대해서는 상대적으로 관심을 기울이지 않는 경향이 있다.

한국 사회의 초고속 성장은 다른 나라에서 한두 세기 동안 이루어질 사건들이 불과 70여 년 만에 일어난 것을 의미한다. 잘 아는 데이터에서 출발해보자. 월드뱅크그룹(World Bank Group)에 따르면 1950년대 초 한국의 일인당 국민소득은 70달러 언저리였다. 그러나 2023년에는 33,745달러로 상승했다. 산업구조 역시 농업에서 공업으로 중심을 옮겨 현재는 다양한 분야에서 혁신을 선도하는 기술 국가로 도약했다.

이런 엄청난 성장을 이번엔 어두운 측면에 초점을 맞춰 기술해보자. 우선 빠른 속도로 도시화가 이뤄지면서 지금은 농촌의 공동화가 문제가 되는 상황이다. 당연히 부의 재배치도 급격하게 이루어졌다. 50년 전부터 지금까지 농촌에 땅을 가지고 있는 사람과 50년 전 땅을 팔아 도시로 이주한 사람을 비교해보자. 누가 돈을 벌었을까? 당연히 도시로 이주한 사람이다. 농촌의 땅값과 비교조차 불가능할 만큼 도시의 땅값이 올랐기 때문이다. 여기에 지방도시와 비교하여 서울과 수도권의 토지 가격이 가파르게 상승하여 문제는 더 복잡해지고 있다. 급격한 부의 재배치는 얻은 자에게는 행복한 이야기이겠지만 잃은 자에게는 분노를 자아내는 이야기이다. 그뿐 아니라 고속 성장의 그늘에서 경제적 양극화가 발생했다. 한국의 빈부 격차는 OECD국가들 가운데 선두를 달리고 있는 형편이다.

정치적으로도 현기증이 일어날 만큼 많은 변화가 상대적으로 짧은 시간에 일어났다. 1950년 한국전쟁, 1960년 4.19 혁명, 1961년 5.16 군부 쿠데타, 1972년 유신체제 등장, 1979년 박정희 사망과 같은 해 전두환이 이끄는 신군부의 등장, 1980년 5.18 광주항쟁, 1987년 6월 항쟁,

1997년 및 2008년 경제위기, 2016년 겨울에서 2017년 봄으로 이어진 박근혜 정권의 국정농단에 대한 저항운동 및 탄핵 (그리고 윤석열 탄핵심판과 뒤이을 일련의 사법처리 과정) 등 드라마틱한 정치경제적 사건들이 일어났다.

이런 엄청난 변화가 1세기 이상에 걸쳐 일어났더라면 사람들은 심리적으로 적응하기가 좀더 쉬울 것이다. 그러나 이런 큰 변화가 한꺼번에 일어날 경우 이를 따라잡는데 문제가 생길 수밖에 없다. 즉 변화를 인지하고 나름의 방식으로 소화하는데 애를 먹게 되는 것이다.

여기에 추가적으로 고려해야 할 문제는 수명이 늘어났다는 것이다. 한국은 전 세계에서 기대수명이 가장 높은 나라 중 하나다. 1950년대는 기대수명은 50세에 불과했으나, 1960년대 중반이면 60세, 1980년대에는 70세에 근접한다. 이처럼 수명이 크게 늘어나면서 서로 다른 시대적 경험과 사고방식을 가진 세대들이 함께 살아가는 사회가 형성되었다. 1950년생과 2000년생은 엄청나게 다른 환경에서 성장하고 성년을 맞이했다. 이들이 동시대를 함께 살아가야 하는 것이다.

나는 여기서 유치한 세대론을 들고 나올 생각은 없다. 세대라는 것이 사회과학적으로 그렇게 유의미한 분석틀도 아니고 지나친 일반화로 빠지는 문제를 안고 있기 때문이다. 다만 집단기억의 측면에서 볼 때, 같은 연령대에 속하면서 특정 사건을 함께 겪고 특정한 담론을 공유했던 사람들은 이후에도 비슷한 생각과 감수성을 갖는 경우가 많다는 점을 무시할 수 없다.

오늘날 70대 이상의 연령대에서는 1950년대 전쟁과 가난의 기억이

좀체 지워지지 않는 상처처럼 남아 있다. 이들은 북한과의 군사적 충돌을 직접 겪거나 본 만큼 반공이라는 주제에 예민하다. 어떤 사람들은 1960년대 후반 이후 한국 경제의 고속성장에 대한 향수가 강하며, 여기에 근거해서 현재와 미래를 바라본다. 어떤 사람들에게는 1970년대 유신독재와 1980년대 전두환 독재에 맞선 민주화 항쟁의 경험이 한국의 정치와 사회를 바라보는 기본적인 시각이 된다. 이들은 정치적 민주주의의 이슈에 매우 민감하며, 일반적으로 군부가 정치와 어떤 식으로든 얽히는 것에 대해 알레르기 반응을 보인다.

이런 차이는 미국에 대한 관점에서도 나타난다. 한국전쟁 직후부터 1970년대까지 대학을 다닌 사람들에게 미국은 환상의 파라다이스였다. 그곳에 갈 수 있는 방법은 이민이나 유학, 회사의 파견 같은 것뿐이었다. 1980년대 대학을 다닌 사람들에게 미국은 세계 민주주의의 보루이면서 동시에 군사정권을 지원하는 모순에 찬 나라였다. 어떤 사람들은 미국을 제국주의 국가로 비난하기도 했다. 오늘날 20대 대학생에게 미국은 어떤 곳일까. 일반화하기는 어렵지만 적잖은 학생들이 미국을 강하고 쿨하지만 한편으로 뭔가 질서 없고 안전하지 못한 나라라는 이미지를 가지고 있다.

1970년대까지 한국 정치의 대원칙이던 반공(심지어 민주주의의 당위성 조차도 반공의 차원에서 설명하곤 했다. 민주주의가 바로 서야 사람들이 단합하며, 그래야 공산주의 북한에 잘 맞설 수 있다는 식이다)은 1980년대 들어서면서 크게 약화되었다. 사회주의 국가래야 가난에 찌든 북한을 비롯한 몇몇 후진국밖에 남아 있지 않은 오늘날에는 (물론 중국을 여전히 사회주의라고 주장한다면 다르겠지만 과연 얼마나 사람들이 중국을 사회주의 국가로 의식하고 있는지는 의문스럽다.) 별 호소력이 없다.

이렇게 서로 다른 기억과 그 기억이 낳은 다른 시각들이 한 사회에 혼재하고 있다는 것은 통합에 장애가 될 수 있다. 높은 연령대에서는 이승만이나 박정희의 독재를 긍정적으로 평가하는 시각이 꽤 널리 퍼져 있다. 독재를 경제발전에 필요악이었다고 보는 사람들도 있고, 심지어 찬양하는 사람들도 있다. 그러나 이런 주장은 다른 쪽에서는 큰 반발을 일으킨다. 특히 1980년대 전두환의 권위적 지배 아래 20대를 보낸 사람들 가운데에는 한국의 민주주의가 여전히 권위주의에 도전받고 있다고 여기는 사람들이 많다.

이런 사회는 잠재적으로 통합의 문제를 안을 수밖에 없다. 크지도 않은 나라에서 이해, 관심, 지향이 아주 다른 사람들이 함께 살아가야 하기 때문이다. 따라서 정치가 바람직한 방향으로 작동한다면 정당들은 민주주의의 가치와 제도 속에서 시민들의 통합을 지원하고 촉진하는 방향으로 움직였어야 했다. 당연히 그 방향은 민주주의적 가치와 제도를 강화하는 쪽이어야 했다.

그러나 현실은 그렇지 못했다. 한국의 정치는 양극단의 진영논리에 지배되고 있으며, 시민들의 통합보다는 세 싸움의 장으로 변해버렸다. 여기에는 여러 이유가 있지만 무엇보다도 권위주의적 과거와 절연하지 못하고 있는 보수정치의 잘못이 크다.

—— 위험한 국가의 위대한 민주주의

한국 보수주의는 어떻게 성장해왔는가?

보수주의는 무엇인가? 보수주의는 실체가 있는 이데올로기인가? 이런 질문은 흔하지만, 동시에 정치이론을 다루는 학자들조차 여전히 명확하게 답하지 못하는 질문이기도 하다. 보수주의라고 분류되는 사상가들 사이에는 예상보다 공통점이 별로 없다. 보수주의의 거두인 에드먼드 버크가 프랑스 혁명에 대한 비판으로 전개한 정치사회관은 독일 보수주의의 대표적 인물 중 한 명인 칼 슈미트의 정치사회관과는 다르다. 물론 현대 미국의 보수주의는 이들과도 다르다. 보수주의는 극단적인 국가주의일 수도 있고, 지독한 개인주의일 수도 있다. 그래서 보수주의가 하나의 통일된 이데올로기로 분류될 수 있는지 의문을 표시하는 사람도 있을 정도이다. 그만큼 보수주의가 무엇인지를 정의하는 것은 여전히 어려운 일이다.

그럼에도 불구하고 보수주의에는 공통적인 주제가 있다. 그것은 전통적 가치와 제도에 대한 신뢰이다. 개혁을 반대하는 것은 아니지만, 보수주의자들은 분석과 전망, 혹은 이론적 확신에 근거해 전통적 가치와 제도를 급격히 변화시키는 것을 반대한다. 여기서 전통적 가치와 제도는 기존의 가족, 국가, 민족, 종교 등을 포함할 수 있다. 예를 들어, 미국에서는 개인의 자유와 권리 보장, 국가의 최소 간섭과 같은 원칙도 보수주의의 중요한 요소에 포함될 수 있다.

그러나 이것만으로 한국의 보수주의가 무엇인지를 설명하기는 어렵다. 한국의 근대화가 전통과의 급진적 단절 위에서 시작됐기 때문이다.

유교적 통치 이념에 근거한 전통사회의 정당성은 일제에 병탄되면서 부정당했다. 일제강점기로부터 해방된 이후 한국의 정치사회적 발전과정에서 유교적 가치와 통치 이념은 주류가 아니었다.

오늘날 한국의 어느 보수정당도 유교적 과거를 되살리는 데에는 관심이 없다. 즉 한국의 보수는 전통적인 정치사회적 제도와 가치를 옹호한다는 의미에서의 보수는 아니다. 더욱이 보수주의의 내용을 이념적으로 채우려는 노력은 이제까지 그다지 두드러지지도 성공적이지도 못했다.

그렇다면 한국의 소위 보수정당은 무엇으로 이념적 공백을 채워왔을까? 답은 간단하다. 반공과 앙상블을 이룬 극단적 국가주의와 여기에 깊이 침윤된 성장담론이다.

1948년 한국은 의회민주주의를 시작했다. 그러나 의회민주주의의 씨앗이 뿌리내리기 전에 1950년 한국전쟁이라는 비상상황을 겪었다. 한국전쟁은 한국 사회에 강한 반공주의적 정서를 자리 잡게 만들었다. 더불어 한국은 제2차 세계대전 이후 등장한 많은 신흥국가들처럼 권위주의의 문제를 오랫동안 안고 있었다. 한국의 권위주의는 반공을 시민들의 정당한 정치적 권리나 사회, 경제적 요구를 누르고 자신의 정당성 결핍을 가리기 위한 도구로 삼았다. 이승만 정권은 자유주의와 의회주의의 핵심을 이루는 시민의 자유와 참정권, 삼권분립의 원리마저도 반공의 아래에 둘 수 있다는 태도를 보였다.

이런 반공주의는 박정희 정권으로 이어지면서 성장 우선주의와 결합했다. 성장 우선주의를 비판할 수는 있어도 비난할 수는 없다. 경제발전을 우선시하고 분배 평등이나 공정, 사회경제적 균형의 문제를 뒤에 두는 사고는 입장에 따라 논쟁의 소지는 있을 수 있어도 그 자체로 비민주주의적이라고 비난하기는 어렵다. 그러나 박정희 정권은 성장을 권위주의적으로 해석했다. 즉 사회경제적 평등이나 공정의 문제를 제기하는 사람들을 반국가적 공산주의자로 낙인찍고 감시하고 불법화했다. 1988년까지도 정상적인 노동조합 활동이나 시민운동이 불법에 가까웠다는 것은 이를 보여준다.

이러한 상황은 한국의 민주주의에 큰 영향을 끼쳤다. 권위주의와 그에 대한 저항이 주축을 이루게 되면서 의회를 통한 대화와 타협, 이해관계의 조정과 합의라는 메커니즘 대신에 대결이 일상이 되었다.

문제는 이러한 대결의 메커니즘이 1987년 6월 항쟁으로부터 진행된 민주화 이후에도 지속되고 있다는 것이다. 여기에는 한국의 보수정당이 여전히 자신의 이념을 완성하지 못하고 권위주의와 완전히 절연하지 못하고 있다는 사정이 있다. 1990년 당시 대통령 노태우가 통일민주당의 김영삼과 신민주공화당의 김종필과 합당하여 민주자유당을 창당한다. 오늘날 한국 보수정당의 뿌리는 여기에 있다는 것에 많은 사람들은 동의한다. 그러나 3당 합당은 과거 권위주의와 연결되어 있던 민정당과 신민주공화당, 자유주의적 성향을 가지고 있던 통일민주당이 정치적 필요에 따라 합친 것이었기 때문에 각 분파는 자신들의 이념 지향을 그대로 가지고 있었다.

노태우에 이어 대통령이 된 김영삼은 1979-80년 신군부 반란의 핵심인 하나회 숙청을 비롯한 과거청산 작업을 통해 권위주의적 분파를 제압했지만, 이것만으로 보수주의의 결정적인 방향 전환이 일어난 것은 아니었다. 만일 김영삼 정권이 초기 과거 청산의 성취를 경제로까지 끌고 나가 하나의 성공 스토리를 완성했더라면 보수는 새로운 이념적 정체성과 지향성을 출발시켰을 수도 있다. 그러나 김영삼 정권이 1997년 경제위기의 책임에 따라 실패한 정권으로 인식되고, 진보적 자유주의 성향의 지도자 김대중에게 정권을 넘겨주게 되면서 사실상 보수 정치세력의 이념적 전환은 미완성으로 끝나고 말았다.

보수의 정체성, 반공과 권위주의를 넘어서야 하는 이유

뚜렷한 비전을 개발하지 못한 상황에서 한국 보수주의 정당은 이미 오래 전부터 정체성 위기를 맞고 있다. 사실 보수주의가 한국 사회에서 공감을 불러일으킬 만한 스토리가 전혀 없는 것은 아니다. 앞서 이야기한 대로 김영삼 정권에서 군사정부의 잔재를 단호하게 끊어내려고 노력한 것 역시 탁월한 공이다. 그러나 보수정당이 권위주의적 과거와 결별하지 못한 까닭에 김영삼의 노력과 결단은 보수 내부에서조차 제대로 평가받지 못하고 있다.

한국 현대사에서 결정적인 장면 중 하나인 박정희 정권 이래 경제발전 역시 마찬가지다. 문제는 권위주의에 대한 별 의미 없는 충성심이 이러한 성과에 대한 올바른 평가를 가로막고 있다는 것이다. 박정희 정권의 권위주의가 가져온 온갖 문제점에 대해서는 앞에서 충분히 지적했다. 그러나 이러한 과오를 들어 그의 경제정책 모두가 잘못된 것이었고 잘된 것은 우연이라거나 주변 환경 탓이라고까지 말할 필요는 없다. 그런데 오로지 '박정희에 의한 박정희의 경제발전'임을 주장하는 사람들, 박정희의 권위주의가 아니었더라면 마치 그런 경제발전이 불가능했을 것처럼 이야기하는 사람들이 보수 내부에 적지 않다. 권위주의와 경제발전을 분리해내어 전자는 반성하고 후자를 자양분으로 삼아 정치, 경제적 패러다임으로 발전시켜야 할 시간에 '박정희 무오류'의 신화에 집착한다.

극단적인 반공주의 역시 보수의 이념적 자산을 갉아먹고 있다. 노태우의 북방정책은 여러 가지 문제점을 지적할 수 있겠지만 오늘날의 관점에서 본다면 실리주의 측면에서 높이 살 수 있는 정책이었다. 그러나 노태우의 북방정책에 대한 제대로 된 평가는 아직 이루어지지 않고 있다. 한편에서는 노태우가 신군부의 지도자였고 부패 스캔들에도 연루되었다는 흠결이 공에 대한 평가를 가로막는 측면이 있다. 그러나 북방정책에 대한 평가가 보수에서조차 제대로 이루어지지 않고 있는 현실은 반공주의 이외에는 달리 설명할 수 없다.

오늘날 권위주의와 반공주의가 발붙일 자리가 없다는 것에 대해서는 길게 말할 필요가 없을 것이다. 자유와 권리를 희생하고 불평등을 감수해서라도 국가가 부유해지고 그것으로 인해 나도 부유해진다면 그만이라고 이야기할 수 있는 사람들은 점점 줄어들고 있다.

반공 안보 역시 마찬가지이다. 이미 이야기한 대로 사회주의권이 소멸하고 중국과 러시아가 대한민국의 주요 외교 및 무역 파트너가 된 세상에서 반공이라는 이념은 호소력이 현저히 떨어졌다. 특히 반공 안보를 오랫동안 민주주의 요구를 누르기 위한 전가의 보도처럼 사용하다보니 사람들은 반공이라는 구호가 등장할 때마다 의심의 눈초리를 함께 보낸다. 유일하게 반공이라는 주장이 호소력을 얻는 것은 북한의 핵 보유와 관련된 이슈이지만, 여기서도 효과가 그리 크지는 않다. 북한이 현재의 경제력과 군사력에서 국가 자체가 소멸될 위험을 무릅쓰고 핵을 지렛대로 전면적인 무력 도발을 벌일 가망성에 대해 회의적인 사람들이 적지 않기 때문이다. 뿐만 아니라 보수정당이 집권할 때 대한민국이 더 안전했다고 볼 증거도 별로 없다. 다양한 경험을 통해 대외관계에서 항상 강경책이 최선의 방법이 아니라는 것을 대한민국 사회가 이해할 만큼 성장했기 때문이다.

2000년대 들어서 보수정권은 레퍼토리의 빈곤을 여지없이 보여주었다. 이명박은 자신이 한국을 고도 경제성장의 길로 다시 끌어올릴 지도자로 내세우며 박정희 정권과의 데자뷰를 연출하려고 노력했다. 한편으로 그런 고도 경제성장이 가져올 부의 불평등이라는 부작용에 대해서는 낙수효과론으로 대응했다. 중요한 것은 국가의 경제성장이고 이를 위해서는 기업에 최대한의 혜택을 주어서 더 많이 벌어오도록 해야 한다는 주장이다. 인위적으로 분배에 나서기보다는 성장의 혜택이 전체 사회를 들어 올리도록, 비유적으로 말한다면 물이 배 전체를 들어 올리도록 해야 한다는 말이다.

성장주의는 고도 성장을 통해 발전해온 한국 사회에서 여전히 큰 반향을 일으키는 담론이다. 특히 2000년대 초에는 경제위기의 여파로 고도성장에 대한 향수와 열망이 높았다. 박정희 컬트가 일어난 것도 이 무렵이다. 박근혜의 정치적 성공 역시 성장 우선주의가 퍼뜨린 박정희 향수가 없었다면 불가능했을 것이다.

결론만 간단히 말하면, 사회경제적인 공정을 증진하고 이를 통해 부의 지나친 불평등을 시정할 비전을 제시하지 못한다면 성장주의는 한국 사회에서 미래를 이끌 정책적 패러다임이 될 수 없다. 사회 전반에 성장에 대한 강한 지향이 있고, 이를 위해 대기업을 후원하고 지원하는 데 대해서도 대부분의 한국인들은 관용적이다. 그러나 기회의 공정, 과정의 공정, 분배의 공정이라는 가치를 해치면서까지 성장을 추구하는 것을 시민들이 어디까지 받아들일지는 의문이다. 2008년 리먼 브라더스 사태로 발생한 세계적인 경제위기를 비교적 잘 극복했다는 평가에도 불구하고, 이명박 정권이 시민들의 신뢰를 잃고 서서히 침몰하게 된 것은 대미관계와 성장 우선주의 등에서 과거 권위주의 정권의 정책 기조를 넘어서지 못하고 상당 부분 답습했다는 데 있다. 사람들은 2000년대의 복잡해진 사회경제 구조와 그 안에서 벌어지는 계급, 계층, 집단 간 이해갈등, 그리고 민주화를 거치며 발전한 시민사회의 민권의식을 고려하지 않은 이명박의 정책을 보면서 21세기에 부활한 공룡을 보는 듯한 느낌을 받았다.

한국의 미래, 보수는 어떤 비전이 있는가?

보수가 건강하게 발전하는 데 가장 장애가 되는 것은 권위주의로의 퇴행이다. 박근혜 정권이 등장했을 때 사람들은 박정희의 권위주의적 성장 우선주의에서 권위주의가 빠지고 대신 미래 지향적인 어젠다가 그 자리를 채워주기를 바랐다. 시민의 사회적·경제적 권리의식이 고양되고 사회복지에 대한 요구가 커졌기 때문에 성장주의 역시 재조정이 필요했다. 그러나 박근혜 정권 내내 인적으로나 정책적으로 권위주의로의 퇴행에 대한 논란이 끊이지 않았다. 새로운 패러다임 대신에 죽은 박정희의 유령이 딸을 통해 부활했다고 느낀 사람들이 적지 않았다. 여기에 박근혜가 기대했던 것만큼 유능하지 못하고 심지어 몇몇 측근에 휘둘린다는 사실이 밝혀지자, 시민들은 급속히 등을 돌렸다.

박근혜 정권이 무너졌을 때 사람들은 보수가 새로운 이념적 정체성을 개발하리라 기대했다. 2016년 한국 시민사회는 권위주의와 부패라는 과거로의 퇴행에 대해 분명히 '노'를 선언했기 때문이다. 그러나 새로운 보수정당의 길을 모색하려는 시도는 큰 반향을 얻지 못했다. 대신 보수는 쉬운 길을 찾았다. 권위주의에 대한 향수, 매카시즘적 반공논리의 강화, 그리고 지역주의가 탈출구였다. 손쉽게 지지세력을 끌어모을 수 있었기 때문이다.

지역주의는 이미 1960년대 말부터 심각한 문제였다. 박정희와 전두환은 이를 적극 활용했다. 1990년 3당 합당에서 특히 대구경북과 부산경남에 기반을 둔 민정당과 통일민주당이 결합함으로써 영남 대 호남의 대립이라는 구도가 강화되었다. 이런 퇴행이 과연 얼마나 보수정치 세력에게 도움을 주었는지는 차치하고, 한국 사회의 발전을 위해 매우 불행한 선택이었다. 보수 정치세력은 새로운 이념적 좌표를 설정할 기회를 잃어버렸기 때문이다.

윤석열 정부의 실패는 한국 보수주의의 역사에서 매우 애석한 일이지만 어느 정도는 예견된 결과이기도 하다. 사실 부동산 폭등과 조국 등 몇몇 인물과 관련된 불공정 시비가 아니었더라도 윤석열과 국민의힘의 집권이 가능했을 것인가에 대해서도 많은 사람들이 물음표를 단다. 선거 이전부터 선거기간을 통틀어 이렇다 할 미래 비전을 보여준 것이 없었기 때문이다.

그럼에도 불구하고 윤석열 정권을 통해 많은 사람들은 보수가 공정과 성장이라는 두 목표를 달성하기 위한 나름의 비전을 보여주기를 기대했다. 박근혜 정권의 실패를 통해 무엇인가를 배웠으리라고 기대했기 때문에 더 그러했다. 만일 이러한 기대가 실현되었다면 미래 한국 정치의 발전을 위해 매우 바람직한 일이었을 것이다.

그러나 윤석열 정권은 한국 보수정치 집단이 가진 이념적 허약성만을 다시 확인시켜 주었을 뿐이다. 집권에 성공한 후 윤석열과 국민의힘은 성장에 대한 단 하나의 뚜렷한 비전도, 그토록 강조한 공정이라는 가치를 구현하기 위한 어떠한 청사진도 제시하지 못한 채 비판 여론이 거세질 때마다 매카시즘적 반공주의, 권위주의의 향수를 자극하는 발언과 행동, 지역감정 자극 등의 닳고 닳은 수단을 움켜쥐었다.

윤석열 정부의 실패는 박근혜 정부의 실패와는 또 다르다. 계엄을 통한 군대 동원과 의회 폐쇄라는, 마치 앞서 본 루이의 친위 쿠데타를 벤치마킹한 듯한 방법을 통해 권력을 쥐고 가겠다는 권위주의적 사고를 드러내었기 때문만이 아니다. 처음 실패에 대해 사람들은 관대하다. 한번은 어쩌다 일어날 수 있기 때문이다. 그러나 같은 일이 두 번 일어난다면 이것은 우연이 아니라 근본적인 문제가 있을 가망이 높다. 윤석열의 실패는 가뜩이나 보수에 거리를 두어온 사람들에게 보수 자체에 근본적인 결함이 있다는 것을 확인해주는 역할을 하고 있다.

이런 상황에서 탄핵 이후 국민들 사이에 존재하는 극우 정서에 기생하고 이를 부추기는 윤석열이나 국민의힘의 주요 정치인의 모습은 그야말로 불난 집에 기름을 들이붓는 것과 다를 바 없다. 이것은 국민을 민주주의의 길로 계도해야 하는 공당의 사명을 정면으로 거스르는 행위이다. 앞에서 이야기했듯, 포퓰리즘은 반드시 무엇을 나누어주자는 것을 말하는 것이 아니다. 포퓰리즘은 국가 전체 이익과 대의를 망각한 얄팍한 인기 영합주의이다. 바로 그 포퓰리즘의 길로 한국의 보수정당은 점점 더 빠져 들어가고 있다. 결과적으로 이는 그나마 보수에 기대를 거는 사람들을 완전히 반대편으로 몰아세우는 일이 될 것이다. 당장 몇몇 정치적 야심가에게는 손에 잡히는 이익을 가져다줄지 모르지만 중장기적으로 보수를 벼랑끝으로 모는 행위일 뿐이다. 진정으로 보수로서 보수주의의 미래를 염려하는 사람이라면 결코 해서는 안 되는 일을 하고 있는 것이다.

보수는 민주주의적 가치를 존중하고 다른 지향과 의견을 가진 정파들과 공존할 수 있는 비전을 세우고 그에 맞게 어젠다를 새롭게 설정해야 한다. 보수가 생각하는 자유와 평등과 공정이 무엇인지, 성장의 전략은 어떤 것인지를 의회민주주의라는 틀 안에서 다시 사고해야 한다.

한국에 권위주의의 자리는 점점 사라지고 있다. 뿐만 아니라 권위주의에 의해 지배되는 한국은 세계 무대에서도 평가절하될 수밖에 없다.

보수가 앞으로도 퇴행을 반복한다면 그것은 단지 보수에게만 불행한 일이 아니다. 보수의 기형은 한국의 정당정치 지형의 왜곡을 초래하기 때문이다.

거대 양당체제의 최대 수혜자, 민주당

민주당으로 대표되는 자유주의 정치세력의 경우에도 정치, 경제, 사회적 발전 비전은 여전히 허약하다. 민주당의 주요 주장을 살펴보면, 흔히 극우보수에서 이야기하듯 좌익, 진보라는 수식어를 이 당에 붙이는 것이 옳은지 심각한 의문이 든다. 민주당은 노동자의 권리 옹호, 중소 상공인 및 자영업자 보호, 소수자의 권리 보호 등을 주장하고 있지만 서유럽의 사회민주당이나 진보 정당들과 비교할 때 훨씬 보수적인 색채를 드러낸다. 1955년 처음 출발했을 때에도 반공 안보 정당으로서 보수적인 색채를 분명히 했지만, 지금도 그 틀을 벗어나지 않았다. 냉전체제의 해체 이후 민주당이 북한과의 관계 개선을 이야기하거나, 중국·러시아와의 협력을 주장하는 것을 극우에서 이야기하듯 이념적 친화성에서 비롯된 것이라고 보기는 어렵다.

사회경제적 발전의 비전 면에서도 오늘날의 민주당은 성장주의 정당이며 시장주의 정당이다. 대기업에 대한 규제나 증세정책 및 복지정책이 과거의 기준에서 보면 급진적으로 보일지 모르지만, 정치학적인 이념 분류상으로는 자유주의 국가들이 추진하는 정책의 범주를 벗어나지 않는다. 근본적으로 민주당은 자유주의 정치체제와 시장경제를 기본으로 하여, 그 안에서 사회경제적 진보의 흐름이 부분적으로 존재하는 정당이라고 볼 수 있다. 여기서 사회경제적 진보의 흐름은 민주당이 선거와 주요한 변곡점마다 재야와 시민운동에서 새로운 인물들을 영입하면서 형성된 것이다. 이러한 인물들이 민주당이 사회경제 정책이나 외교안보에서 보다 진보적인 방향으로 진화하는 데 기여해온 것이 사실이지만, 민주당의 이념적 정체성을 근본적으로 변화시키지는 못했으며, 앞으로도 그럴 가망은 별로 보이지 않는다.

민주당은 권위주의 정치집단과 가장 오랫동안 갈등을 벌여왔지만, 어떤 의미에서 보수의 권위주의와 퇴행성 때문에 가장 큰 혜택을 입은 정치세력이기도 하다. 권위주의 정치세력은 한국 사회의 정치 지형을 의회 민주주의와 삼권분립, 법치를 어디까지 존중하는가를 기준으로 깨끗하게 둘로 쪼개놓았다. 이승만 정권이나 박정희 정권과 대척점에 선 최대 정치집단으로서 민주당은 자연히 모든 반대세력의 구심점 역할을 하게 되었다. 한국전쟁 이후 사실상 자유주의의 범위를 넘어서는 모든 정치운동이 탄압 때문에 불가능하거나 대중의 지지를 얻는 데 한계를 보일 수밖에 없는 상황에서 민주당의 영향력은 자유주의의 이념적 바운더리를 넘어 훨씬 멀리까지 미쳤다. 보수 정치세력이 퇴행적 모습을 보일 때마다 정권을 넘겨주지 않기 위해서 민주당을 중심으로 뭉쳐야 한다는 주장이 설득력을 얻을 수밖에 없었기 때문이다. 과거 민주노동당이나 진보정의당을 지지하는 시민들조차도 극우 권위주의의 확산을 저지하기 위해 주요 선거에서 민주당을 선택해야 한다는 제안에 솔깃할 수밖에 없었다. 이런 민주당의 헤게모니는 한국에서 진보세력이 성장하는 데에 중대한 장애요인이 되었다. 앞서 이야기했듯이 민주당이 선거마다 진보적인 어젠다를 추구하는 신진 정치 엘리트들을 영입하며 당의 정체성을 크게 바꾸지 않고도 외연을 확장할 수 있었던 것은 뒤집어 말하면 민주당의 정치적 헤게모니가 매우 강해서 신진 정치 엘리트들이 다른 대안을 찾기 어려웠다는 의미이기도 하다.

그 결과 한국의 정치 지형은 현재 국민의힘으로 대표되는 우익보수 정당과 민주당 두 당이 지배하는 사실상의 양당체제가 되어버렸다.

이런 정치 지형은 양측 모두에게 비즈니스를 손쉽게 만들어주면서 동시에 어렵게 만들기도 한다. 특별히 정교한 정책을 만들고 시민들을 설득하고 상대방과 지루하게 협상하며 한발씩 지지를 넓히려 노력하지 않아도 상대방이 실책을 저지르는 것만으로도 강력한 지지세를 모을 수 있기 때문이다. 한쪽에 실망한 시민은 별수 없이 다른 쪽으로 쏠릴 수밖에 없다는 단순한 논리이다.

포지티브한 정책 대결 대신 흠집 찾아내기와 흠집 막아내기가 정권의 향배를 가르는 핵심전략이 될 위험성이 여기에 존재한다. 여기서 구체적 예를 들지 않아도 한국 정치가 이미 그런 방향으로 흐르고 있다는 것은 쉽게 이해될 것이다.

이런 양당 지배체제는 한국 정치에 심각한 위험을 키운다. 최근 계속 문제가 되는 극단적 진영논리나 팬덤정치 역시 따지고 보면 이런 정치 구도와 관련이 있다.

그러나 '적 아니면 동지, 동지 아니면 적'이라는 식의 이분법은 건설적인 비판이나 진지한 자기비판도 불가능하게 만든다는 점에서 한국 정치의 미래에 매우 바람직하지 않다. 이런 상황이 계속된다면, 제도권 정치에 대한 시민들의 신뢰가 떨어지고 정치에서 이탈할 위험도 커질 수 있다. 앞서 여러 번 언급했듯이, 과두제나 부패 등으로 의회가 제대로 기능하지 않으면, 인기 영합주의와 극단주의가 힘을 얻을 위험이 높아진다.

시민사회는 언제든 민주당을 이탈할 수 있다

한국 민주주의의 최대 강점은 민주주의에 대한 강력한 합의가 시민사회 안에 자리잡고 있다는 것이다. 시민사회는 한국 민주주의가 권위주의에 의해 도전을 받을 때마다 강력하게 저항해왔다. 4.19 항쟁은 시민사회의 민주주의적 지향이 본격적으로 모습을 드러낸 사건이다. 이어서 1979년에서 1980년으로 이어진 광범위한 민주화 항쟁 속에서도 시민사회는 민주주의적 지향을 드러내었다. 1987년 민주화 투쟁 이후에도 한국의 시민사회는 정치가 과거로 퇴행하는 모습을 보일 때마다 매우 신속하고 강력하게 대응했다. 2016년에서 2017년에 걸친 박근혜 탄핵시위에 이어 2024년 윤석열의 12.3 계엄 시도에 대한 광범위한 저항 속에 한국의 시민사회는 여전히 정치적으로 매우 활성화되어 있음을 보여주었다.

그러나 여기서 간과되고 있는 사실이 있다. 한국의 시민사회는 다른 선진 민주주의 국가 못지않게 다양한 이해관계와 관심, 정치경제 사회적 비전이 공존하며 얽히고 때로 갈등하는 장이라는 것이다.

앞서 이야기했듯 민주당으로 대변되는 한국의 자유주의 야당은 이제까지 이런 시민사회와 비교적 손쉽게 접속해왔다. 권위주의에 대한 긴 저항 속에서 자유주의 야당은 시민사회의 민주주의적 지향을 대변하는 거의 유일한 세력이었기 때문이다.

그러나 바로 그 때문에 한국의 자유주의 야당은 시민사회와 분리되고 있다. 반복되는 권위주의의 등장 때문에 시민사회의 민주주의적 지향이 야당으로 쏠리고, 그 때문에 야당은 자신들이 여전히 시민사회와 굳건히 접속되어 있다고 생각하지만 실상은 다르다. 한국 사회의 다양하고 복잡하게 얽힌 문제들은 '민주냐 반민주냐'라는 단순한 잣대로는 더 이상 이해할 수도 해결할 수도 없는 경우가 적지 않다. 그리고 그런 문제에 부딪히면 자유주의 야당이라고 별 나을 것이 없다 보니 사람들은 때로 불만을 갖기도 한다. 민주당의 강령과 정책이 시대의 변화를 제대로 반영하지 못하고 있기 때문이다. 다만 권위주의의 위협 속에서 그런 불만을 일단 뒤로 미루고 민주당을 지지하는 것뿐이다.

여기서 문제는 시민사회와 민주당과의 동거가 언제까지 계속될 것인가 하는 것이다. 퇴행 이상의 별다른 퍼포먼스를 보여주지 못하는 보수 정당은 너무나 당연하게도 시민사회로부터 점점 배척되겠지만, 마찬가지로 민주당도 시대의 변화를 반영하지 못하면 시민들의 심각한 비판에 직면하게 될 수 있다.

이를 보여주는 대표적 사례는 문재인 정부의 청년정책 실패이다. 문재인 정부 중반에 들어서면서 우익 보수언론은 물론이고 진보적 자유주의 성향의 한겨레나 경향신문까지 도대체 제대로 된 청년정책이라고 내세울 만한 것이 무엇인지 따져 물었다. 2021년 4월 27일부터 29일

사이에 진행된 갤럽 여론조사에 따르면, 10~20대 청년층의 문재인 정부 국정 지지율이 21퍼센트까지 하락했음을 보여주었다. 이 연령층은 2017년 대통령 선거에서 문재인 정부를 적극 지지했던 만큼, 이러한 결과는 민주당으로서는 더욱 뼈아플 수밖에 없었다. 청년문제를 해결하겠다고 만든 그 많은 위원회, 그 많은 사업계획은 도대체 무엇을 했고 무슨 소용이 있었는지 물을 수밖에 없었다.

이런 실패에 대해 변명할 거리는 분명히 있다. 우선 청년들이 문제로 꼽은 집값 폭등의 경우 문재인 정부의 실책일 수는 있어도 청년정책 자체의 실패 여부와 직접적인 관련은 없다. 또 청년정책이라는 것이 단기간에 효과를 보기 어렵다는 것도 인정해야 한다. 구조적인 문제일수록 교정에 많은 시간이 걸리며, 어떤 정책은 시행하고 한참 후에야 효과가 나타난다. 좋은 의도는 있어도 능력이 모자란 경우도 있다. 집값을 잡고 싶어도 방법을 모르는 경우도 있듯이 청년문제를 해결하고자 하는 의지는 있어도 적절한 정책을 찾지 못하는 경우를 배제할 수 없다. 그러나 사태를 좀더 자세히 파고 들어가면 문재인 정부가 청년문제의 심각성과 그 원인을 충분히, 제대로 이해하고 있었는가 하는 의문이 드는 것은 어쩔 수가 없다. 이러한 의문을 뒷받침하는 사례들은 당장 신문을 검색해보아도 쉽게 발견할 수 있다. 여기서 하나하나 열거할 수 없을 뿐이다.

이것은 민주 대 반민주의 대결 구도에 익숙해진 자유주의 정치세력이 시민사회 내에서 빠르게 성장하고 있는 다양한 이해와 관심을 따라잡는데 얼마나 게으르고 무능할 수 있는지를 드러내는 한 단면일 뿐이다. 이것은 극우 보수주의의 퇴행에 대한 반작용으로서 민주당에 쏠릴 관심과 지지가 썰물처럼 빠져나갈 수 있음을 동시에 의미한다. 일단 극우 보수주의의 위협이 퇴조하고 의회민주주의가 제자리를 잡으면 시민사회와 개인들은 민주당을 배타적으로 지지할 이유를 잃어버리기 때문이다. 실제로 김대중 정부 이래로 민주당이 일단 집권을 하면 시민사회와 거리가 멀어지기 시작하고 인기를 잃는 현상이 반복해서 벌어지고 있다. 여기에 대해 민주당의 일부와 적극 지지자들은 이해할 수 없다는 입장을 취하거나 심지어 과거 권위주의 정권이 했던 것과 같은 어조로 시민사회의 반대자들을 비난한다. 그렇지 않은 경우라 해도 원래 여당은 비판받기 마련이라는 식으로 가볍게 넘기려 한다.

그러나 문제는 민주당의 무능이다. 그러한 무능은 권위주의 정권 및 극우 보수주의 정치세력과의 오랜 대결 구도로부터 체질화된 것이다.

자유와 보수, 민주주의적 공존을 찾아라

앞에서 이야기했듯 현재의 양당 지배체제는 한국 정치에 중장기적으로 큰 위험이 된다. 양당 어느 곳에도 마음을 두지 않는 부동층이 계속 늘어날 것이기 때문이다. 실제로 한국의 대통령 선거 투표율은 1987년 89.2퍼센트를 기록한 후 2007년 대통령 선거에서 63퍼센트까지 하락했다가 2012년 75.84퍼센트로 다시 오른 후에 2017년 77.2퍼센트, 2022년 77.1퍼센트를 기록하고 있다. 75~77퍼센트 대를 최근 세 번의 선거에서 유지하고 있는 것은 그런대로 받아들일 만한 수준으로 여겨질지도 모른다. 그러나 실상 여기에는 심각하게 생각해보아야 할 문제가 있다.

그 동안 사전투표를 비롯하여 선거 참여를 용이하게 하기 위해 다양한 조치가 취해져왔기 때문이다. 더불어 박근혜와 문재인이 격돌한 2012년 대통령선거, 박근혜 탄핵 후 열린 2017년 대통령선거 모두 이슈 면에서 흥행요소가 충분했다. 이슈로 말하면 2022년 대통령선거도 뒤지지 않았다. 그럼에도 불구하고 투표율이 최근 선거에서 75~77퍼센트에 머물러 있는 것은 우려할 만한 상황이다.

이렇게 양측이 부르짖는 목소리는 크고 요란한데 막상 뚜껑을 열어보면 겉보기와 달리 비슷한 참여율을 확인하게 되는 이유는 국민 네 명 중한 명에게 누가 되어도 상관없거나 혹은 누구도 싫다는 태도가 고착되고 있기 때문이다.

20~30대의 투표율이 특히 하락하고 있는데, 그 원인 중 하나는 우파 보수와 자유주의적 진보정당 모두 청년의 삶과 미래에 대한 관심이 부족하며, 그로 말미암아 청년에게 비전을 제시할 만큼 충분한 능력을 갖추고 있지 못하다는 사실이다.

이런 정치 혐오는 단지 비참여와 방관으로만 끝나지 않는다. 정치 연구자들은 이런 정치 비토층이 의외로 위험한 극우나 극좌의 선동에 취약하다는 것을 반복적으로 지적해왔다. 특히 정치 비토가 실업이나 직업 불안정, 빈곤 같은 문제와 결합하면 의회민주주의에 커다란 불안요소가 될 수 있다는 사실을 정치의 역사는 반복해서 보여주었다.

현실의 의회민주주의가 희망의 빛을 던져주지 못할 때 사람들은 다른 곳으로 시선을 돌린다는 것을 이미 베네수엘라의 예를 통해 보았다. 차베스가 광범위한 지지를 얻고 무소불위의 권력을 구축하며 심지어 부패와 비리, 부조리에도 정권을 유지할 수 있었던 것은 수십 년 간 베네수엘라를 지배해온 푼토 피호 체제의 무능과 부패에 대한 실망이 워낙 컸기 때문이다.

과거 안철수나 윤석열처럼 정치권 밖에 머무르던 사람이 순식간에 대권주자로 각광을 받으면서 정치 무대의 중심에 서게 되었던 것도 따지고 보면 퇴행적 보수와 자유주의 간의 끝없는 치고받기에 지쳐버린 사람들이 무언가 다른 대안을 찾고자 했기 때문이다.

정치권이 시민사회의 끝없이 진화하는 다양한 요구를 따라잡지 못한다는 것은 비단 정치 비토층의 증가뿐 아니라, 정치 시스템의 낙후를 초래할 가망이 아주 크다. 시민사회가 가하는 압력(이는 요구, 지지 또는 비판, 후원금 및 기타 지원의 제공 또는 철회, 선거에서 지지의 제공 또는 지지의 철회로 나타난다.)은 정치권으로 하여금 쉼 없이 국가의 제반 시스템을 점검하고 안정, 풍요, 행복의 가치를 증대시키기 위해 뛰도록 만든다. 지난 세기 1980년대까지 새로운 세계 강국이 되리라고 기대를 모으던 일본이 오늘날 낙후된 사회경제 시스템으로 인해 한국인들에게 심지어 조롱의 대상이 된 중요한 이유도 일본 시민들이 정치적인 문제에서 적극적으로 자신들의 의사를 개진하고 관철하는 데 매우 소극적인 것과 관련이 있다.

이런 점에서 본다면 한국의 정치권이 '민주인가 반민주인가'의 문제에 발목이 잡혀 시민사회 내의 다양한 이해와 요구를 제대로 파악하거나 응답하지 못하는 것은 미래 국가 경쟁력에도 매우 부정적이다. '민주주의인가 아니면 권위주의로의 퇴행인가' 하는 질문을 잊으라는 뜻이 아니다. 그리고 현 상황에 대한 가장 큰 책임이 퇴행을 반복하는 (혹은 퇴행을 허용하는) 우익보수 정치집단에 있다는 사실을 부인할 생각도 없다. 다만 오늘날 국가에게는 더욱 더 복잡하고 다양한 과제들이 다양한 이슈에 걸쳐 제기되고 있으며, 국가의 성패는 민주주의를 지키고 발전시키는 것과 더불어, 이런 문제들을 잘 해결하는 데 달려 있다는 것이다. 이제까지 한국 사회의 정당들은 이런 문제들조차 진영논리의 차원에서 접근하는 일이 많았다. 그러나 여기서 지나치게 이데올로기적인 이슈를 들고 나오거나 정치적 득실을 따지는 것은 적절하지 않다. 시민사회가 요구하는 문제들에 적절한 답을 주기 위해서는 협상하고 타협하는 가운데 모두가 받아들일 수 있는 방책을 찾는 능력이 중요하다.

12

21세기 리더에게
'합의'는 왜 중요한가?

리더의 역할과 조건

정치학에서 가장 재미없는 질문 중 하나를 꼽으라면 '리더는 어떤 사람일까?' 하는 것이다. '타인을 돕고 솔선수범하며 용기 있는 사람이 리더가 되어야 한다'고, 고대의 플라톤이든 공자든, 오늘날의 정치 글을 쓰는 저널리스트이든 거의 똑같은 어조로 이야기하기 때문이다. 그럼에도 불구하고 리더는 어떤 사람이어야 하는가 하는 질문은 정치학에서뿐 아니라 일상에서도 뜨거운 논쟁의 대상이다. 국회의원을 뽑거나 정부의 수반을 선출하는 경우 사람들은 누가 적절한 인물인가를 두고 열띤 논전을 벌이며 심지어 서로 비난하고 그것도 모자라면 물리력을 동원하여 충돌하기까지 한다.

얼핏 생각해보면 민주주의 사회에서 리더의 문제는 좀 '덜' 중요해지는 것이 옳다. 민주주의는 과거 군주정과는 달리 (링컨의 게티스버그 연설을 패러디해서 말한다면) 시민이 시민의 손으로 이끌고 나아가는 정치체제이기 때문이다. 시민이 자신들의 의지를 의회선거를 통해 밝히며, 의회는 법을 통해 이를 표현한다. 법은 단지 어떤 일을 하고 하지 않아야 하는가를 밝힐 뿐 아니라 어떤 과정을 통해 정책이 만들어지고 집행되는가에 대해서도 규칙을 부여한다. 여기에 매우 자세한 부가적 규칙들이 추구됨으로써 거대한 시스템이 탄생하는 것이다. 어떤 정치 리더도 이런 시스템을 자의적으로 변경할 수 없다. 즉 현대 민주주의 법치국가의 리더는 과거 정치 리더들에 비해 훨씬 '덜' 자유롭고 훨씬 '덜' 전능하다.

그러나 오늘날의 정치 리더, 특히 정부 수반이 엄청난 재정과 인력을 움직인다는 사실을 부정할 수는 없다. 운용하는 재정과 인력의 규모 면에서는 오늘날 발달된 민주주의 국가의 리더들이 역사상 그 어느 군주보다 더 큰 권력을 가지고 있는 셈이다. 앞에서도 이야기했듯 정치 리더가 무슨 생각을 하고 무엇을 추구하고 어떤 판단을 내리는가는 여전히 한 국가의 운명을 결정하는 매우 중요한 요인이다.

급변하는 시대, 좋은 리더가 갖춰야 할 역량은?

그렇다면 좋은 정치 리더의 역량이란 무엇일까? 국가 공동체가 지향하는 목표에 대한 뚜렷한 비전을 지니고 이를 어떻게 실현할지 쉼 없이 묻고 답하는 사람이다. 이런 목표에는 단지 경제적 발전과 안보 같은 손에 잡히는 이익을 극대화하는 것뿐 아니라 공동체가 추구하는 가치, 즉 민주주의, 시민의 자유와 평등, 공정의 실현 따위도 포함된다. 이미 앞에서 이야기했듯 이들 중 어느 하나도 논쟁적이지 않은 것이 없다. 무엇이 민주주의인가, 무엇이 자유이고 평등이며, 이들은 어떻게 실현되어야 하는가, 우리 사회에 정치사회적 평등은 충분한가, 경제적 평등은 어디까지 어떻게 추구되어야 하는가에 대해 다양한 주장과 생각이 한 사회에 퍼져 있기 마련이다.

정치 리더는 이런 문제에 대해서 자신의 생각을 가지고 있어야 한다. 때로는 상충되는 의견 가운데에서 자신의 생각이 무엇인지를 뚜렷이 밝힐 수 있어야 한다. 사회적 평등에 대하여 별 생각이 없는 정치인이 양성평등이나 장애인의 권리에 대한 논쟁이 터졌을 때 이를 제대로 다루리라 기대하기는 어렵다. 마치 경제의 기본원리에 대해 아무 인식도 없는 정치인이 인플레이션이 발생했을 때 어떤 의미 있는 정책을 제안하기 어려운 것과 같다.

한국 사회에서는 이런 가치의 문제를 탁상공론으로 치부하는 경향이 있다. 시민의 정치적 권리를 어떻게 보장할 것인가, 어떻게 좀더 공정한 제도를 만들 것인가에 대해 이야기하는 사람들을 마치 경전의 해석을 두고 싸움을 벌이는 조선 사림의 후예라는 식으로 비난하기도 한다. "나는 그런 복잡한 사변에는 관심이 없고 민생에 치중하겠다"고 이야기하는 정치인들도 있다. 이런 태도를 실용으로 포장하기도 한다. 그러나 앞의 논의에서 살펴보았듯이, 민주주의로 대변되는 포용적인 가치와 정치제도가 경제발전의 핵심 열쇠라는 것을 생각하면 이런 태도는 무책임하다. 국가의 리더는 손에 잡히는 이익부터 민주주의적 가치의 문제까지 끝없이 고민해야 하기 때문이다. 여기서 '한 번'이 아니라 '끝없이' 고민해야 한다고 말하는 이유는 문제에는 언제나 더 나은 솔루션이 있을 수 있기 때문이기도 하지만, 국가 공동체와 주변 상황이 끝없이 변화하는 환경에 놓여 있기 때문이기도 하다.

우선 시민들의 생각이 변한다. 1980년대까지 대한민국 사회에는 경제성장이 절대명제였지만, 오늘날에는 제대로 된 분배가 없는 성장 중심의 정책은 지지를 받지 못한다. 대신 공정성과 형평성에 대한 요구가 커지고 있다.

새로운 이슈도 등장한다. 여성의 권리에 대한 사고의 변화가 그 한 예이다. 여성의 권리에 대한 오늘날의 생각은 20년 전, 30년 전과 동일선상에 놓기 어렵다.

이외에도 상황의 변화에 따라 다양한 정책 변화가 요구된다. 21세기 들어 뛰어난 인재들을 끌어오기 위한 경쟁이 전 지구적으로 펼쳐지고 있다. 옛날에는 좋은 인재를 길러서 나라를 위해 뛰게 하는 것이 목표였다. 그러나 지금은 그것만으로는 부족하고, 다른 나라의 우수한 인재들을 끌고오는 것이 중요해졌다. 뛰어난 인재들을 유치하기 위해서는 물질적인 인센티브를 늘려야 한다. 이는 고용, 임금, 연금체계에 대한 재검토를 요구한다. 나아가 더욱 포용적인 사회로 변하지 않으면 다양한 문화적, 인종적 배경을 가진 인재들을 끌어들이기 어려워진다.

국제 환경도 변한다. 국제정치 학자들은 오래 전부터 국가 간 상호 의존관계의 심화에 대해 관심을 기울여왔다. 미국의 대통령이 누가 되는가, 상원과 하원을 어느 당이 지배하는가에 대해 우리가 영향을 끼칠 방법은 별로 없다. 그러나 미국 대통령과 의회가 누구에 의해 장악되는가에 따라 대한민국은 정치적으로나 경제적으로 큰 영향을 받을 수밖에 없다. 러시아와 우크라이나가 벌이는 전쟁은 대한민국으로서는 우연적인 환경 변화이다. 대한민국 정부와 국민이 사태의 변화에 영향을 줄 방법도 지극히 제한되어 있다. 그러나 이 전쟁이 대한민국의 정치적, 경제적 이해에 끼치는 영향은 상당하다. 이런 상황에서 대한민국의 정치 리더는 안보의 확보부터 시작하여 민주주의의 발전까지 다양한 가치와 목표를 최대한 실현할 방법을 찾아야 하며, 필요하다면 기존의 외교정책에서 변화를 모색해야 할 수도 있다.

이 모든 것은 정치 리더들이 환경의 변화를 읽어내고 적절한 전환을 모색하는 것이 얼마나 중요한가를 보여준다. 그렇지 않다면 국가는 빠르건 느리건 분열과 해체, 쇠락을 맞을 수밖에 없다.

베버, 권력의 좀비가 된 자는 세상을 어지럽게 한다

정치 지도자란 어떤 인물인가에 대해 가장 유명한 강연 중 하나가 1919년 1월 독일의 저명한 사회학자 막스 베버가 자유학생동맹 뮌헨 지부의 초청으로 행한 〈직업으로서의 정치(Politik als Beruf)〉다. 이 강연문은 나중에 대폭 수정 및 보완되어 출간되었는데, 여기에는 국가와 정치, 정치가에 대한 베버의 깊은 통찰이 담겨 있다. (베버는 1년 뒤인 1920년 스페인 독감으로 사망했다.)

베버는 사회학자이면서 정치에도 적극 참여한 인물이었다. 그는 자유주의적 성향의 독일민주당 창당 멤버였고 그 당의 이름을 걸고 선거에 출마하기도 했다. 뿐만 아니라 제1차 세계대전의 처리 문제를 논의하기 위해 1919년 5월 열린 베르사유 회의에 독일 대표단의 일원으로 참석했다. 따라서 그의 강연은 단순한 학문적 탐구의 결과뿐 아니라 정치에 대한 실제 경험과 통찰을 집약한 것이었다. (베버를 두고 오늘날 폴리페서라고 비난할지 모르겠지만 사실 학자의 정치 참여 자체를 비난해서는 안 된다. 학자 역시 시민이며 해당분야에 전문지식을 갖고 있기 때문에 때로 정책 결정에 훌륭한 조언자가 될 수 있다. 폴리페서가 유난히 문제가 되는 것은 연구와 교육을 게을리 하고 교수라는 직함을 걸고 정부의 이런저런 자리를 찾아 하이에나처럼 헤매거나 정당의 주변을 배회하기 때문이다. 학자로서 존경받으면서 정부에서 일하고 마치면 다시 강단으로 돌아오는 사람들도 있다는 사실을 잊어서는 안 된다.)

〈직업으로서의 정치〉에서 베버가 강조한 정치 지도자의 중요한 자질 중 하나는 책임감이다. 여기서 책임감은 자신이 아닌 다른 무엇에 대한 '책임의식'을 말한다. 정치 지도자가 하는 일은 결코 개인의 이익만을 위한 것이어서는 안 된다. 정치에는 대의와 명분이 있어야 한다. 신이든 민중이든 민주주의든 어떤 가치를 실현하기 위해 노력하는 것이 올바른 정치인의 자세이다. 만일 이러한 책임감을 잊게 되면 무서운 결과를 낳게 될 수도 있다. 권력 자체가 목적이 되어버리기 때문이다. 인간이 인간을 위해 권력을 사용하는 것이 아니라, 권력이 인간의 정신을 지배하는 상태가 되는 것이다. 권력에 좀비처럼 되어버린 정치 지도자는 온 세상과 자기 자신을 혼란에 빠뜨릴 수 있다.

이런 전제 위에서 베버는 정치 지도자의 자질로서 판단력을 강조한다. 판단력이란 현실감각이고, 현실감각이란 자신이 추구하는 목표와 그를 위한 행위가 현실에 어떤 결과를 가져올 것인가를 깊이 숙고하여 그에 따른 방침을 정해 행동하는 것을 말한다. 그를 위해서는 자신의 목표, 자신이 처한 현실, 자신이 동원할 수 있는 수단, 각각의 수단을 동원했을 때 가져올 결과 등에 대한 아주 냉철한 판단이 필요하다.

예를 들어보자. 정치 지도자 A는 전쟁이 근본적으로 옳지 않고 궁극적으로 사라져야 한다고 생각한다. 따라서 전쟁 반대를 정치적인 기본 입장으로 한다. 그런데 주변 나라들 중 한 나라가 다른 나라를 침략하여 전쟁이 일어난다. 이 경우 A는 중립을 선언하고 아예 신경을 꺼버리는 이외에도 몇 가지 정책을 생각할 수 있다. 하나는 전쟁 반대를 외치고 모든 전쟁행위의 즉각 중단을 요구하는 것이다. 다른 하나는 침략을 당한 국가에 군사적 원조를 하여 침략한 나라에 맞서는 것이다. 다른 하나는 군사적 수단을 제외한 다른 압력 수단, 예를 들어 경제제재 등의 수단을 동원하여 다른 나라들과 함께 침략국에게 전쟁을 멈추도록 압박을 가하는 것이다.

실제 국제 사례들을 살펴보면, 전쟁 행위의 중단을 요구하거나 경제제재를 동원하는 것은 별 실효성이 없는 경우가 많다. 침략국이 전쟁을 일으키기 전에 이를 막을 수 있다면 가장 좋겠지만, 일단 전쟁이 시작된 상황에서는 군사적 원조가 필요할 수 있다. 그런데 이런 옵션을 선택할 경우 정치 지도자 A는 평화주의자로서의 입장과 상충되는 행동을 하게 된다. 이로 인해 자신의 지지자를 잃을 위험이 생길 수 있다.

베버의 관점에 따르면, 이러한 상황에서 지지자를 잃고 일시적으로 자신의 입장에 반하는 행동을 하더라도 전쟁을 종식시키는 합리적 방법이라고 여긴다면 전쟁에 참가하는 것이 옳다. 베버는 세상이 결코 콩 심은 데 콩 나고 팥 심은 데 팥 나는 식의 원칙이 지배하는 곳이 아니라고 여겼다. 세상은 온갖 불합리와 부조리로 가득 차 있다. 선한 의도로 하는 행위가 반드시 선한 결과를 가져오지는 않는다는 것도 그런 부조리의 하나이다.

베버는 정치 지도자라면 이런 부조리가 못마땅하고 짜증나도 그대로 인정하고 그에 맞게 행동해야 한다고 강조한다. 왜냐하면 그렇게 함으로써 그는 자신이 원하는 평화에 가장 근접한 결과를 얻을 수 있기 때문이다.

베버는 현실에 대한 냉철한 판단력에 근거하여 정치적 행동전략을 정하고 실행에 옮기는 것을 정치가가 따라야 할 책임윤리라고 불렀다. 그에 반해 합리적인 판단 없이 원칙론을 고집하며 행동하는 것을 신념윤리에 따른 행동이라고 보았다. 베버에 따르면 신념윤리에 따라 행동하는 것은 정치가가 피해야 할 일이다.

물론 무엇이 책임윤리이고 무엇이 신념윤리인가의 구분은 현실에서는 그렇게 뚜렷하지 않다. 또한 신념윤리에 대한 베버의 주장은 자신의 가치판단을 일방적으로 반영하고 있어서 그대로 받아들이기 어려울 때도 있다. 독일민족주의자이며 국가의 필연성과 필요성을 굳건히 믿었던 베버는 코스모폴리탄적 평화주의나 반전주의자를 현실을 무시하는 철부지 신념윤리론자로 묘사했다. 그러나 당시의 평화주의자들과 사회민

위험한 국가의 위대한 민주주의

주주의자들이 행동의 결과와 무관하게 원칙론만 고수하는 사람들이었다고 보기는 어렵다.

또 베버는 당시 정치적 급진주의자들을 비판하며, 그들이 결과와 상관없이 부당한 사회질서에 대항하여 저항의 불길을 타오르게 하는 데에만 몰두하고 실제 성공 가능성은 무시한다고 지적했다. 이러한 비판은 베버의 판단이 자신의 보수적 가치에 얼마나 깊이 뿌리박고 있었는지를 보여준다. 만일 이런 식으로 말한다면 몰려오는 계엄군에 맞서 죽음을 예감하고도 맞섰던 1980년 광주의 시민군이나 1980년대 초중반 학생 운동에 나섰던 사람들은 모두 비이성적인 행동을 한 무책임한 사람들로 비판받게 된다. 비록 가망이 없다 하더라도 계엄군에 맞선 시민군의 용기가 있었기 때문에 1987년 6월 항쟁도 일어날 수 있었다.

이런 문제점에도 불구하고 신념윤리에 대한 베버의 비판에는 배울 만한 점이 많이 있다. 그의 비판에는 정치를 교조화된 가치와 신념으로 대체하려는 사람들에 대한 경고가 담겨 있다. 베버의 이러한 경고를 신념 자체에 대한 부정이나 폄하로 오해해서는 안 된다. 종종 권위주의를 옹호하는 사람들이 민생을 핑계로 내세우며, 민주주의를 부르짖는 사람들을 교조주의자로 비난하는 경향이 있다. 마치 먹고살아야 한다는 본질적인 필요를 외면하고 대의명분만 읊는 꽉 막힌 사람처럼 깎아내리는 것이다.

그러나 이미 책임감에 대해 설명하며 언급했듯, 베버는 이상과 대의를 정치가의 필수적인 자질로 보았다. 그는 이상이 없는 정치는 존재할 수 없으며, 대의가 없는 정치가는 기회주의자로 전락한다고 경고했다.

베버의 경고는 올바른 국가에 대한 비전을 필요에 따라 던져도 된다는 것이 아니라, 그런 비전을 결과를 염두에 두고 주의 깊고 신중하게 추구하라는 것이다.

민주주의, 안전한 국가 권력을 선택하다

정치 리더십에 대한 베버의 이야기를 우리가 알아야 할 모든 것이라고 말할 수는 없다. 베버가 일생의 대부분을 살았던 독일은 오늘날의 민주주의적 법치국가와는 상당한 거리가 있었다. 19세기 독일은 입헌군주국으로서 법치를 내세우기는 했지만, 법 위에 존재하는 카이저의 권리를 부정하지 않았다. 인민주권의 집약체로서 입법부에 대한 관념은 훨씬 희박했으며, 카이저가 임명한 수상이 이끄는 내각은 입법부의 통제로부터 지금보다 훨씬 더 독립되어 있었다. 따라서 베버의 논의에는 민주주의적 법치국가에서의 정치 리더십에 대해 본격적인 논의는 없다.

현대 민주주의에서 자유주의와 법치주의에 기반한다는 말은 시민의 권리와 자유를 가장 우선적인 가치에 두고 이를 보장하기 위한 제반 법적 장치를 마련하여 국가 권력을 그 틀 안에서 행사하게 한다는 뜻이다. 국가조직은 시민의 생명과 재산을 최대한 보호하며 동시에 이러한 권리를 행사하는 시민 개개인의 자유가 최대한 제한받지 않도록 노력할 의무가 있다. 19세기 이후 이런 자유는 보다 넓은 범위로 해석되어오고 있다. 오늘날 자유에는 거주의 자유나 직업 선택의 자유 같은 개인적인 차원의 자유부터 언론·출판·집회·결사의 자유 같은, 보다 제도적이고 공공성을 띤 자유까지 다양한 범주가 포함된다. 법원이 판단 없이 시민을 장시간 구금할 수 없도록 하거나 함부로 은행계좌를 뒤지거나 압수수색을 할 수 없게 한 것도 시민의 자유를 보호하기 위함이다.

현대 민주주의 국가는 이러한 모든 내용을 법으로 구체화하여 정해두고 있다. 대통령이든 장관이든 대법원장이든 이러한 법을 무시하면 심각한 범죄자가 된다. 따라서 현대 사회의 정치 리더는 과거의 권위주의적 마인드에서 벗어나 민주주의적 감수성을 가진 사람이어야 한다.

물론 과거 권위주의 정권에서는 자유주의의 가치를 무시하거나 다양한 핑계로 우회하는 일이 잦았다. 흔히 반공을 내세우면서 공산주의야말로 자유의 적이므로 공산주의를 막기 위해서는 어떤 자유와 권리의 침해도 정당화된다는 식의 논리가 그것이다. 어떤 경우는 멀쩡한 법을 무시하고, 시민의 자유와 권리를 노골적으로 제한하는 법을 만들기도 한다. 이렇게 대놓고 자유를 부정하지는 않는다 하더라도 사법부를 협박하는 행위, 입맛대로 구금과 압수수색을 벌이며 반대편을 탄압하는 일은 세계사에서 드물지 않다.

완성된 민주주의에서도 이런 문제가 일어날 수 있다. 1950년 공화당 당원대회에서 상원의원 조지프 매카시는 미국 내에서 암약하는 297명의 공산당원 명단을 갖고 있다고 주장했다. 신문들이 이를 받아 대서특필하고 공화당이 이를 받아 공산주의자 색출 운동을 대대적으로 벌이면서, 매카시즘이라고 부르는 광기의 시대가 열렸다. 미국 전역에서 자유와 반공을 빌미로 한 사상 검증, 자유와 인권 탄압이 공공연하게 자행되기 시작했다. 그후로 4년 동안 정치인부터 학자, 문필가, 예술인, 언론인까지 많은 사람들이 공산주의자라는 혐의만으로 미 하원 반미행위조사위원회에 조사를 받거나 체포되고 청문회에 불려갔다. 더불어 조사를 받거나 청문회에 출석했다는 이유만으로도 비난의 대상이 되고, 직업을 잃거나 심지어 추방을 당했다. 공산주의자라는 혐의에 걸렸다 하면 탈탈 털리고 마는 상황에서 사람들은 매카시의 눈치를 봐야 했고 애국심을 증명하기 위해 온갖 노력을 했다.

나중에 밝혀진 바에 따르면 이들 대부분은 무고했다. 그러나 매카시의 정치적 야심, 언론과 정치권의 무책임이 함께 빚어낸 결과는 참담했다. 적잖은 사람들이 대중의 비난을 받고 경력에 상처를 입었다. 여기에는 음악가 레너드 번스타인이나 코미디언 찰리 채플린, 역사가 나탈리 제먼 데이비스, 물리학자 알버트 아인슈타인, 역사가 에른스트 칸토로비치, 소설가 하인리히 만과 토마스 만, 극작가 아서 밀러와 베르톨트 브레히트, 과학사가 조지프 니덤, 작가 어윈 쇼 등 유명한 인물이 다수 포함되어 있었다.

매카시가 가져온 섣부른 색깔론의 광기가 미국 문화에 끼친 해악은 이루 말할 수가 없다. 매카시즘 이후로 미국은 사상의 자유에 더 큰 관심을 가지게 되었다. 트럼프 집권 이후 미국에서 완전한 사상의 자유가 존재하는가에 대한 심각한 우려가 일고 있지만 어떤 이유로든 다른 사람의 생각을 함부로 검증하고 재단하려 해서는 안 된다는 신념이 미국 사회에서 큰 지지를 받고 있다는 것은 부정할 수 없는 사실이다.

사실 국가 권력을 절제하여 사용하는 것은 말처럼 쉬운 일이 아니다. 권력이 적절한 한계를 넘어서 행사되는 것을 반드시 정부 지도자들이 절제하지 못한 탓으로만 돌릴 수는 없다. 때로는 시민들이 강력한 권력을 원하기도 한다. 사람들은 흉악범죄나 테러, 정치인의 부패, 기업인의 탈법행위 등에 민감하게 반응한다. 이들은 국가가 이러한 문제에 대해 확실히 대응하기를 바란다. 때로는 문제가 명백한데도 국가가 적절히 개입하지 않는다고 불만을 표출하기도 한다.

브루스 윌리스가 주연한 〈다이하드〉 1편에는 주인공 존 맥클레인 형사가 테러범 토니의 뒤에서 총을 겨누는 장면이 나온다.

> John: Drop it, dickhead. It's the police. (총 버려, 또라이. 경찰이다).
>
> Tony: You won't hurt me. (당신은 나를 해치지 못할 걸.)
>
> John: Yeah? Why not? (그래? 왜 못하는데?)
>
> Tony: Because you're a policeman. There are rules for policemen.(왜냐하면 당신은 경찰이거든. 경찰에게는 규칙이 있지.)
>
> John: Yeah, that's what my captain keeps telling me.(하, 그건 우리 서장이 노상 나한테 하는 말이지.)

이 장면을 보는 사람들은 지금도 물 없이 고구마 한 소쿠리쯤 먹은 듯한 답답함을 느낀다. 왜 맥클레인은 저 흉악한 테러리스트와 말을 섞고 있는가? 왜 당장 쏴버리지 않는가? 법과 원칙이라는 것 때문에 왜 정의가 머뭇거려야 하는가 하고 말이다. 현실에서도 마찬가지이다. 가끔은 국가 권력이 이것저것 따지다가 해야 할 일을 못하는 경우들을 본다. 지난 2023년 6월, 한 여성이 알고 지내던 남성에게 지하주차장에서 살해당한 사건이 있었다. 피해자는 사건 발생 직전에 폭행 피해를 신고해서 경찰조사를 받았는데, 경찰은 피해자가 원하지 않는다는 이유로 별다른 보호조치를 취하지 않았고, 그로부터 불과 얼마 지나지 않아 사건이 벌어졌다.

이런 일들을 겪으면 우리는 국가 권력이 제 할 일을 하지 않고 있다고 느낀다. 그리고 국가 권력이 거추장스러운 법과 규칙 대신 직접 두 주먹을 움켜쥐고 거악들을 해치우는 영웅이 되어주기를 바란다. 그러나 국가 권력이 정해진 규칙이나 규범을 자의적으로 해석하거나 이를 무시한다면 큰 문제가 발생한다. 특히 시민의 기본적인 자유와 권리에 관한 경우에는 더욱 그렇다. 그 이유는 간단하다. 앞에서 홉스의 국가이론을 살펴보며 이야기했지만 국가는 성경에 등장하는 괴수 리바이어던에 비유될 만큼 거대한 힘을 가진 존재다. 그 힘은 어떤 지상의 권력보다 크며, 마치 빛조차 휘게 만드는 거대한 블랙홀 같다. 이런 거대한 힘을 가진 존재가 아무런 제한 없이 자신의 판단에 따라 움직인다면 큰 문제가 발생한다. 그 앞에서 어떠한 저항도 불가능하기 때문이다.

근대 민주주의는 이 괴물이 함부로 움직이지 않고 전체 공동체와 시민들의 이익을 위해 봉사하도록 다양한 장치를 만들었다. 그중 하나가 삼권분립이다. 그뿐만 아니라 수많은 법과 규범을 만들어 권력을 제한했다. 민주주의는 전지전능한 국가 권력을 포기하는 대신 안전한 국가 권력을 선택한 것이다.

법을 따르지 않는 리더는 존재할 필요가 없다

민주주의가 발달한 국가에서 의외로 민주주의적인 마인드가 없는 사람이 지도자로 추앙받는 일이 일어난다. 이 세상에 완벽한 민주주의는 없다. 아무리 좋은 민주주의 제도를 만들어도 사람들은 여전히 부족함을 느끼고, 만일 부족한 점이 없다고 해도 최소한 개선해야 할 것을 찾아낸다. 때로는 경제사회적 부조리와 비효율에 멀미를 느끼기도 한다. 그럴 때마다 법 찾고 규칙 찾는 관료들과 정치가들이 한심해 보이며 일을 하지 않으려는 사람들로 보인다. 심지어 세금만 축내는 밥벌레로, 최악의 경우에는 시민들의 이익을 내세우며 뒤에서 자기 배를 불리는 위선적 엘리트로 보인다. 이럴 때 거추장스러운 절차를 생략하고 정의를 실현하겠다는 사람이 나타난다면 충분히 주목을 끌 수 있다. 종종 정의는 너무나 단순하고 분명하게 느껴져서 법과 규칙이 거추장스러운 요식거리로 보이기 쉽다. 그럴 때 누군가 그럴싸한 말로 "내게 권력을 주면 이런 모든 부조리는 단숨에 해결하겠다"라고 말한다면 끌리지 않겠는가?

사실 모든 정치인들은 어느 정도 이런 레토릭을 사용한다. 모두가 개혁적인 지도자로 자신을 내세우고 싶어 하기 때문이다. 부조리와 불합리에 직접 맞서 응징하는 영웅은 언제나 멋지다. 할리우드 영화에 규칙 따위 무시하고 총 한 자루, 칼 한 자루 들고 적을 때려잡는 람보 타입의 근육질 히어로가 자주 등장하는 것도 그런 이유이다. 〈다이하드〉의 맥클레인도 그런 부류의 인물이다. 비록 그는 근육질의 히어로도 아니고 기관총을 들고 단번에 악당을 쓸어버리는 존재도 못되지만, 어쨌든 시리즈 내내 매뉴얼 따지는 고위 경찰관이나 관료들과 충돌을 불사하며 악당과 맞서 싸우고 끝내 시민들을 구한다.

그러나 현실은 영화가 아니다. 영화 속의 극단적인 상황에서 물러서 현실로 돌아오자. 우리 주변에 무엇인가를 불의라고 여기면, 혹은 불의를 발견했을 때 이를 응징하기 위해 법을 무시하고 행동하는 사람이 있다고 상상해보자. 그런 사람이 흑화되기라도 하면 문제는 커진다. 역사가 수없이 증명했듯이 혼자 마음대로 하도록 내버려두어도 언제나 현명하고 정의롭게 행동하는 리더는 현실에 없다. 그런 리더는 전근대 영웅담이나 성군스토리에나 등장하는 이야기이다. 앞서도 이야기했지만, 리더를 현명하고 정의롭게 만드는 것은 그 사람의 자질 못지않게 규제와 견제이다. 통제받지 않는 권력은 절대 타락한다.

법을 따라야 하는 것은 개혁에서도 마찬가지이다. 개혁은 법에 정해진 절차에 따라야 한다. 물론 국가와 민주주의의 핵심적인 가치를 보호하기 위해 시민들이 직접 행동에 나서야 할 때가 있다. 그런 경우 대규모로 법이 어겨지기도 한다. 1987년 6월 항쟁에서 당시 집회와 시위에 관한 법률은 대부분 무시되었는데, 이것이 그런 경우이다. 그러나 여기에는 이유가 있다. 당시 집회와 시위에 관한 법률은 사실상 집회와 시위를 금지하기 위한 법률에 지나지 않았기 때문이다. 보다 정확히 말해 5공화국 헌법 자체가 제정부터 반포까지 민주주의적 정당성을 근본적으로 결여하고 있었다. 이럴 경우 시민이 기본적인 자유와 권리를 실현하기 위해 벌이는 일탈 행위를 무작정 비난할 수 없다. 왜냐하면 실현해야 할 더 근본적인 이익이 분명히 존재하기 때문이며, 그러한 이익을 문제가 되는 법률이 막고 있기 때문이다.

그러나 그렇지 않은 일반적인 상황이라면 법을 지켜야 한다. 법의 테두리 안에서 절차에 따라 개혁을 추진하는 것이 맞다.

우리가 자유주의와 법치주의에 기반한 민주주의체제를 가지고 있기 때문에 오늘날 민주주의 국가의 정치 리더들은 과거에 비해 눈치를 보아야 할 것이 많다. 심지어 대통령이나 수상도 법률에서 정한 범위를 넘어 권한을 행사할 수는 없다. 행정, 사법, 입법의 세 기관은 독립성을 보장받아야 하며, 이는 거의 신성한 원칙으로 여겨진다. 이를 함부로 침해하면, 아무리 강한 권력을 가진 자라도 결국 그 끝은 망명이나 감옥일 수밖에 없다. 그 이외에도 대통령이 존중하고 지켜야 할 업무 수행상의 규칙은 매우 많다.

어떤 경우에도 이런 법률을 존중할 생각이 없는 사람은 리더가 되어서는 안 된다. 중요한 것은 이런 법률들의 문구가 아니라 정신을 이해하고 이를 실천에 옮기려는 자세이다. 1958년 독일 프라이부르크 대학에서 콘라드 헤세의 법학교수 취임 연설이 열렸다. 그는 독일 연방헌법재판소 재판관으로 임명되어 여러 중요한 판결에 참여한 인물이다. 그의 사상은 학계와 법률계에서 많은 지지를 받았으며, 그를 따르는 학자들을 '헤세 학파'라고 부르기도 했다. 이 취임 연설문의 제목은 〈헌법에의 의지(Der Wille zur Verfassung)〉였다.

여기서 헤세는 헌법 자체는 단순한 문구에 불과하며, 그 정신을 깊이 이해하고 그 취지를 실현하려는 노력 없이는 아무런 의미도 가질 수 없다는 취지의 연설을 한다. 여기 한 구절을 인용해본다.

헌법은 현재의 개별상황을 타개하는 데 실질적인 힘이 될 수 있습니다. 비록 헌법 그 자체로는 할 수 있는 것이 아무것도 없습니다. 헌법은 단지 우리가 해야 하는 과업에 대해 이야기할 뿐입니다. 그러나 우리가 이러한 과업을 걸머지고, 헌법이 규정하는 질서에 따라 각자가 행동할 준비가 되어 있다면, 순간적인 이익 때문에 제기되는 모든 회의론이나 비판론에 맞서 이러한 질서를 관철시킬 결의가 서 있다면, 다시 말해 사람들의 일반적인 의식 속에서, 특히 헌정 질서를 책임지는 사람들의 의식 속에 단지 권력에의 의지만이 아니라, 헌법에 대한 의지가 숨쉬고 있다면 헌법은 실질적인 힘이 될 수 있습니다.

법치는 법조문을 넘어 법의 근본적인 취지를 이해하고 그를 존중하는 태도를 요구한다. 그런 태도가 없다면 심지어 법률 전문가라고 하더라도 법치주의를 해칠 수 있다. 보다 정확히 말해 법을 잘 아는 만큼 법률을 악용할 소지가 크기 때문에 민주주의에 더욱 심각한 해를 끼칠 수 있다.

'다름' 속에서 어떻게 합의점을 찾을 것인가?

오늘날의 정치 지도자는 다원주의에 기반한 의회주의의 룰을 이해해야 한다. 그리스에는 의회 같은 조직이 없었다. 아테네만 하더라도 민회에 사람들이 모여 그날그날의 안건에 대해 결정하면 그것이 곧 법이 되고 판결이 되었다.

오늘날의 민주주의는 이보다 훨씬 복잡하다. 무엇보다 의회의 역할이 핵심적인 의미를 갖는다. 다시 말하지만 현대 민주주의의 핵심제도는 법치이다. 그리고 그 법을 만드는 것이 의회이다.

현대 의회주의는 다원주의에 기반한다. 다양한 정치적 견해들의 존재를 당연한 것으로 받아들인다는 뜻이다. 그리고 이러한 다양한 견해들 간에 최대한의 합의점을 찾아 국가를 끌고 갈 것을 요구한다. 따라서 의회주의는 다당제와 깊이 관련되어 있다. 하나의 정당만을 인정하고 다른 정당은 보조수단으로 여기는 경우는 의회와 유사한 제도를 갖추고 있다고 하더라도 의회주의라고 보기 어렵다.

예를 들어 중국의 경우 중국공산당 이외에도 여러 정당들이 존재하지만 오로지 공산당만이 집권하도록 사실상 법으로 정해 두었다. 다른 당들은 전국인민대표대회에서 의석을 얻어 발언할 기회를 갖지만 이는 기껏해야 공산당이 다양한 피드백을 얻어 통치할 수 있도록 하기 위함이지, 그들이 집권당이 될 수 있다거나 되고자 한다는 의미는 아니다. 이런 점에서 중국에는 다원주의적 의회주의가 없다고 말할 수 있다. 현대 민주주의에서 의회가 행하는 역할을 중국의 전국인민대표대회는 수행하지 못한다. 현대 사회에서 사실상 시민들의 주권이 표현되고 발휘되는 가장 중요한 통로가 의회라는 점을 감안하면, 중국에 우리가 생각하는 민주주의는 없는 셈이다.

여하튼 이런 의회주의 제도 때문에 정치 리더들은 과거에 비해 고려해야 할 것이 많다. 의회가 승인한 법률 내에서 움직여야 한다는 것은 정치 리더들에게 여러 가지 어려움을 야기한다. 대통령이든 수상이든 행정부를 책임지는 사람들, 그리고 그 사람을 보조하는 사람들에게 가장 답답한 것은 반대파들과 벌여야 하는 지루한 협상의 시간일 것이다. 아무리 자신이 원하는 정책을 실현하고자 해도 의회가 정한 법에 어긋나면 할 수 없기 때문에 결국 의회로 하여금 자신이 원하는 정책의 기초를 반영하는 법을 만들고 예산을 편성하도록 움직이는 것이 중요하다.

그러나 정당이라는 집단, 특히 야당이라는 집단은 처음부터 '다름'을 전제로 존재하는 집단이고, '다름'을 내세워 다음 집권을 노리거나 혹은 세를 넓히려는 집단이다. 때로 행정을 책임진 입장에서는 너무나 자명하고 중요한 정책이라 할지라도, 이를 추진하기 위해서는 오랜 시간에 걸친 끈질긴 설득이 필요하다. 그런 설득이 먹히지 않는 경우도 물론 허다하다. 그럼에도 불구하고 의회주의 안에서 어떤 행정부의 수장도 이러한 지루하고 험난한 과정을 생략할 수 없다. 만약 이런 과정을 함부로 생략한 채 정책을 밀어붙인다면 이는 파시즘과 다를 바가 없다.

다양한 설득을 통해 타협을 이루어낸다고 해도 문제는 남는다. 이 당, 저 당 입맛에 맞게 이곳저곳을 손보고 나면 나중에는 누구도 만족시킬 수 없는 누더기가 나올 수도 있다. 용을 그리려다 지렁이가 되어버리는 셈이다. 이런 누더기를 과연 국민이 반겨줄까? 대개 그런 누더기는 실제 정책을 수립하고 집행하는 과정에서 문제를 일으킨다. 그 비난은 누가 받을 것인가? 야당도 받겠지만 대개는 여당이 주로 받는다.

이런저런 어려움을 생각할 때 가장 흔히 떠오르는 해결책은 절대다수 의석을 확보하는 것이다. 그래서 원하는 대로 법을 제정하거나 고치고 예산도 필요한 방식으로 편성하는 것이다.

절대다수 의석의 꿈은 물론 야당도 꾼다. 절대다수 의석을 확보하기만 하면 자신들이 반대하는 정책을 행정부가 집행하지 못하도록 효율적으로 통제할 수 있다. 그러나 과연 절대다수 의석이 확보된다면 문제는 해결될까? 그래서 원하는 법을 마음대로 통과시키고 예산을 편성하면 아무 문제가 없을까?

다수 의석을 확보하여 결정을 내리는 것으로 의회주의의 사명을 다한 것이라고 말한다면 그럴 수도 있다. 그러나 그렇게 믿는 사람은 의회주의를 제대로 이해하지 못한 것이다. 비록 실제로는 기대에 미치지 못해도 적어도 이론적으로 의회주의의 중요한 사명 중 하나는 시민들을 통합하는 것이다. 즉 비록 다수를 형성하지 못했더라도 반영해야 할 정당한 요구가 있다면, 그런 요구가 최대한 정책으로 실현될 수 있도록 하는 것이 행정부 수장의 역할이다.

다수결이 언제나 정당하다고 믿는 것은 잘못이다. 다수결이 잘못되었다는 것이 아니라, 다수냐 소수냐로 판가름할 수 없는 사안들도 많기 때문이다. 복지의 사각지대에 놓인 빈곤층을 돕는 정책을 예로 들 수 있다. 빈곤층을 도와야 한다는 생각은 어느 사회에나 존재하지만 모든 사회에서 관심의 정도가 같은 것은 아니다. 어떤 사회에서 빈곤층이 상대적으로 적은 한편 다른 계층은 빈곤 문제에 별 관심이 없는 사회가 있다고 가정하자. 그런 사회에서는 빈곤층을 돕자는 법률이나 정책이 별 지지를 받지 못할 수도 있다. 그러나 다수가 관심을 갖거나 지지하지 않는다고 해서 과연 빈곤층을 돕고자 하는 목소리는 의미 없는 것으로 무시되어도 될까?

정치 지도자는 단지 의회에서 다수를 확보하는 것으로 안주해서는 안된다. 앞에서 이야기했지만 민주주의를 단지 선거나 투표에서 다수만 얻으면 무엇이든 해도 되는 것으로 생각하는 것은 큰 잘못이다. 다수를 얻은 사람들에게는 전체 논의와 의사결정을 주도할 힘이 있는 만큼 그렇지 못한 다른 사람들의 이야기도 들어야 할 책임이 있다. 따라서 정부를 책임진 지도자에게는 의회에서의 의견에도 귀를 기울일 의무가 있으며, 최대한의 합의점을 찾아야 할 필요가 있다.

12.3 계엄의 희극(혹은 비극)은 법치주의와 다원적 의회주의의 의미를 이해하지 못하는 지도자로부터 비롯되었다. 평생을 검사로 살면서 법의 문구를 늘이고 비틀어서라도 정당화할 수 있다면 무엇이든 가능하다고 믿어버린 지도자, 야당의 반대와 비판을 곧 반국가로 오해하는 지도자가 한국 민주주의를 나락 앞까지 몰고 갔다. 여기에 대한 책임은 그런 사람을 지도자로 만든 시민들도 나눠야 한다. 그러나 처벌과 정리 못지않게, 아니 오히려 그보다 더 중요한 것은 그런 오류를 반복하지 않는 것이다.

13

한국, 미래의 경쟁력은 무엇이 좌우하는가?

정치시스템, 사회시스템, 경제시스템

오늘날 정상적인 민주주의적 법치국가에서 과거처럼 지배자가 시민들의 몫을 힘으로 뺏는 일은 허용되지 않는다. 앞서 실패한 국가, 괴물이 된 국가에서 보았듯, 여전히 자의적으로 강권을 휘두르고 법의 이름으로 시민들의 권리를 제한하고 재산을 강탈하는 일이 자행되고 있지만, 여기에는 시민들의 강력한 저항이 따라온다. (그리고 시민들이 이런 지배자를 무릎 꿇리고 국가를 자신들에게 봉사하는 조직으로 바꾸는 것이 시간문제일 뿐이라고 나는 생각한다.)

대신 국가의 힘은 다른 측면에서 강화되고 있다. 현대 사회에서 인간의 삶에 필요한 서비스의 양과 질이 증가함에 따라, 더 많은 인적·물적 자원이 동원되어야 한다. 국가보다 이를 더 잘할 수 있는 조직은 지구상에 아직 없다. 국가만큼 미래를 보고 당장의 수익에 연연하지 않으며 대규모 투자를 할 수 있는 주체는 지구상에 없다. 성장을 촉진하기 위해 먼 미래를 보고 엄청난 돈을 혁신이나 인프라 확충에 투자하는 것도, 복지를 증진시키기 위해 수익성의 희망이 없는 조직과 사업에 자금과 인력을 쏟아붓는 것도 국가의 일이다. 지난 팬데믹은 국가가 우리에게 얼마나 필수불가결한 존재인지를 확인시켜 주었다.

나는 국가의 역할이 미래에도 더 커지리라 생각한다. 이 글 맨 앞에서 보았던 〈이매진〉 가사처럼, 사람들은 국가가 소멸된 사회를 꿈꾸지만 그렇게 되지 않을 가망이 훨씬 크다. 앞서 보았듯 마르크스는 인간사회가 공산주의에 도달하게 되면 지배와 피지배 관계가 사라지고 자연히 국가는 소멸하리라고 보았다. 그러나 심지어 그런 공산주의 사회가 도래하고 지배와 피지배 관계가 소멸한다고 해도 국가는 사라지지 않을 것이다.

세계화의 끝에 세계정부, 세계국가로 귀결될지는 아무도 모른다. 그러나 그런 날이 오더라도 아주 오랜 시간이 흐른 후일 것이다. 오히려 세계화가 초래하는 파괴적 영향에 노출된 시민들의 시선이 향하는 곳도 국가이다. 일자리 소멸, 복지 수준의 후퇴, 불안정한 노동의 증가는 이제까지 시민들이 기대해왔던 삶의 안정성을 근본에서 흔들고 있기 때문이다. 이러한 세계화의 파괴적 결과 앞에서 사람들은 조상들이 외적의 침략이나 재난의 공포에서 구원받기를 바라며 왕과 정부를 찾았던 것처럼 국가를 바라본다. 그들에게 국가는 새롭게 떠오른 위협에서 자신들을 보호하기 위해 법적, 재정적, 혹은 다른 수단을 동원해줄 보루이다. 심지어 인공지능 기술의 발전으로 발생할 수 있는 다양한 문제에 대해서도, 국가가 주도적으로 나서서 해결책을 모색하기를 원한다.

미래 경쟁력 ① 공정과 참여

바람직한 국가는 시민들이 자발적으로 참여할 수 있도록 이끄는 국가이다. 1부에서도 이야기했지만 현대 국가의 발전을 이끈 서구의 엘리트들은 다른 국가와의 정치경제적 경쟁에서 승리하기 위해서, 혹은 저항 때문에, 혹은 박애주의에 이끌려 혹은 다른 이유로 이제까지 정치에 참여할 권리를 (거의) 갖지 못했던 광범위한 대중들에게 정치에서 목소리를 내고 더 많은 권리를 행사할 수 있는 기회를 부여했다. 민주주의적 법치국가의 이념은 통치자와 피치자의 구분을 없애고 국가를 소수 엘리트에 의해 좌우되는 강권조직이 아니라 전체의 재산으로 만들어야 한다는 생각을 확산시켰다. 이는 제1차 세계대전과 제2차 세계대전을 거치면서 대세로 자리 잡았다.

물론 현실의 국가가 얼마나 이런 이상에 접근했는지에 대해서는 논란의 소지가 있다. 그럼에도 불구하고 앞에서 설명한 변화는 국가와 시민의 통합을 이전까지 상상하지 못했던 수준으로 끌어올렸다.

오늘날 시민들은 과거와 비교할 수 없을 정도로 자발적으로 세금을 내고 국가가 기획하는 여러 가지 일에 참여한다. 때로는 자부심을 가지고 전쟁터에 나가 목숨을 바친다. 가끔 해외토픽을 통해 접하듯 조세저항이 일어나고 여전히 많은 나라에서 세금을 빼돌리는 등의 일탈이 일어나지만, 대다수의 시민들은 국가를 위해 자신에게 주어지는 의무를 성실하게 이행해야 한다고 믿는다.

국가가 안정을 누리고 발전하려면 이런 시민과의 통합을 잘 유지하는 것이 필요하다. 이는 앞으로 얼마나 부담과 과실을 공정하게 나눌 수 있는 체제를 만들고 유지하는가에 달려 있다. 만일 그런 공정이 무너진다면 사람들은 국가로부터 등을 돌릴 것이며 각자도생의 길로 들어갈 것이다. 결국 삶의 안정을 보장하고 미래의 행복을 담보해줄 것은 나의 능력, 나의 인맥뿐이라고 생각할 것이다. 마지막에는 '수단과 방법을 가리지 않고 오래 버티는 자가 강한 자다'라는 식의 허무주의적 사고가 사람들을 옭아맬 것이다. 그러나 그런 허무주의로는 자신을 포함해 누구도 행복해질 수 없다. 현대 사회에서 해결해야 할 문제들은 개인주의적 접근만으로는 손도 대기 어려울 만큼 복잡하고 때로는 거대하다. 국가를 건강하게 이끌어가는 일은 개인의 삶의 행복과 직결된다.

무엇보다 중요한 것은 하나의 목표가 다른 하나를 집어삼키는 식으로 국가의 시스템이 설계되어서는 안 된다는 점이다. 여기서 팬데믹의 교훈을 돌아보는 것이 도움이 될 것이다.

첫째, 경제적 효율성의 논리가 모든 것을 지배해서는 안 된다. 신자유주의의 바람이 불면서 민영화를 통해 비용과 효율 면에서 서비스를 합리화하고 관료조직과 예산이 지나치게 팽창하는 것을 막아야 한다는 입장이 힘을 얻었다. 그러나 팬데믹 혼란기 미국이나 몇몇 나라를 통해 의료서비스가 전적으로 시장의 논리에 맡겨지면서 어떻게 시민들이 각종 사고와 재해에 의한 부상, 질병의 위협 앞에 무방비로 내던져지는지, 그것이 어떻게 한 사회를 엄청난 혼란으로 몰고 가는지를 깨달았다.

둘째, 사회 전체의 이해를 내세워 시민의 자유나 권리를 무시하는 것도 흔한 잘못이다. 팬데믹 기간에 중국은 바이러스의 확산을 비교적 성공적으로 억제한 경우로 알려져 있지만, 그 과정에서 시민의 존엄과 인권이 무시되는 일이 잦았다. 사람들은 정부가 내놓은 감염자와 사망자 통계가 투명하지 않았다고 이야기한다. 중국 관료들은 격리 상태의 시민들이 겪는 불편에 대해서 별로 고려하지 않은 채 바이러스의 확산만 막는다면 상관없다는 태도를 취했다. 엄청난 인구, 농촌 지역의 낙후된 통신이나 의료 인프라 등 중국이 안고 있는 핸디캡만으로 이런 권위주의적 접근법을 정당화할 수는 없다.

한국이 팬데믹 기간 동안 세계의 주목을 받은 이유는 뛰어난 방역체계와 의료지원 시스템 때문만이 아니다. 물론 부족한 점이 전혀 없었던 것은 아니지만, 한국의 방역정책에서는 시민들의 자유와 권리를 존중하려는 노력이 엿보였다. 세계가 특히 한국에 주목한 것은 효율성과 윤리를 조화롭게 결합한 점에 있었다.

비록 3년도 채 되지 않는 경험이었지만, 우리는 이를 통해 미래 대한민국이 나아가야 할 방향을 상상해볼 수 있다. 경제적 발전과 사회적 안전만으로 어떤 나라도 존경받는 국가가 될 수 없다. 중국이 경제적으로 성장하고 정치적으로 영향력을 넓히고 있지만, 그것으로 친구를 얻지는 못한다. 일대일로 사업에 엄청난 재원을 쏟아붓지만 과연 그것으로써 중국이 좋은 친구를 얼마나 많이 얻을 수 있을지는 의문이다. 오히려 더 많은 국가들이 중국의 부상에 대해 경계의 눈초리를 보내고 있다. 그리고 이것은 장기적으로 중국의 부상을 어렵게 할 것이다. 돈만으로는 영원히 우방을 사로잡거나 곁에 머물게 할 수 없기 때문이다.

한국의 미래를 걱정하는 사람들은 여기서 교훈을 얻어야 한다. 시민의 자유와 권리를 존중하고 민주주의의 가치를 소중히 여기지 않는 한국은 미래에 아무리 반도체를 많이 팔고 아무리 좋은 기술을 개발하고 아무리 많은 K팝 그룹이 세계를 휩쓸더라도 세계 무대의 변두리에 머물 수 있을 뿐이다.

미래 경쟁력 ② 국가의 시스템 개혁

미래의 국가는 서비스 조직으로서 역할을 얼마나 제대로 수행하는가에 따라 성패가 갈릴 것이다. 한국처럼 저출산 문제로 몸살을 앓는 나라들은 이 사실을 심각하게 고려해야 한다. 한국에서 나타나는 기록적인 저출산은 길어지는 기대수명에도 불구하고 불확실한 노후대책, 연금제도의 불완전성과 불안정성, 비싼 사교육에서 비롯되는 높은 교육비, 취업의 어려움과 고급 일자리 부족, 직업 불안정성, 비싼 대도시 집값, 여기에 여성의 사회활동을 뒷받침할 복지제도의 미비 등이 복합적으로 얽혀 나타난 결과이다.

이 모든 문제들이 한국에만 있는 것은 아니다. 취업의 어려움과 비정규직 일자리 증가, 정규직 부족, 고급 일자리 부족, 쉬워지는 해고 등의 문제는 세계화와 신자유주의의 확산과 더불어 세계 대부분의 선진 자본주의 국가들도 겪고 있는 문제이다. 안정된 고급 일자리가 부족해질수록 사람들은 더 좋은 스펙, 더 좋은 자격증을 가지려고 노력한다. 그러다 보니 교육비가 증가하는 것을 피할 수 없다.

높은 교육비는 부모들에게 노후를 위해 투자할 힘을 앗아간다. 자녀가 대학을 졸업하여 자기 몫을 할 무렵이 되어야 비로소 부모들은 자신의 노후를 위해 본격적으로 시간과 노력을 투자할 여력이 생긴다. 만일 부모가 자녀 학령기에 직장을 그만두거나 다른 변동이 발생하면 아이들의 학력으로도 그 여파가 미친다. 물론 노후 대비는 더 어려워진다. 퇴직금과 연금은 상승하는 물가를 따라잡지 못하며, 심지어 앞으로 수령액도 더 줄어들 가망이 크다. 만일 공들여 키운 자녀가 대학을 졸업하고도 자기 앞가림을 못하거나 다른 직업교육을 받느라 더 오랜 시간 지원을 해줘야 한다면 상황은 최악으로 치닫는다.

여성의 입장에서 보면 상황은 더 우울하다. 한국에서 여성들이 교육에서 차별받던 시대는 오래 전에 지났다. 동일한 교육을 받은 여성들이 사회에서 동등하게 대우받고 동등하게 경쟁하고자 하는 것은 당연하다. 그러나 현실에서 여성들은 급료, 승진 등 다양한 측면에서 차별을 받고 있다. 이런 상황에서 결혼과 출산은 가뜩이나 서바이벌에 부담을 느끼는 대부분의 여성들에게 짐이 되기 십상이다. 거기에 남편이 육아를 도울 수 있도록 특별히 배려하는 직장에 있거나 그런 직업을 갖고 있지 않다면 여성들이 겪는 부담은 훨씬 더 커진다.

여기에 대도시의 높은 집값도 한 몫을 한다. 한국인에게 집은 단순한 주거지 이상의 의미를 가진다. 연금에 대한 신뢰가 없고 퇴직금으로는 생활이 어려운 상황에서 부동산은 심리적으로라도 노후의 버팀목이자 마지막 비상구로 여겨진다. 코인을 하거나 주식으로 대박을 터뜨릴 자신이 없다면 부동산은 내가 가진 자금을 투자하여 최선의 이익을 기대할 수 있는 가장 안전한 투자처이기도 하다. 따라서 한국인들은 내 집 마련에 목숨을 걸다시피 한다. 그런데 이런 어려운 여건에서 자녀를 갖는다면 내 집 갖기 경쟁에서 불리하다. (물론 셋 이상의 아이를 낳아 다둥이 가정에게 주어지는 혜택을 받을 수 있겠지만, 그런 경우 다른 부담이 증가한다.)

이런 여러 가지 상황이 복합적으로 작용하여 결국 출산을 미루거나 아예 출산을 하지 않는 가정들이 증가한다. 저출산의 영향은 매우 심각하다. 현재 전망에 따르면 2070년에는 이르면 한국의 생산연령인구(15~64세)가 전체 인구의 46.1퍼센트로 감소할 것이며, 이는 먼저 노령화와 저출산 문제를 겪고 있는 일본(50.4퍼센트)이나 마찬가지 문제를 안고 있는 중국(53.5퍼센트)보다도 더 심각한 수준이다.

한국의 노동력 부족은 단기간에 극복할 수 없는 문제이며, 15~20년 후를 전망할 때 다양한 경제적 부담을 초래할 것이 예상된다. 국가 전체로 본다면 의료 서비스와 생활수준의 향상으로 노령인구는 늘어나는데 일해서 세금을 내는 사람은 줄어드는 결과를 낳을 것이다. 노동력 부족이 발생하고 이에 따른 임금상승이 일어날 가망도 크다. 더불어 머릿수가 줄면서 내수시장의 축소 역시 불가피하다. 당장 문을 닫기 시작하는 교육기관들이 주변에 생겨나고 있다.

물론 인구가 감소하더라도 이러한 흐름을 역전시키는 다른 효과들도 생겨날 것이다. 인공지능기술을 비롯한 과학기술의 발전은 노동력의 수요를 줄일 것이다. 그러나 이로 인해 대량 실업이 발생할 경우 어떻게 감당할 것이며, 예상되는 빈곤문제에 어떻게 대처할지, 실업과 인구감소로 줄어드는 세수를 가지고 비용을 어떻게 감당할 것인가 등의 문제가 제기되지 않을 수 없다.

이런 모든 구조적 문제를 해결하는 데 가장 중요한 역할을 하는 것이 국가이다. 출산 가정에 대한 각종 혜택은 저출산 문제 해결에 어느 정도 도움을 줄 수 있다. 여전히 많은 가정들은 앞서 말한 어려움을 무릅쓰고라도 아이를 낳는다. 혹은 형편이 된다면 무리를 해서라도 아이를 가지고 싶어 한다. 출산휴가, 육아휴직, 각종 보조금, 세금 혜택, 주택 마련에서 다자녀 가정에게 주는 각종 지원 등은 확실히 망설이는 커플들로 하여금 용기를 내게 할 것이다.

그러나 이런 지원정책들만으로 출산율을 지속적으로 상승시키기를 바랄 수는 없다. 앞에서 언급한 출산율을 끌어내리는 구조적 요인들이 워낙 많기 때문이다. 그럴수록 국가의 역할이 더욱 더 요구된다. 보육시설을 더 확충하기 위해 보육시설 마련을 법제화하여 기업들이 이를 따르도록 해야 한다. 여성이 육아 때문에 겪는 경력 단절이나 급료의 불이익을 줄이고, 남성들이 육아에 도움을 줄 수 있도록 제도를 개선하는 데 국가가 적극적으로 개입해야 한다.

국가는 노령인구를 위해서도 특단의 대책을 세워야 한다. 한국은 자녀 양육과 교육부터 노후 준비까지 여전히 각자가 알아서 준비하지 않으면 안 되는 사회이다. 늦어도 오십 중반이면 대부분 회사에서 밀려난다. 특별한 기술이나 다른 재주가 없다면 그때까지 모은 돈과 퇴직금, 인맥이 삶을 지탱해주는 거의 전부이다. 가게라도 차렸다가 잘 안 되거나 주식투자에 실패하는 날에는 인생의 나락으로 떨어질 수도 있다. 연금이 나오는 나이까지 그럭저럭 버텨도 그 연금이 노년의 삶에 휴식과 윤택을 주기는커녕 형편없이 모자란 경우가 대부분이다. 이런 까닭에 사람들은 그나마 안전한 자산인 주택에 투자한다. 그러다보니 부동산 가격을 통제하기는 더욱 어려워진다. 몇몇 지역의 부동산은 계속 강세를 보이겠지만 지역마다 편차가 커서 계속 안전자산으로 남을지는 미지수이다. 인구가 줄고 빈집들이 늘어나며 부동산에 노후투자를 한 사람들은 임대 수입이 줄면서 어려움을 겪게 될 가망도 크다.

연금도 전체 체계를 다시 손보아야 한다. 은퇴 연령을 뒤로 미루는 등의 방책만으로는 문제를 해결할 수 없다. 자칫하면 양질의 일자리를 두고 세대 갈등이 일어날 수도 있다.

청년문제도 심각하게 고려해야 한다. 1980~1990년대에 청년기를 보낸 기성세대들은 현재의 청년들이 과거 자신들과는 매우 다른 환경에 놓여 있음을 이해해야 한다. 그들에게는 '번듯한' 일자리를 구하고 안정적인 삶의 기반을 마련하는 것이 과거보다 훨씬 어려워졌다. 부동산 투자를 통해 삶의 희망을 찾아보겠다는 기성세대의 꿈조차 청년들에게는 사치이다. 따라서 이들은 일찌감치부터 주식 혹은 이보다 투기성이 강한 코인 판에 뛰어든다.

또 한 가지 문제는 청년층의 지나친 안정 지향적 직업 선택이다. 어떤 교수는 의대가 전국대학평준화라는 위업을 달성했다고 자조 섞인 농담을 한 일이 있다. 좋은 의학자, 좋은 의사가 필요하지만 지금처럼 뛰어난 인력들이 의대로 대거 몰려가는 것은 국가의 과학기술 및 산업발전을 위해 바람직하지 못하다. 물론 이를 두고 청년 세대를 탓해서는 안 된다. 아무리 열심히 공부해서 좋은 대학, 대기업에 가도 40대 중후반이 되면 밀려나 50대면 직장을 떠나야 하고, 은퇴 후의 삶도 불확실한 것이 현실이다. 그러다 보니 젊은 세대들이 평생 일할 수 있고 수요도 높은 직업으로 달려가는 것은 어쩌면 당연한 일이다. 학생들이 로스쿨이 주는 라이선스에 매달리는 것도 비슷한 이유가 있다.

기업 하기 좋은 나라를 외치며 무작정 노동유연성만을 강조해서는 안 된다. 또한 복지를 단순히 사치로 여겨서도 안 된다. 현대 사회는 매우 복잡한 구조를 가지고 있으며, 이러한 복잡성을 고려하여 신중하고 균형 잡힌 접근이 필요하다. 지금 한국 사회는 민주주의를 넘어 살기 좋은 민주주의를 수립하기 위해 노력해야 할 때이다. 그런데 여전히 극우 권위주의에 발목이 잡혀 이미 수십 년 전에 결론 내려진 민주냐 반민주냐의 논쟁을 다시 되풀이해야 하는 현실은 안타깝기 그지없다. 한국의 시스템 개혁은 이미 시작했어야 할 시점을 훌쩍 지나쳤다. 지금 이 순간에도 시간은 째깍째깍 가고 있다. 더 늦기 전에, 회복할 수 없는 지경에 이르기 전에 변화를 모색해야 한다.

미래 경쟁력 ③ 인재 전쟁과 개방성

오늘날 전 세계적인 인구의 이동은 경제적 동기가 크게 작용한다. 19세기 이후 유럽과 아시아에서 북미와 남미로 이어진 거대한 이민의 물결은 경제적 안정의 추구와 깊이 관련되어 있다. 그러나 오늘날에는 그뿐만 아니라 삶의 안전, 교육의 질, 더 나은 삶의 기회, 복지와 같은 요인들도 중요한 역할을 하고 있다. 사람들은 이러한 지표에서 우수한 사회를 향해 이동하며, 이는 현대 이민의 또 다른 중요한 동인이 되고 있다. 요즘 서유럽이 이주자 문제로 진통을 겪고 있지만, 따지고 보면 이들 나라들이 대부분 이런 지표들에서 상위권에 있기 때문이다. 최근 한국으로 이주하려는 사람들이 늘어난 것도 한국 사회가 이들 지표에서 높은 수준에 도달했기 때문이다. 결국 이들 지표에서 성취도가 낮은 사회에 사는 사람들, 혹은 현재 사회의 성취도에 만족하지 못하는 사람들은 더 높은 성취도를 보이는 사회로 빠져나가려 할 것이다.

나는 여기서 이민자가 얼마나 와서 투자를 하는지, 관광객 유치를 위해 무엇을 해야 하는지 수준의 문제를 이야기하려는 것이 아니다. 문제는 인재 전쟁이다. 오늘날 각 나라의 정부들은 인재를 양성하기 위해 엄청난 재원을 쏟아붓는다. 고급 인력이 한 나라의 경제성장과 사회발전에서 차지하는 역할은 매우 크다. 특히 기술과 정치사회적 이노베이션이 차지하는 역할이 커지면서 최고의 전문지식을 갖춘 인재들의 중요성이 더욱 더 부각되고 있다.

역사적으로 세계 강국들은 외부의 두뇌들을 끌어들일 수 있는 나라들이다. 아시아에서 중국이 커다란 권력을 누렸을 때에는 인재들의 발걸음이 중국을 향했다. 최치원도 의상대사도 따지고 보면 중국 유학생들이었다. 지금은 그런 역할을 미국, 그 다음으로 서유럽 국가들이 하고 있다. 서유럽 국가들은 인재들을 미국에 뺏긴다고 불평한다. 동유럽 국가들은 인재들이 미국과 서유럽 국가들로 몰려간다고 불평한다. 실제로 인재 전쟁이 치열하게 벌어지고 있는 것이다.

여러 가지 차원에서 인력과 인재 확보를 위해 다른 나라와 경쟁해야 하는 한국은 어떻게 하면 해외 인재들을 끌어들일 수 있는지를 심각하게 고민해야 한다. 오로지 우리가 길러낸 인력만으로 공동체의 미래를 개척하겠다는 생각은 버려야 한다. 특히 고급인력을 유치하는 데에서는 지나친 민족주의는 버려야 한다. 국가의 R&D 역시 이에 맞춰 다시 디자인해야 한다. 독일 교육정책을 담당하는 사람들이 과거를 돌아보며 후회하는 것은 독일에 와서 학위를 받고 연구한 인재들에게 독일에 남아 더 일할 기회를 주지 않았다는 것이다. 지금도 완전히 극복되지는 않았지만 10여 년 전까지만 해도 독일 교육 당국은 외국인이 학위를 취득한 후 본국으로 돌아가는 것을 당연한 전제로 삼고 있었다. 해외에서 유입되었거나 국내 연구기관 및 대학에서 성장한 고급인재의 경우, 특별한 보안 문제가 없는 한 계속 일할 기회를 주는 것이 바람직하다. 우수한 인재를 유치하기 위해서는 고용제도를 어떻게 개선하고 어떤 인센티브를 제공할 것인가에 대한 고민이 필요하다.

인재 전쟁에서도 민주주의는 중요하다. 돈과 특권으로 인재를 끌어들일 수는 있지만, 여기에는 한계가 뚜렷하다. 권위주의 국가에서 아이를 기르고 노후를 보내고 싶어 하는 사람은 별로 없다. 중국이 막강한 자금력과 파격적 지원정책으로 우수한 인재를 블랙홀처럼 빨아들이고 있지만 뛰어난 중국 인재들이 미국이나 다른 유럽국가로 건너가려 하고, 일단 정착에 성공하면 돌아오려고 하지 않는다는 사실도 함께 이야기해야 한다.

인재 전쟁에는 고급인력만이 포함되는 것은 아니다. 한국처럼 인구가 줄어 노동인구 감소가 염려되는 나라는 일반 노동인력도 받아들일 필요가 있다. 당장 인구가 줄어든다고 해서 패닉에 빠질 필요는 없지만, 인구 감소의 충격을 완화하기 위해서라도 해외노동자를 체계적으로 받아들이고 이민을 보다 적극적으로 고려해야 한다. 독일이 2015년 이후 난민을 대거 수용하면서 여러 문제가 발생했다는 지적이 있지만, 이를 통해 독일의 고질적 문제이던 노동력 부족을 메우고 상당한 고급인력을 확보했다는 사실은 간과되곤 한다. 이러한 효과는, 마치 독일 통일이 단기적으로는 경제적 어려움을 초래했지만, 장기적으로는 독일의 내수시장을 확대하고 정치·경제적 영향력을 강화하는 데 기여했던 것과 유사하다. 늦어도 20년 후에는 난민 유입의 긍정적인 효과가 더욱 분명하게 나타날 것으로 예상된다. 실제로 통계에 따르면, 취업 가능 연령대의 난민 중 2016년에는 16퍼센트만이 정규직을 가졌지만, 2021년에는 약 55퍼센트가 취업상태에 있으며 취업자는 앞으로도 증가할 것이다. 이는 장기적으로 세수를 확대하고 내수시장 성장에 기여할 것으로 기대된다.

적극적으로 해외 인력을 유치하기 위해 우리가 강조해야 하는 것은 국가의 개방성이다. 개방성을 유지한다는 것은 부당하게 차별하지 않는다는 뜻이다. 여기서 '부당하게'라는 말을 특히 강조하는 것은 흔히 '차별하지 말라'는 말을 '우리가 가진 것을 똑같이 나눠주고 우리와 똑같이 누리게 하라'는 뜻으로 무의식적, 혹은 의식적으로 오해하기 때문이다. 이런 오해는 정치사회적으로 아주 부정적인 결과를 낳을 수 있다. 한국은 더 이상 경제적으로 뒤처지거나 사회 시스템이 낙후된 나라가 아니다. 이제는 상당한 경제력을 갖춘 만큼, 많은 사람들이 이를 보호해야 한다는 인식을 가지고 있다. 따라서 외국인이 복지 시스템에 별 기여 없이 혜택을 받는다든가, 규제 없이 토지나 부동산을 취득하여 난개발을 초래한다든가, 국가의 핵심 산업이 안보나 경제적 이해와 무관하게 해외 기업에 매각된다든가, 해외에서 유입된 범죄 조직이 활동한다는 등의 소식이 전해지면 사회적으로 강한 반발이 나타난다. 그리고 이런 부정적인 인식 위에서 극단적 배외주의가 자라난다.

사실 선진국가에서 등장하는 극우 포퓰리즘의 주요한 동력도 유사한 민감성 때문이다. 독일에서 20퍼센트가 넘는 지지율을 얻으며 계속 부상하고 있는 독일대안당은 외국인이 독일인의 일자리와 자원을 빼앗고, 사회의 기반을 흔들며, 독일의 정체성을 위협한다고 주장한다. 그런 인식 속에서 일부 세력은 이민자들을 원래의 나라로 돌려보내야 한다는 주장까지 펼치기도 하며, 일부 정치인들 사이에서는 히틀러와 나치의 인종주의를 미화하는 발언까지 등장하고 있다. 그러나 이런 배외주의적 태도의 문제점은 독일 내에서도 오랫동안 지적되어왔다. 사회학자 울리히 벡은 과거 독일 극우 세력의 배외주의를 비판하며, 수출로 먹고사는 나라에서 외국인을 배척하는 것이 얼마나 어리석은지 비웃은 적이 있다. 당장 외국인들이 독일을 떠난다면 낙후된 주택들을 별 보수도 하지 않고 가난한 외국인 노동자 가족에게 임대해서 먹고 살아온 많은 독일인들은 수입이 줄어 경제적 어려움을 겪게 될 것이다.

우리도 마찬가지이다. 앞서 이야기했듯 한국은 현재 외국 인력의 도움을 얻지 않고 계속 발전하기 어려운 상황이다. 현재 농업, 도시 미화, 요식업부터 산업 생산, 교통과 운송, 기타 다양한 업무로 외국 인력이 진출하고 있거나 진출하게 될 것이다. 그러나 대한민국은 여기에 대한 대책을 체계적으로 세우지 않고 있다. 이는 여러 가지 문제를 낳을 수밖에 없다. 비합법적 취업을 조장하기 때문이다. 이를 악용하는 한국인 고용주들도 많다. 혹은 비합법적으로 고용했다는 이유로 불이익을 겪기도 한다. 인도주의에 위배되는 사례들도 심심치 않게 언론에 등장한다. 제대로 된 제도적 장치가 있었더라면 아마 좀더 체계적으로 외국 인력의 유입을 관리할 수 있었을 것이고 부작용도 훨씬 적었을 것이다.

대한민국은 외국 인력 문제와 관련하여 좀더 영리해질 필요가 있다. 필요한 수요를 최대한 정확히 예측하여 합법적인 인력 유입이 이뤄질 수 있도록 관리해야 한다. 불법으로 일하면서 삶의 어려움을 겪는 사람들이 많아지면 그만큼 사회는 불안해진다. 차라리 합법적으로 일하며 누릴 혜택은 누리고 낼 세금은 내게 하는 것이 현명하다.

누군가는 이런 것이 부당하다고 생각할 수 있다. 왜 외국인이 불과 몇년 일하고 보험료 낸 것만으로 대한민국의 의료 혜택을 나와 똑같이 누린다는 말인가? 사실 이런 억울함이 전혀 근거 없는 것은 아니다. 의료 시스템은 단숨에 만들어진 것이 아니다. 모든 시스템이 그렇듯 의료 시스템도 오랜 세월 투자를 통해 발전해온 것이다. 여기에는 단지 지금 내가 내는 돈만이 아니라 부모와 조부모 세대의 피땀이 녹아 있다. 그러나 어떤 시스템도 완벽한 공정은 있을 수 없다는 사실도 염두에 두어야 한다.

아이가 둘 있는 가정은 아이가 하나만 있거나 아예 없는 가정에 비해 교육 혜택을 더 받는다. 그렇다면 아이 수에 따라 차등적으로 세금을 내야 한다는 말인가? 아이가 없는 가정은 교육 관련 세금을 환급받아야 하는가? 그러나 교육이 이 사회에 가져다줄 미래의 혜택을 염두에 둔다면 이런 부당함은 감수해야 하는 것이다. 외국 인력을 어느 정도로 평등하게 대우해야 하는가와 관련해서도 마찬가지이다. 비록 어떤 점에서는 다소 손해 본다는 생각이 들더라도 그것은 불가피한 투자라는 점을 이해해야 한다. 어차피 외국 인력의 유입 없이 살 수 없는 나라라면 합리적인 투자가 이루어지도록 하는 것이 더 중요하다는 것이다.

그러한 제도를 갖추기 위해서도 좀더 개방적인 문화를 조성하는 것이 필수적이다. 물론 개방적인 문화를 키운다고 해서 모든 경계를 허물라는 뜻은 아니다. 또한 국가 정책이 전적으로 인도주의적 판단에만 기반해야 한다는 의미도 아니다. 인도주의는 중요하지만, 국가 공동체가 정책적으로 인도주의를 실현하는 데에는 재정적 부담을 비롯한 여러 한계가 따를 수밖에 없다. 이러한 현실적 제약은 앞으로도 상당 기간 지속될 것이다.

개방적인 문화를 키우라는 것은 일차적으로 쓸데없이 경계를 높이지 말라는 의미이다. 무엇보다 배외주의는 국가 발전을 위해서도 해롭다는 것을 인식해야 한다. 사소한 문제를 두고 일반화하여 특정 민족이나 인종집단을 비난하거나 심지어 가짜뉴스를 퍼뜨리는 것에 대해서 사회는 심각한 경계심을 가져야 한다. 배외주의가 판을 치는 환경에서는 외국 인력 수급에 대한 합리적인 토론이 불가능하다. 합리적인 토론 없이는 현실적인 정책이 나올 수 없으며, 적절한 정책이 없는 국가는 결국 그에 따른 대가를 치르게 된다.

나아가 대한민국은 국제사회에서 보다 장기적인 시각을 가지고 행동해야 한다. 한국은 생각보다 영향력이 큰 나라이며, 국제사회에서 정치적·경제적 지위에 걸맞은 책임을 다해야 한다. 그런 책임을 적극적으로 수행할 때, 대한민국의 위상은 더욱 높아질 것이다. 국가의 위상을 논하는 것을 단순한 허영심이나 배부른 소리로 취급해서는 안 된다. 국가의 위상을 높이는 것은 단지 위신을 세우고 자부심을 가지는 문제가 아니라, 국가의 성장과 발전에 직결되는 중요한 요소다. 그 영향은 복합적이며, 수많은 방식으로 경제·외교·사회 전반에 걸쳐 나타난다. 개인이 아무리 부와 권력을 가졌다 해도 관대함과 배려가 없다면 존경받지 못한다. 국가 역시 마찬가지이다.

대한민국이 국제적 위상에 신경을 써야 할 이유는 많다. 대한민국은 스스로의 힘만으로 성장하는 데에는 영토의 크기나 인구수에 있어서 한계가 있다. 강국에 둘러싸인 주변 환경도 유리하지 않다. 그런 만큼 대한민국은 관계에 투자해야 한다. 따라서 앞서 이야기했지만 지나친 민족주의나 혹은 민주주의의 원칙에 반하는 경직된 분위기는 대한민국의 미래에 그림자를 드리울 뿐이라는 점을 기억해야 한다. 결론적으로 대한민국이 향후 성장을 지속하기 위해서는 사회적으로도 더 개방적인 분위기를 만드는 것이 중요하다고 말할 수 있다.

한국은 빠르게 변화하는 사회이다. 너무 빨리 변화해서 사람들은 적응의 어려움을 겪기도 한다. 앞서도 이야기했지만 서로 다른 경험과 기억을 가진 사람들이 함께 살고 있어서 적응 문제는 더 심각하다. 여기에 자본주의 국가가 맞닥뜨리는 문제들이 추가된다. 빈부 격차의 확대, 출산율 저하, 고용 창출과 불안정, 인구 노령화 등은 한국 사회의 적응을 더욱 어렵게 한다.

이런 사회에서 정치의 역할은 정말 중요하다. 불만과 갈등의 소지는 어디에나 있다. 문제는 이런 불만과 갈등을 건설적인 방향으로 해소할 것인가 아니면 더 증폭시켜 정치적 분열로 끌고 갈 것인가의 부분이다. 앞서도 이야기했듯 한국의 정치는 이런 관리 기능에서 낙제점에 가깝다. 갈등의 진폭을 줄이는 것이 아니라 오히려 키운다. 이런 정치가 오래 갈 수 없다는 것은 기정사실이다. 특히 세계 정치와 경제 질서가 급격히 재편되고 있기 때문에 더욱 그러하다. 즉흥적인 몇몇 정책으로는 앞으로 닥칠 변화와 도전에 제대로 대응할 수 없다.

앞에서 나는 한국 사회가 지향해야 할 목표와 가치에 대해 대략적으로 이야기했지만, 당장 이런 이슈들만 해도 어마어마한 갈등의 소지들을 안고 있다. 그만큼 바른 정치의 역할이 중요하다. 자칫하면 한국은 이런 이슈들에 발목이 잡혀 성장한 속도보다 더 빠르게 하강의 길로 들어설 수도 있다. 아무리 크게 성장한 국가도 관리를 소홀히 하면 나락으로 떨어진다는 사례를 세계사는 무수히 보여주었다. 결국 '문제는 정치이다.'

국가의 미래 경쟁력, 민주주의가 길이다

1806년 10월 14일 프로이센은 나폴레옹과 벌인 예나-아우얼슈테트 전투에서 패배했다. 베를린 총독이던 프리드리히 빌헬름 폰 데어 슐렌부르크-케너트는 10월 17일 다음과 같은 내용을 담은 포고령을 발표했다.

> 국왕폐하께서는 연대 하나를 잃으셨다. 이 순간 숙연한 태도를 보이는 것이 모든 시민들의 가장 중요한 의무이다. 베를린 시민들은 이를 따르기 바란다. 국왕 폐하와 형제들 만세!

민주주의 국가를 살아가는 많은 이들은 이 포고령을 읽고 고개를 갸우뚱할 것이다. 군대가 전투에 패배하여 소멸한 것을 두고, 마치 국왕이 자신의 소유물을 잃은 것처럼 말하는 것이 그렇다. 그러나 더 당황스러운 것은 모든 시민들이 유감의 표시로 숙연함을 유지해야 한다는 다음 구절이다. 만일 백번 양보하여 군대가 국왕의 사유재산이라면, 왜 시민들이 여기에 유감을 표시하고 심지어 행동마저 조심해야 하는가?

　그러나 이 포고문에는 아무 잘못이 없다. 다만 이 포고문을 작성한 총독의 서기도, 이 포고문을 읽던 베를린의 시민도 민주주의 국가에 살지 않았고 (아마도) 민주주의를 알지 못했을 뿐이다. 그들에게 프로이센의 군대는 일차적으로 군왕의 것이었다. 그리고 프로이센의 군왕과 시민들(정확히는 '신민들')은 위계서열로 묶여 있었다. 군왕은 통치자이고 시민들은 피치자이다. 군왕은 지배하고 시민들은 따른다. 군왕은 시민들을 돌봐주고 시민들은 그런 군왕을 존경한다.

　오랫동안 국가는 '누군가의 것'일 뿐 절대로 '우리 모두의 것'이 아니었다. 모든 국가가 전제국가였다는 것은 아니다. 훌륭한 통치자들도 많았다. 국가가 처음부터 서비스를 자신의 정당성의 근거로 삼았던 만큼 시민들에게 더 나은 서비스를 제공하기 위해 힘쓴 군왕들도 많았다. 따라서 많은 시민들이 진심으로 군왕을 존경하고 따르기도 했다. 그러나 그 둘의 관계는 결코 평등하지 않았다. 국가는 일차적으로 군왕의 것이었고, 시민 대부분은 특별한 권리 없이 국가의 일부로서만 존재했다.

　낡은 국가공동체 모델은 제1차와 제2차 세계대전을 거치면서 종말을 고했다. 정확히 말하면 파탄 났다. 민주주의의 시대가 열리고, 민주주의는 '국가가 시민의 것이며 모든 시민들은 국가 안에서 평등하다'고 선언했다. 이제 국가를 함께 걸머지게 된 시민들은 권리와 의무를 똑같이 나눠 가져야 했다. 각자가 짊어질 권리와 의무의 범위를 놓고 의견들이 충돌했다. 공동의 재산이 된 국가를 어떻게 이끌고 나아가야 하는가를 두고 열띤 논쟁이, 때로는 심각한 충돌이 벌어졌다.

그러나 한 가지 변하지 않는 사실이 있다. 누구도 국가를 한 사람 혹은 한 집단의 재산으로 여기지는 않을 것이라는 사실이다. 권위주의 시대는 갔다. 지금 민주주의를 위협하는 권위주의는 민주주의의 이름을 빌린 권위주의이다. 새로운 권위주의 지지자들은 자신들이 진정한 민주주의의 이름으로, 진정한 민주주의를 위해 말하고 행동한다고 주장한다. 그런 가짜 민주주의가 득세한다는 것은 슬픈 일이지만, 민주주의가 얼마나 큰 힘을 지니고 있는가를 보여주는 일이기도 하다. 권위주의조차도 민주주의에 대한 열망에 기대지 않으면 스스로를 정당화할 수 없게 된 시대이기 때문이다.

돌이켜보면 민주주의의 탈을 쓴 권위주의에 대한 공포는 이미 오래전부터 존재해왔다. 사회주의자들은 민주주의가 사실상 평등의 탈을 쓴 자산가 계급의 독재라고 믿어왔다. 오늘날에도 많은 이들은 민주주의가 특정 집단의 전유물이 될까 우려하고 있다. 전쟁을 통해 이익을 추구하는 소수의 군사기업과 여기에 결탁한 정치 및 행정 분야 엘리트들, 즉 군산복합체에 의해 민주주의가 흔들리고 있다고 주장하는 사람들도 많다. 관료들이 민주주의를 안에서부터 무너뜨리고 사실상 독재체제를 만들 것이라는 우려도 오래전부터 제기되어 왔다.

재미있게도 민주주의의 이름으로 민주주의의 제도와 가치를 파괴하려는 사람들 역시 비슷한 우려를 내세우고 있다. 브렉시트를 주도했던 나이젤 패러지나 보리스 존슨, 배외주의를 공개적으로 드러내는 독일대안당은 유럽연합과 독일이 이데올로기적, 정치적, 경제적 이해로 똘똘 뭉친 엘리트 집단의 전유물로 전락하고 있다고 주장한다. 그들은 이러한 엘리트 카르텔로부터 민주주의를 되찾아 오겠다고 말한다. 아이러니하게 들리겠지만, 지금 우리 눈앞에서 일어나는 권위주의의 승리는 민주주의를 원하는 사람들이 많기 때문이기도 하다.

민주주의의 탈을 쓴 권위주의의 약진이 얼마나 계속될지는 알 수 없다. 그러나 결국 이러한 권위주의는 민주주의를 지킨다고 주장하면서도, 실제로는 민주주의를 침해하고 무너뜨리는 말과 행동 사이의 간극을 메꾸지 못할 것이다. 언젠가 사람들은 이들 권위주의자들이 자신들이 원하는 민주주의를 가져다주지 못한다는 사실을 깨닫게 될 것이다. 앞서 프롤로그에서 민주주의의 미래를 우려하는 마르타의 질문에 내가 어느 정도는 확신을 가지고 '걱정은 하되 비관하지는 말라'고 대답했던 것은 이런 생각 때문이었다.

한국의 민주주의는 자랑할 만한 것이다. 1999년 처음 베를린에 발을 디뎠을 때 한국을 아는 사람은 별로 없었다. 사람들은 한국을 한국전쟁, 가난, 군부 쿠데타와 독재의 이미지로만 기억하고 있었다. 에피소드가 하나 있다. 나의 동료가 베를린에서 지도교수를 만났을 때 이야기이다. 나의 동료는 나름 야심찬 주제를 가지고 있었다. 그러나 지도교수는 그가 한국과 관련한 주제를 택하는 것도 좋겠다고 생각했던 것 같다. 교수는 한참 이야기를 듣더니 불쑥 물었다. "너의 나라와 직접 관련된 주제를 찾는 게 어때? 동남아시아에도 재미있는 주제들이 많을 텐데?" 방금 이 말에서 뭔가 이상한 점을 발견했는가? 그렇다. 그 교수는 한국이 동북아시아에 붙어 있는지 동남아시아에 붙어 있는지 몰랐던 것이다.

지금은 상황이 많이 다르다. 모두라고 할 수는 없지만, 대부분의 사람들이 한국을 알고 있다. 게다가 아주 좋은 이미지로 한국을 기억한다. 그 이유는 단지 경제적 성장에만 있지 않다. 지난 수십 년 동안 권위주의와 싸우며 이루어낸 정치적 성장, 곧 한국의 민주주의가 또 하나의 이유이다. 한국의 민주주의는 사회를 활기있게 만들었고, 각자가 주인인 사회에서 사람들은 자신의 창조성을 최대한 발휘할 수 있었다. 지금 우리가 목격하는 한국의 문화적 성장은 바로 그런 토대 위에서 이루어진 것이다.

사람들이 올바르게 정보를 알고 감시하며 이의를 제기할 수 있는 능력을 갖추면서, 기업의 경영도 점차 투명해졌다. 이는 뛰어난 기술력과 함께 글로벌 경쟁력으로 이어졌다. 물론 민주주의 사회에서 기업들은 다양한 규제를 받게 되며 그 중 일부는 불합리하고 불필요하다. (이러한 규제들은 반드시 개선되어야 한다.) 그러나 글로벌 플레이어가 되고자 하는 기업, 그리고 그 자리를 유지하고자 하는 기업은 결국 민주주의를 존중하고 그 안에서 성장하는 법을 배워야 한다. 글로벌 규범을 지키지 않는 기업은 국제적으로 성공하기 어렵다. 지금의 세계 경제를 지배하는 많은 규범은 미국과 유럽의 선진 민주주의 국가들이 만든 것이다.

이 말이 의심스러운 사람은 지금 중국 기업들이 세계적으로 겪고 있는 어려움과 그들이 세계인들에게 받는 대우를 살펴보라. 나는 이것이 그들이 앞으로 겪게 될 어려움의 시작에 불과하다고 생각한다. 여전히 과거 권위주의 정권의 방식으로 한국의 기업을 글로벌 플레이어로 키울 수 있다고 믿는 사람들, 죽은 박정희를 되살려 권좌에 올려놓으면 한국 경제가 다시 초고속 성장을 할 것이라고 생각하는 사람들은 한국처럼 수출 의존적인 경제 구조를 가진 나라가 민주주의적 규제를 무시하려

한다면, 어떤 결과를 가져올지를 깊이 생각해야 한다. 한국 경제의 미래에 권위주의적 길은 없다. 한국은 수출을 통해 성장해왔고, 앞으로도 그런 성장을 지속해야 하기 때문에 민주주의적 규제는 꼭 필요하다.

한국의 민주주의를 포함하여 세계의 민주주의가 결국은 제자리를 찾으리라는 이야기를 하기에는 아직 이르다. 그러나 나는 그 희망이 현실이 되기를 바란다. 우리의 민주주의를 위대하게 만드는 것, 그것밖에 우리에게 다른 선택지는 없다.

일러두기

아래는 이 책을 쓰기 위해 살펴본 자료들 중 중요한 참고문헌을 뽑아놓은 것이다.

책 전체에서 중요한 참고문헌은 아래에 주제별로 표시해두었고, 각 장에서 특별히 참조한 문헌들은 각 장에 표시해두었다.

독자들의 편의를 위해 주요 사상가들의 저작은 본문에서 직접 언급했고, 여기에는 따로 기록하지 않았다. 다만 인용을 한 경우에는 어떤 번역본을 참조했는지 일러두었다.

국가의 기원과 본질, 역사를 다룬 책은 이미 많이 나와 있다. 주요 도서의 저자가 서양학자들이기 때문에 서구의 국가 출현, 특히 근대 역사에서 서구 국가의 성장과 발전에 초점을 맞추고 있다. 그 중에서 다음의 저서들을 추천한다.

Anthony Giddens, *The Nation-State and Violence* (Univ. of California Press, 1987). 한국어판은 《민족국가와 폭력》(진덕규 옮김, 삼지원, 1993년).

Arthur Benz, *Der moderne Staat. Grundlagen der politologischen Analyse*, 2. ed. (Oldenbourg Verlag, 2008).

Charles Tilly ed., *The Formation of National States in Western Europe* (Princeton Univ. Press, 1975).

Charles Tilly, *Coercion, Capital, and European States, AD 990–1992* (Basil Blackwell, 1990). 한국어판은 《유럽 국민국가의 계보: 990~1992》(지봉근 옮김, 그린비, 2018년).

Gianfranco Poggi, *The Development of the Modern State. A Sociological Introduction* (Stanford Univ. Press, 1978). 한국어판은 《근대국가의 발전》(박상섭 옮김, 민음사, 1995년).

Gianfranco Poggi, *The State: Its Nature, Development, and Prospects* (Stanford Univ. Press, 1990).

Stefan Breuer, *Der Staat.* (Rowohlt, 1998).

Thomas Mergel, *Staat und Staatlichkeit in der europäischen Moderne*, (Vandenhoeck Ruprecht, 2022).

Wolfgang Reinhard, *Geschichte der Staatsgewalt. Eine vergleichende Verfassungsgeschichte Europas von den Anfängen bis zur Gegenwart* (C. H. Beck, 1999).

초기 국가의 발전과 성장에 대해서는

Bop Jessop, *The State. Past, Present, Future* (Polity, 2016) 한국어판은 《국가 권력》, 남상백 옮김, 이매진, 2021.

Clifford Ando and Seth Richardson, *Ancient States and Infrastructural Power. Europe, Asia, and America* (Univ. of Pennsylvania Press, 2017).

Elsa M. Redmond and Charles S. Spencer, 'Chiefdom at the Threshold: The Competitive Origins of the Primary State,' *Journal of Anthropological Archaeology* 31 (2012), pp. 22-37.

H. J. M. Claessen and Peter Skalník, *The Early State* (Walter de Gruyter, 1978).

Iring Fetscher and Herfried Münkler eds., *Pipers Handbuch der politischen Ideen*, 제1권: Frühe Hochkulturen und europäische Antike (Fischer Verlag, 1988). 특히 제3장, Karola Zibelius-Chen의 논문, 'Das alte Ägypten'과 제4장 Siegfried Herrmann의 논문, 'Sumer, Babylonien und Assyrien'.

Klaus Eder, *Die Entstehung staatlich organisierter Gesellschaften* (Suhrkamp, 1980).

Robert L. Carneiro, 'A Theory of the Origin of the State,' *Science*, New Series, 169, No. 3947 (1970), pp. 733-738.

Robert L. Carneiro, 'The Chiefdom: Precursor of the State,' *The Transition to Statehood in the New World*, ed. G. D. Jones and R. R. Kautz (Cambridge Univ. Press, 1981), pp. 37 - 79.

Roman Herzog, *Staaten der Frühzeit. Ursprünge und Herrschaftsformen*, 2. ed. (C. H. Beck, 1998).

Seth Abrutyn and Kirk Lawrence, 'From Chiefdom to State: Toward an Integrative Theory of the Evolution of Polity,' *Sociological Perspectives* 53-3 (2010), pp. 419-442.

Simon Martin, *Ancient Maya Politics. A Political Anthropology of the Classic Period 150-900 CE* (Cambridge University Press, 2020).

Ysamilette Chacon et al., 'From Chiefdom to State: The Contribution of Social Structural Dynamics,' *Social Evolution and History* 14-2 (2015), pp. 27-45.

국가 발전의 세계사적 비교와 관련해서는

Alexander Gallus and Eckhard Jesse, *Staatsformen. Modelle politischer Ordnung von der Antike bis zur Gegenwart* (Böhlau Verlag, 2004).

John A. Hall ed., *States in History* (Basil Blackwell, 1986).

Kenneth Dyson, *The State Tradition in Western Europe* (Martin Robertson, 1980).

Martin van Creveld, *The Rise and Fall of the State* (Cambridge Univ. Press, 1999).

Michael Mann, *The Sources of Social Power*, 1-3권 (Cambridge Univ. Press, 1986-2012).

민주주의의 역사와 발전에 대해서는

김민철, 《누가 민주주의를 두려워하는가》(창비, 2023), p. 288.

David Held, *Models of Democracy*, 3rd. ed. (Polity, 2006).

Hans Vorländer, *Demokratie. Geschichte, Formen, Theorien*, 2. ed. (C. H. Beck, 2010).

John Keane, *The Life and Death of Democracy* (Pocket Books, 2010). 한국어판은 《민주주의의 삶과 죽음-대의 민주주의에서 파수꾼 민주주의로》(양현수 옮김, 교양인, 2017).

Paul Cartledge, *Democracy: A Life* (Oxford University Press, 2016).

Pierre Rosanvallon, *Democracy. Past and Future*, ed. Samuel Moyn (Columbia Univ. Press, 2006).

고대 그리스 발전에 대해서는

Jochen Bleicken, *Die athenische Demokratie*, 4th ed. (Schöningh, 1995).

Karl-Wilhelm Welwei, *Die griechische Polis. Verfassungen und Gesellschaft in archaischer und klassischer Zeit*, 2. ed. (Franz Steiner, 1998).

Mogens H. Hansen, *Athenian Democracy in the Age of Demosthenes* (Wiley-Blackwell, 1991).

미국 민주주의의 발전사에 대한 포괄적인 안내서로는

Michale Kammen ed., *The Origin of the American Constitution. A Documentary History* (Penguin Books, 1986).

Sean Wilentz, *The Rise of American Democracy. Jefferson to Lincoln* (W. W. Norton and Company, 2005).

제1장 ───────

최정운,《오월의 사회과학》(삼성출판사, 1992; 오월의봄, 2012).

Ernst-Wolfgang Böckenförde ed., *Moderne deutsche Verfassungsgeschichte (1815-1918)* (Kiepenheuer und Witsch, 1972).

Heiko Bollmeyer, *Der steinige Weg zur Demokratie. Die Weimarer Nationalversammlung zwischen Kaiserreich und Republik* (Campus, 2007).

Kurt Kluxen, *Geschichte und Problematik des Parlamentarismus* (Suhrkamp, 1983).

Michel Héber, *La voix du peuple. Une histoire des assemblées au Moyen Âge* (puf, 2019).

Ronald Butt, *A History of Parliament. The Middle Ages* (Constable, 1989).

Wolfgang Streeck, *Zwischen Globalismus und Demokratie: Politische Ökonomie im ausgehenden Neoliberalismus.* (Suhrkamp, 2021).

제2장 ───────

Horst Bredekamp, *Leviathan: Body politic as visual strategy in the work of Thomas Hobbes* (Walter de Gruyter, 2020).

- 다음 스톡홀름 국제평화문제연구소의 사이트에서 확인할 수 있다. https://www.sipri.org/visualizations/2023/top-15-military-spenders-2022.(2025년 3월 22일 검색)

제3장 ————

가이 스탠딩,《프레카리아트. 새로운 위험한 계급》(김태호 옮김, 박종철출판사, 2014).

김욱, 이은우, '독일 사회보장정책의 발전과정과 특징,' 민족연구 51 (2012), pp. 103-124.

대니 로드릭,《자본주의 새판짜기. 세계화 역설과 민주적 대안》(고빛샘, 구세희 옮김, 21세기북스, 2011).

데이비드 갈런드,《복지국가란 무엇인가》(남찬섭 옮김, 밀알서원, 2022).

서병훈,《포퓰리즘 : 현대 민주주의의 위기와 선택》(책세상, 2008).

정원오,《복지국가》(책세상, 2010).

조지프 스티글리츠,《세계화와 그 불만》(송철복 옮김, 세종연구원, 2002).

Alf Lüdtke, *Sicherheit und Wohlfahrt* (Suhrkamp, 1992).

Cas Mudde and Cristobal Rovira Kaltwasser, *Populism: A Very Short Introduction* (Cambridge Univ. Press, 2017) 한국어판은 《포퓰리즘》(이재만 옮김, 교유서가, 2019).

Dirk Jörke and Veith Selk, *Theorien des Populismus zur Einführung* (Junius Verlag, 2017).

Hans Neumann, 'Recht im antiken Mesopotamien,' *Die Rechtskulturen der Antike. Vom alten Orient bis zum Römischen Reich*, ed. Ulrich Manthe (C. H. Beck, 2003).

Jan-Werner Müller, *What is Populism?* (Univ. of Pennsylvania Press, 2016).

Kolja Möller, *Populismus: Ein Reader* (Suhrkamp Verlag, 2022).

Mario Krammer, ed., *Determinatio compendiosa de iurisdictione imperii*(Impensis Bibliopolii Hahniani, 1909).

Martha T. Roth, *Law Collections from Mesopotamia and Asia Minor* (Scholars Press, 1995).

- 길가메쉬 서사시의 번역은 김산해 옮김, 《최초의 신화 길가메쉬 서사시》(휴머니스트, 2020)를 따랐다. '모든 왕을 압도할 정도로…'로 시작하는 인용문은 29행에서 시작한다. 두번째 '그는 산길을 연 자며…'는 38행에서 시작한다. 이 행의 표시는 Sabina Franke, Das Gilgamesch-Epos (Reclam, 2023)을 따랐다.
- 플라톤의 작품은 번역판본과 상관없이 만국공통 스테파누스 번호로 표시한다. 국가의 존립 이유와 관련해서는 369b 이하, 수호자들에 대해서는 373d 이하 참조.
- 하이에크의 사상에 가장 좋은 입문은 《노예의 길》(자유기업센터, 1999년).
- 밀턴 프리드먼은 《자본주의와 자유》의 2002년판 서문(이 책은 원래 1962년 처음 출간되었다)에서 신자유주의의 성공에 대해 다음과 같이 요약한다. "영국에서는 마거릿 대처가 총선에서 승리하고, 미국에서는 로널드 레이건이 대통령에 당선되는 길을 닦은 것이다. 그들은 리바이어던을 베어 넘어뜨릴 수는 없었지만 재갈을 물릴 수는 있었다."

제4장 ————————

서병훈, '민주주의: 밀과 토크빌,' 한국정치연구 24-1 (2015), pp. 308-328.

아마르티아 센, 《자유로서의 발전》(김원기 옮김, 갈라파고스, 2013).

이태숙, '존 스튜어트 밀의 의회론,' 영국연구 9 (2003), pp. 79-105.

윤비, '고대 헬라스 세계에서 민주주의(demokratia) 개념의 탄생,' 사회과학연구 22-2 (2014), pp. 42-66.

윤성현, 'J.S. Mill 민주주의론의 기초개념으로서 숙의,' 법사학연구 47(2013), pp. 141-180.

Alexander Keyssar, '*The Right to Vote: the Contested History of Democracy in the United States* (Basic Books, 2000).

Daron Acemoglu and James A. Robinson, 'Why Did the West Extend the Franchise Democracy,' *The Quarterly Journal of Economics* 115 (2000), pp. 1167-1199 중 p. 1168.

John Keane ed., *Civil Society and the State. New European Perspectives* (Verso, 1988).

- 연방주의자 교서의 한국어판은《페더럴리스트》(박찬표 옮김, 후마니타스, 2019).
- 웹스터의 잭슨주의에 대한 비판은 그가 윌리엄 스톤(William Stone)에게 1837년 8
   월 29일에 쓴 편지에 등장한다. 이 편지는 *Letters of Noah Webster*, ed. Harry R. Warfel
   (New York: Library Publishers, 1953), pp. 504 – 6에 수록되어 있다.
- 헤로도토스의《역사》에서 정치체제에 대한 논쟁은 3권 80-84절에 등장한다.
- 투키디데스의《펠로폰네소스 전쟁사》는 2011년 숲에서 발간된 천병희 번역본을 따른
   다. "우리의 정체는…"으로 시작하는 인용문은 2권 37절에 등장한다.
- 루소의《사회계약론》의 번역은 김영욱이 옮긴《사회계약론》(후마니타스, 2018)을 따
   른다. 루소의 민주주의에 관한 논의는 3권 4장에 등장한다. 인용한 "신들로 구성된 인
   민이…"는 이 장 맨 끝에 나온다.

제5장 ──────────

버나드 마넹,《선거는 민주적인가. 현대 대의민주주의의 원칙에 대한 비판적 고찰》(곽준
혁 옮김, 후마니타스, 2004).

- 베네수엘라의 위기와 부패구조에 대한 참고문헌은 아래 제8장 참고문헌 참조.

제6장 ──────────

캐스 선스타인,《우리는 왜 극단에 끌리는가》(이정인 옮김, 프리뷰, 2011).

Paul-Ludwig Weinacht and Tilman Mayer eds., *Gewaltenteilung. Grundsätzlich-
es-Historisches-Aktuelles* (Steiner, 2021).

- 혼합정체에 대한 키케로의 주장은 다음 인용문에 나타난다.
   "…세 가지의 원초적인 국가의 종류 중에서, 내 생각에는, 왕정이 훨씬 뛰어난 것이기
   는 하나, 국가의 세 양식이 평균화되고 적절히 절제되는 것이 왕정 그 자체보다 앞설 것

입니다. 실제 그런 국가에서는 왕처럼 군림하는 자가 있을 수 있으며, 또한 제일시민들이 권위를 부여받고 할당받는 것이 허용되며, 군중의 판결과 의사에 종속되는 것이 일부 있을 수 있습니다. 이 국가체제는 우선 어떤 큰 동등함을 유지하고 있습니다. 그것이 없다면 사람들은 더 이상 자유롭기가 어렵습니다. 이어서 강고함도 지니고 있지요. 그 이유는 왕에게서는 전제자가 나오고, 최선량들에게서는 붕당이, 인민에게서는 소요와 혼란이 생기는 것처럼, 원초적인 정치체제는 쉽게 정반대의 결함 속으로 향하기 때문이며 또한 각 종류는 종종 새로운 것으로 바뀌어버리는 데 비해, 연결되고 또 적당히 뒤섞인 이 국가체제에서는 앞선 정치체제들의 큰 결함이 거의 발생하지 않기 때문입니다. 진실로 각자가 자신의 등급에 따라서 굳게 고정된 곳에서는 정체변화의 이유가 없으며 조만간 몰락하거나 쇠퇴하지 않을 것입니다." [마르쿠스 툴리우스 키케로,《국가론(De re publica)》(김창성 옮김, 한길사, 2021). 제1권 45].

- 마키아벨리의 혼합정체론은《로마사 논고(Discorsi sopra la prima deca di Tito Livio)》제1권 2장 참조.
- 몽테스키외의 《법의 정신》 번역은 진인혜가 옮긴 《법의 정신》(나남, 2023)을 따른다. "권력을 가진 자는 누구나 그것을 남용하게 되고 한계에 이를 때까지 멈추지 않는다는 것을 늘 경험하게 된다"라는 인용문은 11편 4장에 있다. 삼권분립에 대한 그의 주장은 11편 6장의 다음 인용문에 자세히 나온다. "시민에게 정치적 자유란 각자 안전하다고 생각하는 데서 유래하는 정신적 평온이다. 이 자유를 가지려면, 한 시민이 다른 시민을 두려워할 필요가 없는 정체여야 한다. 같은 사람 또는 같은 행정 단체에 입법권과 집행권이 결합되어 있을 때, 자유란 존재하지 않는다. 같은 군주 혹은 같은 원로원이 법을 독재적으로 집행하기 위해 독재적인 법을 만들 염려가 있기 때문이다. 만약 재판권이 입법권과 결합되어 있으면, 시민의 생명과 자유를 좌우하는 권력은 독단적으로 될 것이다. 재판관이 입법자이기 때문이다. 만약 재판권이 집행권과 결합되어 있으면, 재판관은 압제자의 힘을 갖게 될 것이다. 만약 같은 사람, 혹은 주요 인물의 집단이든 귀족의 집단이든 인민의 집단이든 같은 집단이 이 세 가지 권력, 즉 법을 만드는 권력과 공공의 결정을 실행하는 권력과 범죄나 개인의 분쟁을 재판하는 권력을 행사한다면 모든 것을 그르치게 될 것이다."
- 로크의 권력분립이론은 《통치론》의 다음 문장에 잘 표현되어 있다. "입법 권력이란 공동체와 그 구성원들을 보존하기 위해 국가의 위력이 어떻게 사용될지 지시할 권리를 갖는 권력이다. 그러나 끊임없이 집행되어야 하고 그 위력이 항상 지속되어야 하는 법

률들은 짧은 시간 안에 만들어질 수 있기 때문에, 입법부는 해야 할 업무가 항상 있는 것이 아니어서 항시 개회 중이어야 할 필요가 없다. 그리고 법률을 제정할 권력을 가진 바로 그 사람들이 해당 법률을 집행할 권력 또한 자기들 수중에 갖는 것은 권력을 장악하려는 경향이 있는 인간의 약점에 너무도 큰 유혹이 될 수 있다. 그 두 권력을 동시에 가짐으로써 그들은 자신들이 만든 법률에 대한 복종에서 그들 자신은 면제할 수도 있으며, 법률을 제정 및 집행함에 있어 그것이 자신들의 사적 이익에 부합하게 할 수도 있는데, 그리하여 결국 그들은 공동체의 나머지 구성원들과 구분될 뿐더러 사회 및 정부의 목적에 상반되는 이해관계를 갖게 된다." [《통치에 관한 두 번째 논고》(문지영·강철웅 옮김, 후마니타스, 2023), 제12장.]

제7장 ——————————

나카노 고이치, 《우경화하는 일본 정치》(김수희 옮김, AK커뮤니케이션즈, 2016).

루트비히 폰 미제스, 《관료제》(황수연 옮김, 지식을만드는지식, 2012).

막스 베버, 《관료제》(이상률 옮김, 문예출판사, 2018).

이시카와 마스미, 《일본 전후 정치사. 일본 민주주의의 보수적 기원과 전개》(박정진 옮김, 후마니타스, 2006).

임의영, 《관료제의 이론적 기초》(박영사, 2020).

요시미 순야, 《헤이세이(平成) 일본의 잃어버린 30년》(서의동 옮김, AK커뮤니케이션즈, 2020). 이 책에서 "미·일 경제 마찰에서…"로 시작하는 인용문은 p. 135, "무대에서 드라마를…"로 시작하는 인용문은 p. 134.

칼 달스트룀, 빅터 라푸엔테, 《좋은 정부, 정치인, 관료》(신현기 옮김, 한울아카데미, 2024).

Jens Kersten, Claudia Neu, Berthold Vogel, *Politik des Zusammenhalts. Über Demokratie und Bürokratie* (Hamburger Edition, 2019).

Otto Hintze, *Beamtentum und Bürokratie*, ed. Kersten Krüger (Vandenhoeck Ruprecht in Göttingen, 1981).

제8장 ─────────

김달관, '베네수엘라 차베스의 21세기 사회주의: 등장배경, 내용, 함의,' 중남미연구 35-
　　3(2016), pp. 219-260.

김은중, '차베스의 베네수엘라, 베네수엘라의 차베스,' 진보평론 56 (2013), pp. 150-173.

레오나르도 베라, '베네수엘라의 경제재앙을 어떻게 설명할 것인가,' 《2019 라틴아메리
　　카. 위기와 혼돈》(서울대학교 라틴아메리카연구소, 2019), pp. 75-87.

최명호, '베네수엘라 위기와 라틴아메리카의 고독 : 그 오래된 미래,' 이베로아메리카 21-
　　2(2019), pp.83-114. 본문의 "베네수엘라 사태의 중심에는 포퓰리즘…"은 최명호의
　　글, p. 98에서 가져온 것이다. 베네수엘라의 족벌 정치에 대해서 최명호의 글에 크게
　　도움 받았다.

토머스 E, 스키드모어, 피터 H. 스미스, 제임스 N. 그린, 《현대 라틴아메리카》(우석균 · 김
　　동환 외 옮김, 그린비, 2014), 제8장 '베네수엘라: 번영의 위험들'.

American Enterprise Institute, 'Venezuela: A State Destroyed by Crime and
　　Corruption,' *Kingpins and Corruption: Targeting Transnational Organized Crime in
　　the Americas*, Jun. 1 (2017), pp. 18-25.

Gustavo Coronel, *Corruption, Mismanagement, and Abuse of Power in Hugo Chávez's
　　Venezuela*, Cato Institute, March 4, 2008, http://www.cato.org/publications/
　　commentary/corruption-democracy-venezuela.

Kirk Hawkins, 'Populism in Venezuela: the Rise of Chavismo,' *The Third World
　　Quarterly* 24-6 (2003), pp. 1137-1160.

Margarita López Maya, Populism. 21st-century socialism and corruption in
　　Venezuela. *Thesis Eleven* 149-1 (2018), pp.67-83.

제9장 ─────────

김시홍, '마니풀리테 20년 1992-2012,' 이탈리아어문학 35 (2012), pp. 27-54.

김시홍, '2018 이탈리아 총선과 포퓰리즘 정부,' 유럽연구 36-3 (2018), pp. 53-73.

김시홍,《현대 이탈리아 정치론》(HUINE, 2022).

김시홍, '2022 이탈리아 총선과 멜로니 정부의 과제,' 유럽연구 41-1 (2023), pp. 1-24.

김시홍, '2024 유럽의회 선거와 이탈리아: 극우세력 신장과 통합의 전망,' EU연구 72 (2024), pp. 121-142.

김종법,《현대 이탈리아 정치 사회》(바오출판사, 2012).

김종법, '과거의 소환, 극우의 부활, 미래의 정치: 2018 이탈리아 총선과 기억의 정치,' 국제정치논총 58-4 (2018), pp. 45-73.

로베르토 사비아노,《고모라》(문학동네, 2009).

조귀동,《이탈리아로 가는 길》(생각의힘, 2023).

이선필, '이탈리아의 언론과 정치권력 간의 관계에 관한 고찰: 후견적 정당지배체제 정치문화를 중심으로,' 국제지역연구 13-3 (2009), pp. 3-20.

- 본문의 〈한델스블랏〉 기사는 https://www.handelsblatt.com/arts_und_style/a3-von-salerno-nach-reggio-calabria-italien-weiht-autobahn-54-jahre-nach-baubeginn-ein/19170208.html (2025.03.22 검색).

- A3 고속도로의 여러 문제에 대해서는 〈〈Deutschlandfunk Kultur〉의 2016년 1월 6일자 '살레르노-레지오 칼라브리아 고속도로: 이탈리아의 불행의 상징(Autobahn Salerno-Reggio Calabria Sinnbild für Italiens Misere)' 기사 참조: https://www.deutschlandfunkkultur.de/autobahn-salerno-reggio-calabria-sinnbild-fuer-italiens-100.html (2025.03.22 검색).

- 본문에서 인용한 독일 제1 공영방송의 보도는 아래에서 볼 수 있다: https://www.daserste.de/information/politik-weltgeschehen/weltspiegel/weltspiegel-italien-rom-100.html (2025.03.22 검색).

- 본문에서 인용한 FBK 재단 보고서는https://magazine.fbk.eu/en/news/the-new-challenges-of-the-italian-education-system/ (2025.03.22 검색).

- 이탈리아 청년실업률 통계는 https://ko.tradingeconomics.com/italy/youth-unemployment-rate#:~:text (2025.03.22 검색).

- 나폴리 실업률 및 청년실업률에 대해서는 〈한국경제신문〉의 기사, '청년실업 얼마나 심하길래...' 참조. (https://www.hankyung.com/article/202212069032Y) (2025.03.22 검색).

- 이탈리아의 출산율 감소에 대해서는 2023년 10월 16일자 〈The Times〉 지에 Tom Kington이 기고한 'Fall in birth rate leaves Italy with fewest young people in Europe' 기사 참조. https://www.thetimes.com/uk/politics/article/fall-in-births-leaves-italy-fewest-young-people-babies-kf79n7g5m?region=global.(2025.03.22 검색).
- 본문 마지막의 '이탈리아로 가는 길 위에 서 있는 건 아닌가?'라는 표현은 위에 언급한 조귀동의 책 《이탈리아로 가는 길》을 떠올릴 것이다. '이탈리아로 가는 길 위의 한국'이라는 비유는, 원래 해당 서적을 펴낸 '생각의힘' 김병준 대표와 이야기하던 중 내가 한국사회의 부정적 발전 시나리오로 사용한 것으로 안다. 별것 아닌 문제이지만 혹시라도 내가 다른 작가의 아이디어를 예의없이 사용한 것으로 오해하는 독자가 있을까 해서 밝혀둔다. 추가적으로 조귀동의 책 제1장은 이탈리아가 겪고 있는 경제사회적 문제와 정치적 난맥상에 대해 데이터에 근거한 중요한 지적을 담고 있다.

제10장 ————————

김영명 편저, 《군부정치론》(도서출판 녹두, 1986).
모리스 아귈롱, 《쿠데타와 공화정》(이봉지 옮김, 한울아카데미, 1998).
스키드모어, 《현대 라틴아메리카》 제10장, '칠레: 억압과 민주주의'.
양희영, '1851년 12월 2일, 루이 나폴레옹 보나파르트의 쿠데타,' 프랑스사 연구 50 (2024), pp. 274-307. 양희영의 글은 루이의 쿠데타에 대한 개요를 파악하는 데에 큰 도움을 주었다.

David Runciman, *How Democracy Ends*(Profile Books, 2018). 한국어판은 《쿠데타, 대재앙, 정보권력-민주주의를 위협하는 새로운 신호들》(최이현 옮김, 글담, 2020).
Manfred Wüstemeyer, *Demokratische Diktatur: zum politischen System des Bonapartismus im Zweiten Empire* (Böhlau, 1986).
- 최정운의 《오월의 사회과학》 인용문은 p. 98.

제11장 ─────────

- 보수주의에 대해서는 여러 문헌이 있지만 그 중 테렌스 볼, 리처드 대거, 대니얼 I. 오닐, 《현대 정치사상의 파노라마. 민주주의 이상과 정치 이념》(정승현·강정인 외 옮김, 아카넷, 2019) 제4장 '보수주의' 참조.

제12장 ─────────

막스 베버, 《직업으로서의 정치》, (김덕영 옮김, 도서출판 길, 2024년).

제13장 ─────────

Ulrich Beck, *Die feindlose Demokratie* (Reclam, 1995).

- 본문에서 '번듯한' 직업이라는 표현은, 조귀동의 《세습중산층 사회. 90년대생이 경험하는 불평등은 어떻게 다른가》(생각의힘, 2020)에서 따온 표현이다.
- 이 책의 주장 중 일부는 나의 다음 글들에 발표되었다.
  'Vergesst Konfuzius nicht! Was uns Südkorea über die Globalisierung der Demokratie lehrt,' 〈프랑크푸르터 알게마이네 차이퉁(Frankfurter Allegemeine Zeitung)〉(2016년 9월 3일)
  'In Südkorea werden Debatten wie Kriege geführt,' 〈슈피겔(Der Spiegel)〉 온라인, (2024년 7월 8일).
  '정말 지금 보수와 진보가 대립하고 있는가?' 〈교수신문〉 (2025년 3월 24일)
  'Die Demokratiekrise in Südkorea' (가제), 〈베텔스만 변동 인덱스(Bertelsmann Transformation Index)〉(게재 예정)

이 글은 독일 베를린 그루네발트의 쾨닉스알레에 자리 잡은 베를린 고등연구원(Wissenschaftskolleg zu Berlin)의 고풍스러운 건물에서 시작되었다. 베를린 고등연구원은 미국 프린스턴에 있는 프린스턴 고등연구원과 더불어 세계적으로 권위 있는 연구 기관 중 하나다. 이 고등연구원에서는 매년 전 세계에서 약 30명의 연구자들을 펠로우로 선정하여, 이들에게 강의나 다른 의무에서 벗어나 자유롭게 연구하고 토론할 수 있도록 최적의 환경과 배려를 해준다. 이 자리를 빌려 고등연구원 원장 바바라(Barbara Stollberg-Rilinger)와 스태프들에게 감사를 드린다.

 이 책에서 제시한 아이디어 중 몇 가지는 참고문헌에서 언급한 몇 가지 글들과 함께 고등연구원의 화요 학회와 '민주주의 위기 극복'을 주제로 한 네 차례 워크숍에서 토론되었다. 나와 함께 워크숍을 조직한 비엔나 대학의 정치학자 바바라(Barbar Prainsack), 프랑크푸르트 대학의 연기예술학자 마리온(Marion Tiedke)에게 감사의 인사를 전한다. 또한 프랑스사 전문가 다니엘(Daniel Schönpflug), 뉴욕 대학교 독문학과 크리스(Christopher Wood), 버클리 대학 철학과 니코(Niko Kolodny), 프린스턴 대학교 정치학과 해롤드(Harold James), 세계적인 포토 에세이스트 아르베트(Arwed Messmer), 몬트리올 대학 사회학과 바바라(Barbara Thériault), 뮌스터 대학 법학과 닐스(Niels Jansen)로부터도 이 자리에서 세세하게 표현하기 어려운 도움을 받았다.

나는 지난 몇 년간 뮌헨 대학교 정치학과, 할레 대학교 정치학과, 아우크스부르크 대학교 정치학과 학회에서 '민주주의의 위기'를 주제로 강연과 토론을 해왔다. 이 과정에서 많은 아이디어를 정리할 수 있었다. 초대해준 나의 동료들, 특히 하랄트(Harald Bluhm), 카스텐(Karsten Fischer), 마르쿠스(Marcus Llangque), 옌스(Jens Hacke)에게 감사의 말을 전한다.

이 책을 쓰면서 여러 분야의 전문가들과 대화하고 토론하며 그들의 값진 지식으로부터 많은 도움을 받았다. 텍사스 오스틴 대학의 젊은 고고학자 말로리(Mallory Matsumoto)는 초기 국가의 탄생에 대해 흥미로운 자료들을 소개해주었다. 독일의 저명한 법학자이며 전 헌법재판소 재판관인 그림(Dieter Grimm) 교수는 독일의 정치사 및 정치와 법 제도에 대한 나의 질문에 성심껏 대답해주었다. 프롤로그에서 언급한 존스 홉킨스 대학의 마르타(Martha S. Jones) 역시 미국의 인권사와 흑인사에 대한 연구를 통해 나에게 중요한 영감을 주었다.

가장 큰 감사는 나의 친구 이외르크(Jörg Feuchter)에게 돌아가야 한다. 그는 뛰어난 중세사가이면서 동시에 탁월한 정치분석가이고 무엇보다도 책임감 있는 시민이다. 더불어 그는 진정한 우정이 갖는 무한한 가치를 느끼게 해주었다. 베를린-브란덴부르크 아카데미 건물 4층에 있는 그의 연구실에서 창밖을 내다보며 중세와 독일의 정치와 우리의 삶에 대해 나눈 이야기들을 나는 결코 잊지 못할 것이다. 이외에도 나의 스승,

르네상스사가 헬름라트(Johannes Helmrath) 교수님에게도 감사의 말을 드린다.

국내에서도 많은 분이 격려를 해주셨다. 스승 최정운 교수님, 서울대학교 중어중문학과 이강재 교수님, 서울대학교 인문학연구원 안재원 교수, 길 이승우 실장과의 대화는 한국에 발을 딛고 살아가는 정치학자로서 나의 본분을 잊지 않게 하는 좋은 자극이었다. 이외 한국정치사상학회 선배님들, 특히 김비환, 김병곤, 장현근, 박의경, 안외순, 박주원, 최치원, 임경섭 교수님들께 감사드린다. 더불어 항상 현실과 닿아 있는 날카로운 질문들로 나에게 자극을 주고, 원고를 읽어준 후배 연구자들, 김현주, 공진성, 심승우, 안효성, 소진형, 홍철기, 박성진, 백미연에게 감사의 말을 드린다. 마지막으로 생각정원 박재호 대표에게 그동안 보여준 인내와 이해에 감사드린다.

내가 흔들릴 때 바른 길을 가도록 알려준 세 이름이 있다. 그 중 두 이름은 이미 세상에 존재하지 않지만 언제나 나의 앞길을 비추어주고 있다. 또 한 이름, 언제나 따뜻하게 곁을 내어주고 있는 나의 아내에게 고마움을 전한다. 감사의 말은 짧지만 고마움은 더없이 크다.

위험한 국가의 위대한 민주주의

국가의 미래, 어떻게 만들 것인가

초판 1쇄 인쇄 2025년 4월 4일
초판 1쇄 발행 2025년 4월 11일

지은이 | 윤비

발행인 | 박재호
주간 | 김선경
편집팀 | 허지희
마케팅팀 | 김용범

디자인 | 석운디자인
교정교열 | 구해진
종이 | 세종페이퍼
인쇄·제본 | 한영문화사

발행처 | 생각정원
출판신고 | 제25100-2011-000320호
주소 | 서울시 마포구 양화로 156(동교동) LG 팰리스 612-2호
전화 | 02-334-7932 팩스 | 02-334-7933
전자우편 | 3347932@gmail.com

ISBN 979-11-93811-47-4   03340